当代西方
社会心理学
名著译丛
方文 主编

努力的意义
积极的自我理论

[美] 卡罗尔·德韦克 著
(Carol S. Dweck)
王芳 左世江 等 译

SELF-THEORIES
Their Role in Motivation, Personality, and Development

中国人民大学出版社
· 北京 ·

开启社会心理学的“文化自觉”

“当代西方社会心理学名著译丛”（第二辑）总序

只有一门社会心理学。它关注人之认知、情感和行为潜能的展现，如何受他人在场（presence of others）的影响。其使命是激励每个活生生的个体去超越约拿情结（Jonah Complex）的羁绊，以缔造其动态、特异而完整的丰腴生命。但他人在场，已脱离奥尔波特（Gordon W. Allport）原初的实际在场（actual presence）、想象在场（imagined presence）和隐含在场（implied presence）的微观含义，叠合虚拟在场（virtual presence）这种新模态，从共时-历时和宏观-微观两个维度得到重构，以涵括长青的研究实践和不断拓展的学科符号边界（方文，2008a）。社会心理学绝不是哪个学科的附属学科，它只是以从容开放的胸怀，持续融会心理学、社会学、人类学、进化生物学和认知神经科学的智慧，逐渐建构和重构自主独立的学科认同和概念框架，俨然成为人文社会科学的一门基础学问。

在不断建构和重构的学科历史话语体系中，社会心理学有不同版本的诞生神话（myth of birth），如1897年特里普里特（Norman Triplett）有关社会促进/社会助长（social facilitation）的实验研究、1908年两本偶然以社会心理学为题的教科书，或1924年奥尔波特（Floyd H. Allport）的权威教材。这些诞生神话，蕴含可被解构的意识形态偏好和书写策略。援引学科制度视角（方文，2001），这门新生的社会/行为科学的学科合法性和学科认同，在20世纪30年代中期于北美得以完成。而北美社会心理学，在第二次世界大战期间及战后年代声望日盛，成就其独断的符号霸权。当代社会心理学的学科图景和演进画卷，舒展在此脉络中。

一、1967 年：透视当代社会心理学的时间线索

黑格尔说，一切哲学也就是哲学史。哲人道破学科史研究的秘密：滋养学术品位。但在社会科学/行为科学的谱系中，学科史研究一直地位尴尬，远不及人文学科。研究学科史的学者，或者被污名化——自身没有原创力，只能去总结梳理他人的英雄故事；或者被认为是学问大家研究之余的闲暇游戏，如对自身成长过程的记录。而在大学的课程设计中，学科史也只是附属课程，大多数被简化为具体课程中的枝节，在导论里一笔带过。

学科史研究对学术品位的滋养，从几方面展开。第一，它在无情的时间之流中确立学科演化路标：学科的英雄谱系和经典谱系。面对纷繁杂乱的研究时尚或招摇撞骗的学界名流，它是最简洁而高效的解毒剂。第二，它作为学科集体记忆档案，是学科认同建构的基本资源。当学子们领悟到自身正置身于那些非凡而勤奋的天才所献身的理智事业时，自豪和承诺油然而生。而学科脉络中后继的天才，就从中破茧而出。第三，它也是高效的学习捷径。尽管可向失败和愚昧学习，但成本过高；而向天才及其经典学习，是最佳的学习策略。第四，它还可能为抽象的天才形象注入温暖的感性内容。而这感性，正是后继者求知的信心和努力的动力。

已有四种常规线索、视角或策略，被用来观照当代社会心理学的演化：学科编年史，或者学科通史是第一种也是最为常用的策略；学派的更替是第二种策略；不同年代研究主题的变换是第三种策略；而不同年代权威教科书的内容变迁，则是第四种策略。

还有一些新颖的策略正在被尝试。支撑学科理智大厦的核心概念或范畴在不同时期杰出学者视域中的意义演化，即概念史或范畴史，是一种新颖独特但极富难度的视角；而学科制度视角，则以学科发展的制度建设为核心，也被构造出来（方文，2001）。这些视角或策略为洞悉学科的理智进展提供了丰厚洞识。

而历史学者黄仁宇先生则以核心事件和核心人物的活动为主线，贡献了其大历史的观念。黄先生通过聚焦“无关紧要的一年”（A Year of No Significance）——1587年或万历十五年（黄仁宇，2007），条分缕析，洞悉当时最强大的大明帝国若干年后崩溃的所有线索。这些线索，在这一年六位人物的活动事件中都可以找到踪迹。

剥离其悲哀意味，类似地，当代社会心理学的命运，也可标定一个“无关紧要的一年”：1967年。它与两个基本事件和三个英雄人物关联在一起。

首先是两个基本事件。第一是1967年前后“社会心理学危机话语”的兴起，第二是1967年前后所开始的欧洲社会心理学的理智复兴。危机话语的兴起及其应对，终结了方法学的实验霸权，方法多元和方法宽容逐渐成为共识。而欧洲社会心理学的理智复兴，则终结了北美主流“非社会的”社会心理学（asocial social psychology），“社会关怀”成为标尺。而这两个事件之间亦相互纠缠，共同形塑了其当代理论形貌和概念框架（Moscovici & Markovά，2006）。

还有三个英雄人物。主流社会心理学的象征符码，“社会心理学的教皇”（pope of social psychology）费斯廷格（Leon Festinger，1919—1989），在1967年开始对社会心理学萌生厌倦之心，正准备离开斯坦福大学和社会心理学。一年后，费斯廷格终于成行，从斯坦福大学来到纽约的新社会研究学院（New School for Social Research），主持有关运动视觉的项目。费斯廷格对社会心理学的离弃，是北美独断的符号霸权终结的先兆。

而在同一年，主流社会心理学界还不熟悉的泰弗尔（Henri Tajfel，1919—1982），这位和费斯廷格同年出生的天才，从牛津大学来到布里斯托大学。他从牛津大学的讲师被聘为布里斯托大学社会心理学讲席教授。

而在巴黎，和泰弗尔同样默默无闻的另一位天才莫斯科维奇（Serge Moscovici，1925—2014）正在孕育少数人影响（minority influence）和社会表征（social representation）的思想和研究。

从1967年开始，泰弗尔团队和莫斯科维奇团队，作为欧洲社会心理学理智复兴的创新引擎，在“社会关怀”的旗帜下，开始一系列独创性的研究。社会心理学的当代历史编纂家，会铭记这一历史时刻。当代社会心理学的世界图景从那时开始慢慢重构，北美社会心理学独断的符号霸权开始慢慢解体，而我们置身于其中的学科成就，在新的水准上也得以孕育和完善。

二、统一的学科概念框架的建构：解释水平

教科书的结构，是学科概念框架的原型表征。在研究基础上获得广泛共识的学科结构、方法体系和经典案例，作为学科内核，构成教科书的主体内容。教科书，作为学科发展成熟程度的重要指标，是学科知识传承、学术社会化和学科认同建构的基本资源和主要媒介。特定学科的学子和潜在研究者，首先通过教科书而获得有关学科的直观感受和基础知识。而不同年代权威教科书的内容变迁，实质上负载特定学科理智演化的基本线索。

在杂多的教科书当中，有几条标准可帮助辨析和鉴别其优劣。第一，教科书的编/作者是不是第一流的研究者。随着学科的成熟，中国学界以往盛行的“教材学者”已经淡出；而使他们获得声望的所编教材，也逐渐丧失价值。第二，教科书的编/作者是否秉承理论关怀。没有深厚的理论关怀，即使是第一流的研究者，也只会专注于自己所感兴趣的狭隘领域，没有能力公正而完备地展现和评论学科发展的整体面貌。第三，教科书的编/作者是否有“文化自觉”的心态。如果负荷文化中心主义的傲慢，编/作者就无法均衡、公正地选择研究资料，而呈现出对自身文化共同体的“单纯暴露效应”（mere exposure effect），缺失文化多样性的感悟。

直至今日，打开绝大多数中英文社会心理学教科书的目录，只见不同研究主题杂乱无章地并置，而无法明了其逻辑连贯的理智秩序。学生和教师大多无法领悟不同主题之间的逻辑关联，也无法把所学所教内容图式化，使之成为自身特异的知识体系中可随时启动的知识组块和创造资源。这种混乱，是对社会心理学学科身份的误识，也是对学科概念框架的漠视。

如何统合纷繁杂乱但生机活泼的研究实践、理论模式和多元的方法偏好，使之归于逻辑统一而连贯的学科概念框架？有深刻理论关怀的社会心

理学大家，都曾致力于这些难题。荣誉最终归于比利时出生的瑞士学者杜瓦斯（Willem Doise）。

在杜瓦斯之前，美国社会心理学者，2007 年库利-米德奖（Cooley-Mead Award）得主豪斯也曾试图描绘社会心理学的整体形貌（House，1977）。豪斯所勾画的社会心理学是三头怪物：社会学的社会心理学（sociological social psychology，SSP）、实验社会心理学（experimental social psychology，ESP）和语境社会心理学或社会结构和人格研究（contextual social psychology，CSP；social structure and personality）。曾经被误解为两头怪物的社会心理学，因为豪斯更加让人厌烦和畏惧。

但如果承认行动者的能动性，即使是在既定的社会历史语境中的能动性，在行动中对社会过程和社会实在进行情景界定和社会建构的社会心理过程的首要性，就会凸显出来。换言之，社会心理过程在主观建构的意义上对应于社会过程。

杜瓦斯在《社会心理学的解释水平》这部名著中，以解释水平为核心，成功重构了社会心理学统一的学科概念框架。杜瓦斯细致而合理地概括了社会心理学解释的四种理想型或水平，而每种解释水平分别对应于不同的社会心理过程，生发相应的研究主题（Doise，1986：10－17）。

水平 1——个体内水平（intra-personal or intra-individual level）。它是最为微观也最为心理学化的解释水平。个体内分析水平，主要关注个体在社会情境中组织其社会认知、社会情感和社会经验的机制，并不直接处理个体和社会环境之间的互动。

以个体内解释水平为核心的**个体内过程**，可涵括的基本研究主题有：具身性（embodiment）、自我、社会知觉和归因、社会认知和文化认知、社会情感、社会态度等。

在这一解释水平上，社会心理学者已经构造出一些典范的理论模型，如：费斯廷格的认知失调论；态度形成和改变的双过程模型，如精致化可能性模型（elaboration likelihood model，ELM）与启发式加工-系统加工模型（heuristic-systematic model，HSM）；希金斯（Higgins，1996）的知识启动和激活模型。

水平2——人际和情景水平（interpersonal and situational level）。它主要关注在给定的情景中所发生的人际过程，而并不考虑在此特定的情景之外个体所占据的不同的社会位置（social positions）。

以人际水平为核心的**人际过程**，可涵括的基本研究主题有：亲社会行为、攻击行为、亲和与亲密关系、竞争与合作等。其典范理论模型是费斯廷格的社会比较论。

水平3——社会位置水平（social positional level）或群体内水平。它关注社会行动者在社会位置中的跨情景差异（inter-situational differences），如社会互动中的参与者特定的群体资格或范畴资格（different group or categorical membership）。

以群体水平为核心的**群体过程**，可涵括的基本研究主题有：大众心理、群体形成、多数人的影响和少数人的影响、权威服从、群体绩效、领导-部属关系等。其典范理论模型是莫斯科维奇有关少数人影响的众从模型（conversion theory）、多数人和少数人影响的双过程模型和社会表征论（Moscovici，2000）。

水平4——意识形态水平（ideological level）或群际水平。它是最为宏观也是最为社会学化的解释水平。它在实验或其他研究情景中，关注或考虑研究参与者所携带的信念、表征、评价和规范系统。

以群际水平为核心的**群际过程**，可涵括的基本研究主题有：群际认知，如刻板印象；群际情感，如偏见；群际行为，如歧视及其应对，还有污名。

在过去的40年中，群际水平的研究已有突破性的进展。主宰性的理论范式由泰弗尔的社会认同论所启动，并深化到文化认同的文化动态建构论（dynamic constructivism）（Chiu & Hong，2006；Hong et al.，2000；Wyer et al. Eds.，2009）和“偏差”地图模型（BIAS map）（Cuddy et al.，2007；Fiske et al.，2002）之中。

社会理论大家布迪厄曾经讥讽某些社会学者的社会巫术或社会炼金术，认为他们把自身的理论图式等同于社会实在本身。英雄所见！杜瓦斯尤其强调的是，社会实在在任何时空场景下都是整体呈现的，而不依从于解释水平。社会心理学的四种解释水平只是逻辑工具，绝不是社会实在的四种不同水平；而每种解释水平，都有其存在的合理性，但都只涉及对整体社会实在的某种面向的研究；对于社会实在的整体把握和解释，有赖于四种不同的解释水平的联合（articulation；Doise，1986）。

这四种不同面向和不同层次的社会心理过程，从最为微观也最为心理学化的个体内过程，到最为宏观也最为社会学化的群际过程，是对整体的社会过程不同面向和不同层次的相应表征。

以基本社会心理过程为内核，就可以勾画社会心理学逻辑连贯的概念框架，它由五部分所组成：

（1）社会心理学的历史演化、世界图景和符号霸权分层。

（2）社会心理学的方法体系。

（3）不断凸现的新路径。它为生机勃勃的学科符号边界的拓展预留空间。

（4）基本社会心理过程。

（5）社会心理学在行动中：应用实践的拓展。

社会心理学的基础研究，从第二次世界大战开始，就从两个方面向应用领域拓展。第一，在学科内部，应用社会心理学作为现实问题定向的研究分支，正逐渐地把基础研究的成果用来直面和应对更为宏大的社会问题，如健康、法律、政治、环境、宗教和组织行为。第二，社会心理学有关人性、心理和行为的研究，正对其他学科产生深刻影响。行为经济学家塞勒（Richard H. Thaler，又译为泰勒）因有关心理账户和禀赋效应的研究而获得2017年诺贝尔经济学奖。这是社会心理学家在近50年中第四次获此殊荣［这里没有算上认知神经科学家奥基夫（John O'Keefe）和莫泽夫妇（Edvard I. Moser和May-Britt Moser）因有关大脑的空间定位系统的研究而获得的2014年诺贝尔医学或生理学奖］。在此之前，社会心理学家洛伦茨（Konrad Lorenz）、廷伯根（Nikolaas Tinbergen）和冯·弗里希（Karl von Frisch）因有关动物社会行为的开创性研究而于1973年分享诺贝尔医学或生理学奖。西蒙（Herbert A. Simon；中文名为司马贺，以向司马迁致敬）因有关有限理性（bounded rationality）和次优决策或满意决策（suboptimum decision-making or satisficing）的研究而获得 1978 年诺贝尔经济学奖。而卡尼曼（Daniel Kahneman）则因有关行动者在不确定境况中的判断启发式及其偏差的研究，而与另一位学者分享 2002 年诺贝尔经济学奖。

在诺贝尔奖项中，并没有社会心理学奖。值得强调的是，这些荣膺大奖的社会心理学家，也许只是十年一遇的杰出学者，还不是百年一遇的天才。天才社会心理学家如费斯廷格、泰弗尔、莫斯科维奇和特里弗斯（Robert Trivers）等，他们的理论，在不断地触摸人类物种智慧、情感和欲望的限度。在这个意义上，也许任何大奖包括诺贝尔奖，都无法度量他们持久的贡献。但无论如何，不断获奖的事实，从一个侧面明证了社会心理学家群体的卓越成就，以及社会心理学的卓越研究对于其他人文社会科学研究的典范意义。

杜瓦斯的阐释，是对社会心理学统一概念框架的典范说明。纷繁杂乱的研究实践和理论模式，从此可以被纳入逻辑统一而连贯的体系之中。社会心理学直面社会现实的理论雄心由此得以释放，它不再是心理学、社会学或其他什么学科的亚学科，而是融会相关理智资源的自主学科。

三、当代社会心理学的主宰范式

已有社会心理学大家系统梳理了当代社会心理学的理智进展（如乐国安主编，2009；周晓虹，1993；Burke Ed.，2006；Kruglanski & Higgins Eds.，2007；Van Lange et al. Eds.，2012）。以杜瓦斯所勾画的社会心理学的概念框架为心智地图，也可尝试粗略概括当代社会心理学的主宰范式。这些主宰范式主要体现在方法创新和理论构造上，而不关涉具体的学科史研究、实证研究和应用研究。

（一）方法学领域：社会建构论和话语社会心理学的兴起

作为学科内外因素剧烈互动的结果，“社会心理学危机话语”在 20 世纪 60 年代末期开始登场，到 20 世纪 80 年代初尘埃落定（方文，1997）。在这段时间，社会心理学教科书、期刊和论坛中充斥着种种悲观的危机论，有的甚至非常激进——“解构社会心理学”（Parker & Shotter Eds.，1990）。“危机话语”实质上反映了社会心理学家群体自我批判意识的兴起。这种自我批判意识的核心主题，就是彻底审查社会心理学赖以发展的方法学基础即实验程序。

危机之后，社会心理学已经迈入方法多元和方法宽容的时代。实验的独断主宰地位已经消解，方法体系中的所有资源，正日益受到均衡的重视。不同理智传统和方法偏好的社会心理学者，通过理智接触，正在消解相互的刻板印象、偏见甚至是歧视，逐渐趋于友善对话甚至是合作。同时，新的研究程序和文献评论技术被构造出来，并逐渐产生重要影响。

其中主宰性的理论视角就是社会建构论（如 Gergen，2001），主宰性的研究路径就是话语社会心理学（波特，韦斯雷尔，2006；Potter & Wetherell，1987；Van Dijk，1993）和修辞学（rhetoric；Billig，1996），而新的研究技术则是元分析（meta-analysis；Rosenthal & DiMatteo，2001）。近期，行动者中心的计算机模拟（agent-based simulation；Macy & Willer，2002）和以大数据处理为基础的计算社会科学（computer social science）（罗玮，罗教讲，2015；Macy & Willer，2002）也开始渗透进社会心理学的研究中。

（二）不断凸显的新路径：进化路径、文化路径和社会认知神经科学

社会心理学一直不断地自我超越，以开放自在的心态融合其他学科的资源，持续拓展学科符号边界。换言之，社会心理学家群体不断地实践新的研究路径（approaches or orientations）。进化路径、文化路径和社会认知神经科学是其中的典范路径。

进化路径和文化路径的导入，关联于受到持续困扰的基本理论论争：是否存在统一而普遍的规律和机制以支配人类物种的社会心理和社会行为？人类物种的社会心理和社会行为是否因其发生的社会文化语境的差异而呈现出特异性和多样性？这个基本理论论争，又可称为普遍论-特异论（universalism vs. particularism）之论争。

依据回答这个论争的不同立场和态度的差异，作为整体的社会心理学家群体可被纳入三个不同的类别或范畴之中。第一个类别是以实验研究为

定向的主流社会心理学家群体。他们基本的立场和态度是漠视这个问题的存在价值，或视之为假问题。他们自我期许以发现普遍规律为己任，并把这一崇高天职视为社会心理学的学科合法性和学科认同的安身立命之所。因为他们持续不懈的努力，社会心理学的学子们在其学科社会化过程中，不断地遭遇和亲近跨时空的典范研究和英雄系谱。

第二个类别是以文化比较研究为定向的社会心理学家群体。不同文化语境中社会心理和社会行为的特异性和多样性，使他们刻骨铭心。他们坚定地主张特异论的一极，并决绝地质疑普遍论的诉求。因为他们同样持续不懈的努力，社会心理和社会行为的文化嵌入性（cultural embeddedness）的概念开始深入人心，并且不断激发文化比较研究和本土化研究的热潮。奇妙的是，文化社会心理学的特异性路径，从新世纪开始逐渐解体，而迈向文化动态建构论（Chiu & Hong，2006；Hong et al.，2000）和文化混搭研究（cultural mixing/polyculturalism）（赵志裕，吴莹特约主编，2015；吴莹，赵志裕特约主编，2017；Morris et al.，2015）。

文化动态建构论路径，关涉每个个体的文化命运，如文化认知和知识激活、文化认同和文化融合等重大主题。我们每个个体宿命地诞生在某种在地的文化脉络而不是某种文化实体中。经过生命历程的试错，在文化认知的基础上，我们开心眼，滋心灵，育德行。但文化认知的能力，是人类物种的禀赋，具有普世性。假借地方性的文化资源，我们成长为人，并不断地修补和提升认知力。我们首先成人，然后才是中国人或外国人、黄皮肤或黑白皮肤、宗教信徒或非信徒。

倚靠不断修补和提升的认知力，我们逐渐穿越地方性的文化场景，加工异文化的体系，建构生动而动态的“多元文化的心智”（multicultural mind；Hong et al.，2000）。异质的“文化病毒”，或多元的文化“神灵”，“栖居”在我们的心智中，而表现出领域-特异性。几乎没有“诸神之争”，她们在我们的心灵中各就其位。

这些异质的“文化病毒”，或多元的文化“神灵”不是暴君，也做不成暴君，绝对主宰不了我们的行为。因为先于她们，从出生时起，我们就被植入了自由意志的天赋。我们的文化修行，只是手头待命的符号资源或

“工具箱”（Swidler，1986）。并且在行动中，我们练习“文化开关”的转换技能和策略，并累积性地创造新工具或新的“文化病毒”（Sperber，1996）。

第三个类别是在当代进化生物学的理智土壤中生长而壮大的群体，即进化社会心理学家群体。他们蔑视特异论者的“喧嚣”，而把建构统一理论的雄心拓展至包括人类物种的整个动物界，以求揭示支配整个动物界的社会心理和社会行为的秩序和机制。以进化历程中的利他难题和性选择难题为核心，以有机体遗传品质的适应性（fitness）为逻辑起点，从1964年汉密尔顿（W. D. Hamilton）开始，不同的宏大理论（grand theories）［如亲属选择论（kin selection/ inclusive fitness）、直接互惠论（direct reciprocal altruism）和间接互惠论（indirect reciprocal altruism）在利他难题上，亲本投资论（theory of parental investment；Trivers，2002）在性选择难题上］被构造出来。而进化定向的社会心理学者把进化生物学遗传品质的适应性转化为行为和心智的适应性，进化社会心理学作为新路径和新领域得以成就（如巴斯，2011，2015；Buss，2016）。

认知神经科学和社会认知的融合，催生了社会认知神经科学。以神经科学的新技术如功能性磁共振成像技术（fMRI）和正电子发射断层扫描技术（PET）为利器，社会认知的不同阶段、不同任务以及认知缺陷背后的大脑对应活动，正是最热点前沿（如Eisenberger，2015；Eisenberger et al.，2003；Greene et al.，2001；Ochsner，2007）。

（三）个体内过程：社会认知范式

在个体内水平上，从20世纪80年代以来，以“暖认知”（warm cognition）或“具身认知”（embodied cognition）为核心的“社会认知革命”（李其维，2008；赵蜜，2010；Barsalou，1999；Barbey et al.，2005），有重要进展。其典范的启动程序（priming procedure）为洞悉人类心智的“黑箱”贡献了简洁武器，并且渗透在其他水平和其他主题的研究中，如文化认知、群体认知（Yzerbyt et al. Eds.，2004）和偏差地图（高明华，2010；佐斌等，2006；Fiske et al.，2002；Cuddy et al.，2007）。

卡尼曼有关行动者在不确定境况中的判断启发式及其偏差的研究（卡尼曼等编，2008；Kahneman et al. Eds.，1982），以及塞勒有关禀赋效应和心理账户的研究（泰勒，2013，2016），使社会认知的路径贯注在经济判断和决策领域中。由此，行为经济学开始凸显。

（四）群体过程：社会表征范式

人际过程的研究，充斥着杂多的中小型理论模型，并受个体内过程和群体过程研究的挤压。最有理论综合潜能的可能是以实验博弈论为工具的有关竞争和合作的研究。

当代群体过程研究的革新者是莫斯科维奇。从北美有关群体规范形成、从众以及权威服从的研究传统中，莫斯科维奇洞悉了群体秩序和群体创新的辩证法。莫斯科维奇的团队从1969年开始，在多数人的影响之外，专注少数人影响的机制。他以少数人行为风格的一致性为基础的众从模型（conversion theory），以及在此基础上所不断完善的多数人和少数人影响的双过程模型（如De Deru et al. Eds.，2001；Nemeth，2018），重构了群体过程研究的形貌。莫斯科维奇有关少数人影响的研究经历，佐证了其理论的可信性与有效性（Moscovici，1996）。

而社会表征论（social representation）则是莫斯科维奇对当代社会心理学的另一重大贡献（Moscovici，2000）。他试图超越北美不同版本内隐论（implicit theories）的还原主义和个体主义逻辑，解释和说明常识在社会沟通实践中的生产和再生产过程。社会表征论从20世纪90年代开始，激发了丰富的理论探索和实证研究（如管健，2009；赵蜜，2017；Doise et al.，1993；Liu，2004；Marková，2003），并熔铸在当代社会理论中（梅勒，2009）。

（五）群际过程：社会认同范式及其替代模型

泰弗尔的社会认同论（social identity theory，SIT）革新了当代群际过程的研究。泰弗尔首先奠定了群际过程崭新的知识基础和典范程序：建构主义的群体观、对人际-群际行为差异的精妙辨析，以及“最简群体范式”（minimal group paradigm）的实验程序。从1967年开始，经过十多年持续不懈的艰苦努力，泰弗尔和他的团队构造了以社会范畴化、社会比较、认同建构和认同解构/重构为核心的社会认同论。社会认同论，超越了前泰弗尔时代北美盛行的还原主义和个体主义的微观-利益解释路径，基于行动者的多元群体资格来研究群体过程和群际关系（布朗，2007；Tajfel，1970，1981；Tajfel & Turner，1986）。

在泰弗尔于1982年辞世之后，社会认同论在其学生特纳的领导下，有不同版本的修正模型，如不确定性-认同论（uncertainty-identity theory；Hogg，2007）和最优特异性模型（optimal distinctiveness model）。其中最有影响的是特纳等人的“自我归类论”（self-categorization theory；Turner et al.，1987）。在自我归类论中，特纳提出了一个精妙构念——元对比原则（meta-contrast principle），它是行为连续体中范畴激活的基本原则（Turner et al.，1987）。所谓元对比原则，是指在群体中，如果群体成员之间在某特定维度上的相似性权重弱于另一维度的差异性权重，沿着这个有差异的维度就会分化出两个群体，群际关系因此从群体过程中凸显。特纳的元对比原则，有两方面的重要贡献：其一，它完善了其恩师的人际-群际行为差别的观念，使之转换为人际-群际行为连续体；其二，它卓有成效地解决了内群行为和群际行为的转化问题。

但社会认同论仍存在基本理论困扰：内群偏好（ingroup favoritism）和外群敌意（outgroup hostility）难题。不同的修正版本都没有妥善地解决这个基本问题。倒是当代社会认知的大家费斯克及其团队从群体认知出发，通过刻板印象内容模型（stereotype content model，STM；Fiske et al.，2002）巧妙解决了这个难题，并经由“偏差”地图（BIAS map；Cuddy et al.，2007）把刻板印象（群际认知）、偏见（群际情感）和歧视（群际行为）融为一体。

典范意味着符号霸权，但同时也是超越的目标和击打的靶心。在社会认同范式的笼罩下，以自尊假设和死亡显著性（mortality salience）为核心的恐惧管理理论（terror management theory，TMT）（张阳阳，佐斌，2006；Greenberg et al.，1997）、社会支配论（social dominance theory；Sidanius & Pratto，1999）和体制合理化理论（system justification theory；Jost & Banaji，

1994）被北美学者构造出来，尝试替代解释群际现象。它有两方面的意涵：其一，它意味着人格心理学对北美社会心理学的强大影响力；其二则意味着北美个体主义和还原主义的精神气质期望在当代宏观社会心理过程中借尸还魂，而这尸体就是腐败达半世纪的权威人格论及其变式。

四、铸就中国社会心理学的“社会之魂”

中国当代社会心理学自1978年恢复、重建以来，“本土行动、全球情怀”可道其风骨。立足于本土行动的研究实践历经二十余载，催生了“文化自觉”的信心和勇气。中国社会心理学者的全球情怀，也从21世纪起开始凸显。

（一）“本土行动”的研究路径

所有国别中的社会心理学研究，首先都是本土性的研究实践。中国当代社会心理学的研究也不例外，其“本土行动”的研究实践，包括以下两类研究路径。

1. 中国文化特异性路径

以中国文化特异性为中心的研究实践，已经取得一定成就。援引解释水平的线索，可从个体、人际、群体和群际层面进行概要评论。在个体层面，受杨国枢中国人自我研究的激发，金盛华和张建新尝试探究自我价值定向理论和中国人人格模型；王登峰采用中文词汇学路径，构造了中国人人格结构的“大七模型”，以与西方的“大五模型”相区别；彭凯平的分析思维-辩证思维概念、侯玉波的中国人思维方式探索以及杨中芳的“中庸”思维研究，都揭示了中国人独特的思维方式和认知特性；刘力有关中国人的健康表征研究、汪新建和李强团队的心理健康和心理咨询研究，深化了对中国人健康和疾病观念的理解。而周欣悦的思乡研究、金钱启动研究和控制感研究，也有一定的国际影响。在人际层面，黄光国基于儒家关系主义探究了“中国人的权力游戏”，并激发了翟学伟和佐斌等有关中国人的人情、面子和里子研究；叶光辉的孝道研究，增进了对中国人家庭伦理和日常交往的理解。在群体层面，梁觉的社会通则概念，王垒、王辉、张志学、孙健敏和郑伯埙等有关中国组织行为和领导风格的研究，尝试探究中国人的群体过程和组织过程。而在群际层面，杨宜音的“自己人”和“关系化”的研究，展现了中国人独特的社会分类逻辑。沙莲香有关中国民族性的系列研究，也产生了重大影响。

上述研究增强了中国社会心理学共同体的学术自信。但这些研究也存在有待完善的共同特征。第一，这些研究都预设一种个体主义文化-集体主义文化的二元对立，而中国文化被假定和西方的个体主义文化不同，位于对应的另一极。第二，这些研究的意趣过分执着于中国文化共同体相对静止而凝固的面向，有的甚至隐含汉族中心主义和儒家中心主义倾向。第三，这些研究的方法程序大多依赖于访谈或问卷/量表。第四，这些研究相对忽视了当代中国社会的伟大变革对当代中国人心灵的塑造作用。

2. 稳态社会路径

稳态社会路径对理论论辩没有丝毫兴趣，但它是大量经验研究的主宰偏好。其问题意识，源于对西方主流学界尤其是北美社会心理学界的追踪、模仿和复制，并常常伴随中西文化比较的冲动。在积极意义上，这种问题意识不断刺激国内学子研读和领悟主流学界的进展；但其消极面是使中国社会心理学的精神品格，蜕变为北美研究时尚的落伍追随者，其典型例证如被各级地方政府所追捧的有关主观幸福感的研究。北美社会已经是高度稳态的程序社会，因而其学者问题意识的生长点只能是稳态社会的枝节问题。而偏好稳态社会路径的中国学者，所面对的是急剧的社会变革和转型。社会心理现象的表现形式、成因、后果和应对策略，在稳态社会与转型社会之间，存在质的差异。

稳态社会路径的方法论偏好，可归结为真空中的个体主义。活生生的行动者，在研究过程中被人为剔除了其在转型社会中的丰富特征，而被简化为高度同质的原子式的个体。强调社会关怀的社会心理学，蜕变为“非社会的”（asocial）社会心理学。而其资料收集程序，乃是真空中的实验或问卷调查。宏大的社会现实，被歪曲或简化为人为的实验室或田野中漠不相关的个体之间虚假的社会互动。社会心理学的“社会”之魂由此被彻底放逐。

（二）超越“怪异心理学”的全球情怀

中国社会“百年未有之大变局”，给中国社会心理学者提供了千载难逢的社会实验室。一种以中国社会转型为中心的研究实践，从21世纪开始焕发生机。其理论抱负不是对中西文化进行比较，也不是为西方模型提供中国样本资料，而是要真切地面对中国伟大的变革现实，以系统描述、理解和解释置身于转型社会的中国人心理和行为的逻辑和机制。其直面的问题虽是本土-本真性的，但由此系统萌生的情怀却是国际性的，力图超越“怪异心理学”[western，educated，industrialized，rich，and democratic（WEIRD）psychology；Henrich et al.，2010]，后者因其研究样本局限于西方受过良好教育的工业化背景的富裕社会而饱受诟病。

乐国安团队有关网络集体行动的研究，周晓虹有关农民群体社会心理变迁、“城市体验”和“中国体验”的研究，杨宜音和王俊秀团队有关社会心态的研究，方文有关群体符号边界、转型心理学和社会分类权的研究（方文，2017），高明华有关教育不平等的研究（高明华，2013），赵德雷有关社会污名的研究（赵德雷，2015），赵蜜有关政策社会心理学和儿童贫困表征的研究（赵蜜，2019；赵蜜，方文，2013），彭泗清团队有关文化混搭（cultural mixing）的研究，都尝试从不同侧面捕捉中国社会转型对中国特定群体的塑造过程。这些研究的基本品质，在于研究者对社会转型的不同侧面的高度敏感性，并以之为基础来构造自己研究的问题意识。其中，赵志裕和康萤仪的文化动态建构论模型有重要的国际影响。

（三）群体地图与中国体验等紧迫的研究议题

面对空洞的宏大理论和抽象经验主义的符号霸权，米尔斯呼吁社会学者应以持久的人类困扰和紧迫的社会议题为枢纽，重建社会学的想象力。而要滋养和培育中国当代社会心理学的想象力和洞察力，铸就社会心理学的“社会之魂”，类似地，必须检讨不同样式的生理决定论和还原论，直面生命持久的心智困扰和紧迫的社会心理议题。

不同样式的生理决定论和还原论，总是附身于招摇的研究时尚，呈现不同的惑人面目，如认知神经科学的殖民倾向。社会心理学虽历经艰难而理智的探索，终于从生理/本能决定论中破茧而出，却持续受到认知神经科学的侵扰。尽管大脑是所有心智活动的物质基础，尽管所有的社会心理和行为都有相伴的神经相关物，尽管社会心理学者对所有的学科进展有持续的开放胸怀，但人类复杂的社会心理过程无法还原为个体大脑的结构或功能。而今天的研究时尚，存在神经研究替代甚至凌驾完整动态的生命活动研究的倾向。又如大数据机构的营销术。据称大数据时代已经来临，而所有生命活动的印迹，通过计算社会科学，都能被系统挖掘、集成、归类、整合和预测。类似于乔治·奥威尔所著《一九八四》中老大哥的眼神，这是令人恐怖的数字乌托邦迷思。完整动态的生命活动，不是数字，也无法还原为数字，无论基于每个生命从出生时起就被永久植入的自由意志，还是自动活动与控制活动的分野。

铸就中国当代社会心理学的“社会之魂”，必须直面转型中国社会紧迫的社会心理议题。

（1）数字时代人类社会认知能力的演化。方便获取的数字文本、便捷的文献检索和存储方式，彻底改变了生命学习和思考的语境。人类的社会认知过程的适应和演化是基本难题之一。“谷歌效应”（Google effect；Sparrow et al.，2011）已经初步揭示便捷的文献检索和存储方式正败坏长时记忆系统。

（2）“平庸之恶”风险中的众从。无论是米尔格拉姆的权威服从实验还是津巴多的“路西法效应”研究，无论是二战期间纳粹德国的屠犹还是日本法西斯在中国和东南亚的暴行，无论是当代非洲的种族灭绝还是不时发生的恐怖活动，如何滋养和培育超越所谓“平庸之恶”的众从行为和内心良知，值得探究。它还涉及如何汇集民智、民情和民意的“顶层设计”。

（3）中国社会的群体地图。要想描述、理解和解释中国人的所知、所感、所行，必须从结构层面深入人心层面，系统探究社会转型中不同群体的构成特征、认知方式、情感体验、惯例行为模式和生命期盼。

（4）中国体验与心态模式。如何系统描绘社会变革语境中中国民众人心秩序或“中国体验”与心态模式的变迁，培育慈爱之心和公民美德，对抗非人化（dehumanization）或低人化（infra-humanization）趋势，也是紧迫的研究议程之一。

五、文化自觉的阶梯

中国社会“千年未有之变局”，或社会转型，已经并正在形塑整体中国人的历史命运。如何从结构层面深入人心层面来系统描述、理解和解释中国人的所知、所感及所行？如何把社会转型的现实灌注到中国社会心理学的研究场景中，以缔造中国社会心理学的独特品格？如何培育中国社会心理学者对持久的人类困扰和紧迫的社会议题的深切关注和敏感？所有这些难题，都是中国社会心理学者不得不直面的挑战，但同时也是理智复兴的机遇。

中国社会转型，给中国社会心理学者提供了独特的社会实验室。为了描述、理解和解释社会转型中的中国人心理和行为逻辑，应该呼唤直面社会转型的社会心理学的研究，或转型心理学的研究。转型心理学的路径，期望能够把握和捕捉社会巨变的脉络和质地，以超越文化特异性路径和稳态社会路径，以求实现中国社会心理学的理智复兴（方文，2008b，2014；方文主编，2013；Fang，2009）。

中国社会心理学的理智复兴，需要在直面中国社会转型的境况下，挖掘本土资源和西方资源，进行脚踏实地的努力。追踪、学习、梳理及借鉴西方社会心理学的新进展，就成为无法绕开的基础性的理论工作，也是最有挑战性和艰巨性的理论工作之一。

从前辈学者开始，对西方社会心理学的翻译、介绍和评论，从来就没有停止过。这些无价的努力，已经熔铸在中国社会心理学研究者和年轻学子的心智中，有助于滋养学术品位，培育“文化自觉”的信心。但翻译工作还主要集中于西方尤其是北美的社会心理学教科书。

教科书作为学术社会化的基本资源，只能择要选择相对凝固的研究发现和理论模型。整体研究过程和理论建构过程中的鲜活逻辑，都被忽略或遗弃了。学生面对的不是原初的完整研究，而是由教科书的编/作者所筛选过的第二手资料。期望学生甚至是研究者直接亲近当代社会心理学的典范研究，就是出版“当代西方社会心理学名著译丛”的初衷。

本译丛第一辑名著的选择，期望能近乎覆盖当代西方社会心理学的主宰范式。其作者，或者是特定研究范式的奠基者和开拓者，或者是特定研究范式的当代旗手。从2011年开始出版和陆续重印的名著译丛，广受好评，也在一定意义上重铸了中文社会心理学界的知识基础。而今启动的第二辑在书目选择上也遵循了第一辑的编选原则——“双重最好”（double best），即当代西方社会心理学最好研究者的最好专著文本，尽量避免多人合著的作品或论文集。已经确定的名篇有《语境中的知识》（Jovchelovitch，2007）、《超越苦乐原则》（Higgins，2012）、《努力的意义》（Dweck，1999）、《归因动机论》（Weiner，2006）、《欲望的演化》（Buss，2016）、《偏见》（Brown，2010）、《情绪感染》（Hatfield et al.，1994）、《群际接触》（Pettigrew & Tropp，2011）和《道德与社会行为的调节》（Ellemers，2017）。

正如西蒙所言，没有最优决策，最多只存在满意决策。文本的筛选和版权协商，尽管尽心尽力、精益求精，但总是有不可抗力而导致痛失珍贵的典范文本，如《自然选择和社会理论》（Trivers，2002）以及《为异见者辩护》（Nemeth，2018）等。

期望本名著译丛的出版，能开启中国社会心理学的“文化自觉”。

鸣谢

从2000年开始，我的研究幸运地持续获得国家社会科学基金（2000，2003，2008，2014，2020）和教育部人文社会科学重点研究基地重大项目基金（2006，2011，2016）的资助。最近获得资助的是2016年度教育部人文社会科学重点研究基地重大项目“阻断贫困再生产：儿童贫困后效、实验干预与政策反思”（项目批准号为16JJD840001）和2020年度国家社会科学基金一般项目“宗教和灵性心理学的跨学科研究”（项目批准号为

20BZJ004）。“当代西方社会心理学名著译丛”（第二辑），也是这些资助项目的主要成果之一。

而近20年前有幸结识潘宇博士，开始了和中国人民大学出版社的良好合作。潘宇博士，沙莲香先生的高徒，以对社会心理学学科制度建设的激情、承诺和敏锐洞察力，给我持续的信赖和激励。本名著译丛从最初的构想、书目选择到版权事宜，她都给予了持续的支持和推动。而中国人民大学出版社的张宏学和郦益在译丛出版过程中则持续地贡献了智慧和耐心。

最后衷心感谢本译丛学术顾问和编辑委员会所有师友的鼎力支持、批评和建议，也衷心感谢所有译校者的创造性工作。

方文

2020年7月

参考文献

巴斯．（2011）．欲望的演化：人类的择偶策略（修订版；谭黎，王叶译）．北京：中国人民大学出版社．

巴斯．（2015）．进化心理学：心理的新科学（第4版；张勇，蒋柯译）．北京：商务印书馆．

波特，韦斯雷尔．（2006）．话语和社会心理学：超越态度与行为（肖文明等译）．北京：中国人民大学出版社．

布朗．（2007）．群体过程（第2版；胡鑫，庆小飞译）．北京：中国轻工业出版社．

方文．（1997）．社会心理学百年进程．社会科学战线（2），248－257.

方文．（2001）．社会心理学的演化：一种学科制度视角．中国社会科学（6），126－136＋207.

方文．（2008a）．学科制度和社会认同．北京：中国人民大学出版社．

方文．（2008b）．转型心理学：以群体资格为中心．中国社会科学（4），137－147.

方文．（2014）．转型心理学．北京：社会科学文献出版社．

方文．（2017）．社会分类权．北京大学学报（哲学社会科学版），54（5），80－90.

方文（主编）.（2013）. 中国社会转型：转型心理学的路径. 北京：中国人民大学出版社.

高明华.（2010）. 刻板印象内容模型的修正与发展：源于大学生群体样本的调查结果. 社会，30（5），200－223.

高明华.（2013）. 教育不平等的身心机制及干预策略：以农民工子女为例. 中国社会科学（4），60－80.

管健.（2009）. 社会表征理论的起源与发展：对莫斯科维奇《社会表征：社会心理学探索》的解读. 社会学研究（4），232－246.

黄仁宇.（2007）. 万历十五年（增订本）. 北京：中华书局.

卡尼曼，斯洛维奇，特沃斯基（编）.（2008）. 不确定状况下的判断：启发式和偏差（方文等译）. 北京：中国人民大学出版社.

李其维.（2008）. "认知革命"与"第二代认知科学"刍议. 心理学报，40（12），1306－1327.

罗玮，罗教讲.（2015）. 新计算社会学：大数据时代的社会学研究. 社会学研究（3），222－241.

梅勒.（2009）. 理解社会（赵亮员等译）. 北京：北京大学出版社.

泰勒.（2013）. 赢者的诅咒：经济生活中的悖论与反常现象（陈宇峰等译）. 北京：中国人民大学出版社.

泰勒.（2016）. "错误"的行为：行为经济学的形成（第2版，王晋译）. 北京：中信出版集团.

吴莹，赵志裕（特约主编）.（2017）. 中国社会心理学评论：文化混搭心理研究（Ⅱ）. 北京：社会科学文献出版社.

乐国安（主编）.（2009）. 社会心理学理论新编. 天津：天津人民出版社.

张阳阳，佐斌.（2006）. 自尊的恐惧管理理论研究述评. 心理科学进展，14（2），273－280.

赵德雷.（2015）. 农民工社会地位认同研究：以建筑装饰业为视角. 北京：知识产权出版社.

赵蜜.（2010）. 以身行事：从西美尔风情心理学到身体话语. 开放时代（1），152－160.

赵蜜.（2017）. 社会表征论：发展脉络及其启示. 社会学研究（4），222－245＋250.

赵蜜.（2019）. 儿童贫困表征的年龄与城乡效应. 社会学研究（5），192－216.

赵蜜，方文.（2013）. 社会政策中的互依三角：以村民自治制度为例. 社会学研究（6），169－192.

赵志裕，吴莹（特约主编）．（2015）．中国社会心理学评论：文化混搭心理研究（Ⅰ）．北京：社会科学文献出版社．

周晓虹．（1993）．现代社会心理学史．北京：中国人民大学出版社．

佐斌，张阳阳，赵菊，王娟．（2006）．刻板印象内容模型：理论假设及研究．心理科学进展，14（1），138－145.

Barbey, A., Barsalou, L., Simmons, W. K., & Santos, A. (2005). Embodiment in religious knowledge. Journal of Cognition & Culture, 5 (1－2), 14－57.

Barsalou, L. W. (1999). Perceptual symbol systems. Behavioral & Brain Sciences, 22 (4), 577－660.

Billig, M. (1996). Arguing and thinking: A rhetorical approach to social psychology (New ed.). Cambridge University Press.

Brown, R. (2010). Prejudice: It's social psychology (2nd ed.). Wiley-Blackwell.

Burke, P. J. (Ed.). (2006). Contemporary social psychological theories. Stanford University Press.

Buss, D. M. (2016). The evolution of desire: Strategies of human mating. Basic Books.

Chiu, C.-y., & Hong, Y.-y. (2006). Social psychology of culture. Psychology Press.

Cuddy, A. J., Fiske, S. T., & Glick, P. (2007). The BIAS map: Behaviors from intergroup affect and stereotypes. Journal of Personality & Social Psychology, 92 (4), 631－648.

De Dreu, C. K. W., & De Vries, N. K. (Eds.). (2001). Group consensus and minority influence: Implications for innovation. Blackwell.

Doise, W. (1986). Levels of explanation in social psychology. (E. Mapstone, Trans.). Cambridge University Press.

Doise, W., Clémence, A., & Lorenzi-Cioldi, F. (1993). The quantitative analysis of social representations. (J. Kaneko, Trans.). Harvester Wheatsheaf.

Dweck, C. S. (1999). Self-theories: Their role in motivation, personality and development. Psychology Press.

Eisenberger, N. I. (2015). Social pain and the brain: Controversies, questions, and where to go from here. Annual Review of Psychology, 66, 601－629.

Eisenberger, N. I., Lieberman, M. D., & Williams, K. D. (2003). Does rejection hurt? An fMRI study of social exclusion. Science, 302 (5643), 290－292.

Ellemers, N. (2017). Morality and the regulation of social behavior: Group as moral anchors. Routledge.

Fang, W. (2009). Transition psychology: The membership approach. Social Sciences in China, 30 (2), 35 - 48.

Fiske, S. T., Cuddy, A. J., Glick, P., & Xu, J. (2002). A model of (often mixed) stereotype content: Competence and warmth respectively follow from perceived status and competition. Journal of Personality & Social Psychology, 82 (6), 878 - 902.

Gergen, K. J. (2001). Social construction in context. Sage.

Greenberg, J., Solomon, S., & Pyszczynski, T. (1997). Terror management theory of self-esteem and cultural worldviews: Empirical assessments and conceptual refinements. In P. M. Zanna (Eds.), Advances in experimental social psychology (Vol. 29, pp. 61 - 139). Academic Press.

Greene, J. D., Sommerville, R. B., Nystrom, L. E., Darley, J. M., & Cohen, J. D. (2001). An fMRI investigation of emotional engagement in moral judgment. Science, 293 (5537), 2105 - 2108.

Hatfield, E., Cacioppo, J. T., & Rapson, R. L. (1994). Emotional contagion. Cambridge University Press.

Henrich, J., Heine, S. J., & Norenzayan, A. (2010). The weirdest people in the world?. Behavioral & Brain Sciences, 33 (2 - 3), 61 - 83.

Higgins, E. T. (1996). Activation: Accessibility, and salience. In E. T. Higgins & A. Kruglanski (Eds.), Social psychology: Handbook of basic principles (pp. 133 - 168). Guilford.

Higgins, E. T. (2012). Beyond pleasure and pain: How motivation works. Oxford University Press.

Hogg, M. A. (2007). Uncertainty-identity theory. Advances in Experimental Social Psychology, 39, 69 - 126.

Hong, Y.-y., Morris, M. W., Chiu, C.-y., & Benet-Martínez, V. (2000). Multicultural minds: A dynamic constructivist approach to culture and cognition. American Psychologist, 55 (7), 709 - 720.

House, J. S. (1977). The three faces of social psychology. Sociometry, 40 (2), 161 - 177.

Jost, J. T., & Banaji, M. R. (1994). The role of stereotyping in system-justification and the production of false consciousness. British Journal of Social Psychology, 33 (1), 1-27.

Jovchelovitch, S. (2007). Knowledge in context: Representations, community and culture. Routledge.

Kahneman, D., Slovic, P., & Tversky, A. (Eds.). (1982). Judgment under uncertainty: Heuristics and biases. Cambridge university press.

Kruglanski, A. W., & Higgins, E. T. (Eds.). (2007). Social psychology: Handbook of basic principles. Guilford.

Liu, L. (2004). Sensitising concept, themata and shareness: A dialogical perspective of social representations. Journal for the Theory of Social Behaviour, 34 (3), 249-264.

Macy, M. W., & Willer, R. (2002). From factors to actors: Computational sociology and agent-based modeling. Annual Review of Sociology, 28, 143-166.

Markovά, I. (2003). Dialogicality and social representations: The dynamics of mind. Cambridge University Press.

Morris, M. W., Chiu, C.-y., & Liu, Z. (2015). Polycultural psychology. Annual Review of Psychology, 66, 631-659.

Moscovici, S. (1996). Foreword: Just remembering. British Journal of Social Psychology, 35, 5-14.

Moscovici, S. (2000). Social representations: Explorations in social psychology. Polity.

Moscovici, S., & Markovά, I. (2006). The making of modern social psychology: The hidden story of how an international social science was created. Polity.

Nemeth, C. (2018). In defense of troublemakers: The power of dissent in life and business. Basic Books.

Ochsner, K. N. (2007). Social cognitive neuroscience: Historical development, core principles, and future promise. In A. W. Kruglanski & E. T. Higgins (Eds.), Social psychology: Handbook of basic principles (pp. 39-66). Guilford.

Parker, I., & Shotter, J. (Eds.). (1990). Deconstructing social psychology. Routledge.

Pettigrew, T. F., & Tropp, L. R. (2011). When groups meet: The dynamics of intergroup contact. Psychology Press.

Potter, J., & Wetherell, M. (1987). Discourse and social psychology: Beyond attitudes and behaviour. Sage.

Rosenthal, R., & DiMatteo, M. (2001). Meta-analysis: Recent developments in quantitative methods for literature review. Annual Review of Psychology, 52, 59-82.

Sidanius, J., & Pratto, F. (2001). Social dominance: An intergroup theory of social hierarchy and oppression. Cambridge University Press.

Sparrow, B., Liu, J., & Wegner, D. M. (2011). Google effects on memory: Cognitive consequences of having information at our fingertips. Science, 333 (6043), 776-778.

Sperber, D. (1996). Explaining culture: A naturalistic approach. Blackwell.

Swidler, A. (1986). Culture in action: Symbols and strategies. American Sociological Review, 51 (2), 273-286.

Tajfel, H. (1970). Experiments in intergroup discrimination. Scientific American, 223 (5), 96-103.

Tajfel, H. (1981). Human groups and social categories: Studies in social psychology. Cambridge University Press.

Tajfel, H., & Turner, J. C. (1986). The social identity theory of inter-group behavior. In S. Worchel & L. W. Austin (Eds.), Psychology of intergroup relations (pp. 7-24). Nelson-Hall.

Trivers, R. (2002). Natural selection and social theory: Selected papers of Robert Trivers. Oxford University Press.

Turner, J. C., Hogg, M. A., Oakes, P. J., Reicher, S. D., & Wetherell, M. S. (1987). Rediscovering the social group: A self-categorization theory. Blackwell.

Van Dijk, T. A. (1993). Elite discourse and racism. Sage.

Van Lange, P. A. M., Kruglanski, A. W., & Higgins, E. T. (Eds.). (2012). Handbook of theories of social psychology. Sage.

Weiner, B. (2006). Social motivation, justice, and the moral emotions: An attributional approach. Erlbaum.

Wyer, R. S., Chiu, C.-y., & Hong, Y.-y. (Eds.). (2009). Understanding culture: Theory, research, and application. Psychology Press.

Yzerbyt, V., Judd, C. M., & Corneille, O. (Eds.). (2004). The psychology of group perception: Perceived variability, entitativity, and essentialism. Psychology Press.

译者序

和卡罗尔·德韦克教授一样，我也是一名大学老师，帮助学生们成长是我的工作。十几年来，我目睹了众多极具天赋的学生朝气蓬勃而来，却怠惰颓丧而去。对此，我曾经百思不得其解，为这些学生“浪费”了他们宝贵的“天资”，没能到达他们可以到达的高度而痛心不已。与此同时，我也经常惊讶于另一些学生的百折不挠，他们表现出超强的韧性，即便屡屡经受挫败，依然能够不断挑战新的高峰，并兴致勃勃接受风雨的洗礼。这两类学生均从最严苛的考核中脱颖而出，他们入学时无一不带着“资优生”的标签，然而几年过去，他们的道路逐渐显现差异，可见的未来也日益不同。

如果你也和曾经的我一样对此感到困惑，德韦克教授的这本书将为你找到答案。在我们的教育理念和实践中存在太多迷思，无数教师和家长把它们奉为《圣经》，无形中将学生推入越来越脆弱和无助的境地。而这本书所阐述的理论及其研究则如拨云见日，让我们看到那些存在已久但人们对之却茫然不知的陷阱。

譬如很多人对智力的看重。眼花缭乱的智力开发项目透露着人们对聪明宝宝的渴求，仿佛“高智商”就意味着拿到了一个终身保障，附上了前途无量的预言，只需坐等它自然成真。然而常常事与愿违。对“高智商”的执迷本身即暗示着智力是一种固定不变的实体：有即有，没有即没有，多就是多，少就是少，而不是可以随时间累积增长的存在。在本书中，德韦克教授称其为智力的实体论，它将形成一种思维框架：既然智力是稳定不可变的，任何通过学习去提升它的努力都是徒劳，那么唯一能做的就是不断检验、证明和展示自己所拥有的智力水平，而一旦失败，即为灭顶之灾。于是为了避免失败、维系聪明的良好形象，唯有回避挑战、降低风险、谨慎选择，只从事确保能成功的任务。我们的部分学生就是如此，那些中学里的佼佼者，带着一张张标示过往荣光的奖状进入大学，然而这个不确定性陡增的环境中存在更复杂的情境和更多样的选择。如果期待的只是再给荣誉墙增添一座奖杯，再一次在新的人前证明自己，他们就会在挑战到来时怯懦退缩，在困难时刻裹足不前，自我设限，陷入颓丧，躲在看似安全的地方护卫岌岌可危的脆弱自尊。

再譬如我们总是直觉地夸奖孩子的智力或者特质，认为这样可以培养他们的自尊，为了达到这一目的甚至不惜无视事实夸大其词，殊不知这样却在不知不觉中塑造了僵化的自我理论，也为孩子们的自尊赋予了条件。如果只在表现好时得到表扬，自我价值就有了条件，一旦条件无法达成，自我价值也随之丧失。

相反，对智力持有可塑流变信念的智力增长论则会将学生带往完全不同的方向。既然智力不是铁板一块，那么掌握和学习知识从而让自己变得更聪明就要比向别人展示自己有多聪明重要得多。一次失败不代表任何缺陷，也不是对自尊的打击，而仅仅意味着还需要付出更大的努力或者思考其他的方法来解决问题，因而还能继续保持专注、激情与斗志。

于是，自我理论提供了一个清晰的脉络，来解释导致学业个体差异的重要因素，即那些比智力、表扬、自信更重要的信念、动机和目标。除此之外，自我理论还可以延伸到人格、道德领域，指导人们形成对于他人、社会及世界的看法。例如，当人们说“不是好人变坏了而是坏人变好了”时，当人们主张严厉惩罚青少年犯罪者而不是给予他们改造机会时，当人们动辄挖出某人的“黑历史”以评判其整个人并铁口直断其未来时，都是在以一种固定不变、拒绝发展的实体论框架来看待和评价他人，于是不相信人自身成长的力量，不相信教育的可能性，也就放弃了改良和发展的契机。

除了发现问题，本书也为家长和老师们给出了明确可操作的建议：提供针对过程、努力、策略的反馈，培养孩子们关于自我、他人、世界发展可塑的增长理论，树立旨在学习和掌握知识技能的目标，帮助他们在困难面前勇于尝试、坚持不懈、无所畏惧。我期待每一位读者在读完本书后，都可以回答德韦克教授在最后提出的那个问题：我们成年人能否做出承诺，去帮助下一代成为比我们更了不起的人?

在本书的翻译过程中，除了充满启迪的内容屡屡令我激赏，德韦克教授对研究细致入微的呈现也令我印象深刻。优秀的理论之所以能为现实提供观照和引领，是因为它源于严谨考究的研究工作。读者可以在书中看到每一个精巧而生动的设计细节，充分感受心理学研究的魅力。

总之，我十分荣幸将这本卓越的著作介绍给读者，感谢方文教授对整个译丛的组织及对本书翻译工作的指导。感谢我的研究生左世江、肖丽娟、成磊、黄旎雯、蔡攀、周璇、李雅雯、郝明阳、谢菲、张再玄的参与。

王芳

2020 年 2 月 18 日

作者序

我总是感动于人们取得的非凡成就，特别是看到这些成就出自逆境的时候。与此同时，我也会黯然于人们的潜能未能得到应许的绽放。成就的达成和潜能的浪费，我的研究生涯一直在致力于理解这两件事情。30 年来，动机和成就是我研究工作的主题词，而这本书就是这些工作的总结，你将看到很多挑战传统观念的研究结果。

我首先是一个研究者，故此，我毫不犹豫地在本书中传达出我对研究过程的热爱——我会详细介绍如何使用精致的方法解决深刻而真实的问题，告诉你们发现一些出乎意料的事情是何等令人兴奋，以及每项研究如何为下个研究提出新的问题。研究会吸引你在未知的路上走下去，并在每一个转弯昭示新的曙光。

但是，做研究并不是一件容易的事。实验必须要创设逼真的情境，每个情境都要使用众多测量方法，每个测量方法又必须经过多次改进和测试。为了确保结果有效，研究者必须把控每一个细节。我们的实验通常会有超过 100 名学生参与，由此产生了大量数据用于分析。读者可以略过这些细节，研究爱好者们则可以通过查阅每章引用的文献来找到它们。

不过有些细节是值得关注的。比如，本书提到的所有研究结果都具有统计学意义，也就是说这些发现经过统计检验是可靠的。但你也要知道，没有任何心理学研究结论意味着全或无。并不是同一个实验条件下的每位学生都会有相同的反应和表现，结果描述的是特定实验条件下所有成员的平均表现。

成千上万的学生参与了我们的研究，学段涵盖了从学前班到大学的全范围，他们来自全美各地——从村镇到都市，他们还代表了不同的种族群体。因此，这些发现不仅仅局限于某一特定人群，而是具有广泛的适用性。

此外，所有学生均自愿参与研究，并可以在任意节点上终止实验。事实上他们中的多数人在实验过程中掌握了挑战性的学习材料，并在实验结束时获得了难忘的积极体验。

在我提到这些研究的时候，通常会使用“我们”。这是因为几乎所有的研究都是我和我的研究生以及博士后研究员合作完成的。研究生涯的乐趣之一就是能与年轻学者们密切合作，这是我的幸运。如果没有他们，就不会有这本书的存在。

本书大部分内容与人们如何承诺于珍视之物有关。我想把这本书献给我的丈夫大卫，对于这一点，他教授我良多。

卡罗尔·德韦克

1999 年 1 月于纽约

前 言

通常来说，前言部分应该介绍一些理论背景，比如该领域现存哪些理论，这里即动机与人格理论及其发展，需要讲一讲它们试图解释什么，而我的理论取向又是什么，以及这种取向的优势何在，等等。

然而，在和你们获得共识之前，我很难以一种有趣又具启发性的方式来回答这些问题。而一旦我们共享了一些知识，回答这些问题就变得轻松多了。

因此，本书的开场相当简短。我会简要介绍我的理论取向及本书的目标和内容，而等到全书最后，我才会回过头讨论一般性的理论问题。

理论取向："意义系统"

人们会发展出各种信念，它们帮助人们组织世界并赋予经验以意义。本书即建立在这一观点之上。这些信念可以被称作"意义系统"(meaning system)，不同的人创造出不同的意义系统。本书将阐述人们关于其自身的信念［即**自我理论**（self-theories）］①如何建构出不同的心理世界，使他们在相同的情境中展现出不同的思考、感受和行动。

人们的信念或理论生成意义系统，这一思想在哲学和心理学中由来已久

① 自我理论常在个体不知不觉中形成，并潜在地影响到个体日常理解和解释人及事物的框架，因此也称为内隐理论（implicit theory）。——译者注

（如 Kelly，1955；Langer，1967；Pepper，1942；Whitehead，1929，1938），并孕育出了诸多非凡的研究，它们分布在不同的心理学领域，包括：

- 社会-人格心理学（Epstein，1990；Janoff-Bulman，1992；Hamilton & Sherman，1996；Kruglanski，1989；Lerner，1980；Semin & Gergen，1990；Wegner & Vallacher，1977）。
- 临床心理学（Beck，1996；Greenberg & Pascuale-Leone，1997）。
- 跨文化心理学与心理人类学（Hirschfeld & Gelman，1994；Shweder，1993；Shweder & LeVine，1984）。
- 认知心理学（Murphy & Medin，1985）。
- 发展心理学——包括社会性发展（Goodnow & Collins，1990；Lewis，1997；Saarni，1993）和认知-语言发展（Carey，1996；Nelson，1996；Wellman & Gelman，1992）。

xii 事实上，认知发展心理学泰斗皮亚杰在晚年也意识到，仅仅关注逻辑思维及其发展是不够的。他开始相信人们所使用的意义系统对于塑造思维同等甚至更加重要（Piaget，Garcia，& Feider，1989；Piaget，Garcia，Davison，& Easley，1991；参见 Overton，1990）。

我衷心赞同这一观点，并进一步建议采纳意义系统取向，因为它强调人们如何组织和理解世界，从而可以将不同的心理学领域紧密结合在一起。

本书的目标

这本书旨在阐明人是如何运转的。基于对儿童和年轻人进行的广泛研究，我会回答为何有时候人们运转良好，有时候运转不良甚至自我挫败和伤害。通过此过程，我们将更好地理解为什么有些人可以超常发挥，有些人却无法实现他们的潜能。

为此，我介绍的研究会阐述适应良好和适应不良的动机模式，包括：

- 它们塑造自我理论的方式。
- 它们对成就、社会关系和心理健康的影响。
- 创造它们的经历。

整本书将向你展示，如何通过考察儿童和成人的自我理论来解答有关人类动机、人格、自我、发展等的基本问题。

本书概览

本书的前六章将介绍我们关于成就动机的模型，你将看到学生们对于智力的自我理论如何影响到他们设立的目标，这些理论和目标又如何生成适应良好或适应不良的成就模式，以及这种效应在现实生活中的体现。接着，你还会看到自我理论如何成为意义系统的核心，成为一种理解成就的个人框架。

在接下来的章节，我将探讨有关智力和成就的更多一般性问题，并介绍将模型应用在智力和成就之外领域的研究。这些研究将展示该模型能如何帮助理解其他重要的个人和人际现象，例如：

- 为什么有些人在遭遇挫折时深受抑郁和低自尊的困扰？
- 为什么与流行观点相反，信心、自尊和过去的成功并不是适应性运转的关键？ xiii
- 为什么有些人会在社会关系中做出自我挫败的行为？
- 为什么有些人比其他人持有更强烈的刻板印象并更容易形成这些刻板印象？

之后我将回答这些内隐理论及目标来自哪里的问题，也就是哪些经历促进了它们的形成。例如，我们有一个惊人的新发现，即称赞智力（或其他基本特质）将会形成适应不良的自我理论、目标和应对模式。

最后几章将探讨我们的发现对于理解自尊这一概念具有何种启示。这些发现将让我们重新思考自尊，包括它在动机中的作用以及培养自尊的条件。进而我将把我的理论取向置于人格、动机、发展和心理健康理论的大背景下，探讨关注人们的信念系统和目标这种方法在理论、研究和应用上具有何种优势。最后，我还将对现存的一些问题进行总结。

总之，这本书浓缩了30年的研究发现以及基于这些发现形成的观点。我希望这两者都能激发出全新的思考、讨论以及更多的研究。

目　录

第一章 1
什么促进适应性动机？四种信念与四个事实

成功个体的标志在于他们热爱学习、喜欢挑战、重视努力，并在面对困难时坚韧不拔（参见 Sorich & Dweck，in press）。在这本书中，我将呈现大量研究来解释，为什么有的学生可以展现出此种“掌握定向”（mastery-oriented）的品质而另一些学生却不能。这些研究将挑战几种普遍的社会信念：

- **信念 1：能力高的学生更可能表现出掌握定向品质。**你也许会认为那些本领高强的学生同时也是渴望挑战、无惧挫败的个体。然而与此相反，很多高能力的学生反而更担心失败，也更容易在遭遇阻碍时怀疑自己（Leggett，1985；Licht & Dweck，1984a，b；Licht & Shapiro，1982；另见 Stipek & Hoffman，1980）。
- **信念 2：在学校取得成功可以促进掌握定向品质的发展。**你也许会认为学生在取得成功后更有勇气和动力去追求具有挑战性的任务。然而事实是，成功本身几乎不能提升学生对挑战的渴望，也无助于培养他们应对挫折的能力。成功甚至对掌握定向品质的培养具有消极作用（Diener & Dweck，1978，1980；Dweck，1975；Kamins & Dweck，in press；Leggett，1985；Licht & Dweck，1984a；Mueller & Dweck，1998）。
- **信念 3：称赞，特别是对学生智力的称赞可以提升掌握定向品质。**这是在我们社会中备受推崇的一种信念。随时随地总能听到父母们称赞他们的孩子有多聪明，人们相信称赞可以增强自信从而培养出 2

社会期许的品质。然而在这本书中我将向你证明，称赞不但不能提升那些品质，反而可能使学生害怕失败、拒绝冒险，并在失败的时候自我怀疑，无法应对挫败（Kamins & Dweck，in press；Mueller & Dweck，1998）。

- **信念 4：学生对智力的信心是形成掌握定向品质的关键。**那些对自己的智力抱有信心也就是相信自己很聪明的学生不怕挑战且可以免于失败带来的消极后果，这种信念看起来合乎逻辑，然而实际上并非如此。很多自认为聪明的个体并不愿意接受高难度的智力挑战，他们的信心在面临困难时也常常动摇（Henderson & Dweck，1990；Hong，Chiu，Dweck，& Lin，1998；Zhao，Dweck，& Mueller，1998；参见 Hong，Chiu，& Dweck，1995）。

毫无疑问，这些有关成功、赞赏和信心的看法充满吸引力。它们源于只要学生相信自身的能力就能茁壮成长这样一种合理确信。那么，这又**有何不妥**呢？

我并不是认为失败或批评比成功和赞扬更有益，也并不是说有信心是一件坏事，而是说它们并不是动机的核心，也不是取得成就的关键。

通过介绍我在这些议题上所做的研究，你将会理解为什么上面提及的每一种信念都是错误的，为什么能力、成功、对智力的称赞以及信心会使学生不再重视努力，不再寻求挑战，并难以在困难面前坚持，你还会明白为什么这些会适得其反。

那么，到底是什么信念能够真正促进掌握定向品质的发展？

理解智力和成就的两种框架

掌握定向品质孕育于人们理解智力的方式之中。人们可能以两种截然不同的方式理解智力，我们先来看看**无效**的那一种。

智力固定理论

有些人认为智力是一种固定的特质，智力稳定在某一个水平上而不会发生变化。我们将这种理解方式称为智力的“实体论”（entity theory），智力在此被视为一种存在于个体内部且无法改变的实体（Bandura & Dweck，1985；Dweck & Leggett，1988）。

这种观点给学生造成了诸多影响。它会使学生担忧他们那个固定的智 3
力到底有多高，以及自己是否足够聪明。于是他们努力让自己看起来聪
慧，或不惜一切代价让自己至少不被看作一个傻瓜（Bandura & Dweck，
1985；Dweck & Leggett，1988；Sorich & Dweck，in press）。

那么什么可以让抱持实体论的学生认为自己聪明呢？很简单，不需要付出多少努力就成功了，或者胜过了别的学生，都会让他们自觉很聪明。相反，努力、困难、挫折或者成绩很好的同伴会让抱持实体论的个体陷入对自身智力的怀疑，即使他们对自己的智力抱有很高的信心（参见 Dweck & Bempechat，1983）。

故此，实体论是一种需要通过简单易得的成功来予以强化的信念系统。挑战会成为对自尊的威胁。也就是说，如果某些学习机会有可能导致失败或者暴露出自身的不足，持有实体论的学生就将拒绝或放弃它们。对于那些具有挑战性的任务，即便他们此前一直很顺利，他们也会在碰到障碍时轻言放弃（Bandura & Dweck，1985；Hong，Chiu，Dweck，& Lin，1998；Leggett，1985；Mueller & Dweck，1998；Sorich & Dweck，in press；Stone，1998；参照 Diener & Dweck，1978；Elliott & Dweck，1988）。

于是，当使用这种信念系统来提升学生自尊时，我们实则在培养他们的缺陷，后面我将证明这一点。我们出于好意向学生施舍的成功，以及我们苦心孤诣对学生智力的称赞并不能培养他们坚强进取的心态。这种做法只能促进实体论，滋长对看起来是否聪明的过度关注，导致对挑战的厌恶，减弱应对挫折的能力（Dweck，1975；Kamins & Dweck，in press；Mueller & Dweck，1998）。那么另外一种框架是什么呢？

智力可塑理论

另一些人对智力的定义有所不同。对于他们来说，智力并不是一种固定的特质，而是可以通过学习进行培养的。我将这种理解方式称为智力的“增长论”（incremental theory），智力在这里被视为一种可以通过努力而实现增长的事物（Bandura & Dweck，1985；Dweck & Leggett，1988）。

持有这种观点的人并不否认在知识储备和学习速度上存在个体差异，但更关注和聚焦于这样一种理念，即任何人都可以基于努力和指导提高他们的智力（Mueller & Dweck，1997；参见 Binet，1909/1973）。

这种观点同样会带给学生影响，其中最重要的是，它使学生更有意愿学习。是啊，如果你的智力是可以增长的，何乐而不为呢？如果你能够变得更聪明，何必还要浪费时间去担心自己看起来是聪明还是傻呢？于是，持有增长论的学生不那么在意能让他们看起来聪明的机会，而是选择那些可以让他们学到新东西的机会（Bandura & Dweck，1985；Leggett，1985；Mueller & Dweck，1998；Sorich & Dweck，in press；Stone，1998；参照 Elliott & Dweck，1988）。哪怕是对智力没什么自信的学生，只要持有增长论，也会乐于在挑战中成长，全身心投入困难的任务，并持之以恒地解决问题（Henderson & Dweck，1990；Stone，1998；参照 Elliott & Dweck，1988）。

4 那么持有增长论的学生什么时候会感到自己聪明呢？答案是充分地参与到新任务中，付出努力去掌握新东西，拓展技能并将知识有效运用（如帮助其他学生学习）的时候（参见 Bempechat & Dweck，1983）。

也就是说，让持增长论的学生感觉良好的是努力和学习之类的事情。太简单的任务只会浪费他们的时间而无法提升他们的自尊。

一个关于自尊的不同观点

类似地，增长论中的自尊也焕然一新。它不再是一个因简单成功就提升，一旦失败又轻易崩溃的固定存在，它变成了人们在全身心投入并竭尽所能去追求珍视之物时关于自我的积极体验。

自尊不再是可以通过**告诉**人们他们很聪明而获取的东西。相反，通过引导人们去重视学习而不是聪明的表象，去期待挑战和努力，去把错误当作通达的途径，自尊可以得到有效提升。

在接下来的章节，我将描述这两种智力理论在动机和成就方面起到的作用。为了更好地理解这两种理论，我将首先介绍它们对学生面对困难时的行为模式即脆弱性或坚韧性的影响。

第二章
一蹶不振还是越挫越勇：无助反应与掌握定向反应

在开始我的研究工作时，最让我感兴趣的一件事是：很多极为优秀的学生会逃避挑战，或者在挫折面前濒临崩溃；而很多能力并不那么出众的学生却可以跃跃欲试地抓住挑战，并为挫折所激励。这是怎么回事呢？

更奇怪的是，许多聪慧的学生在一次失败后就怀疑或贬低自己的智力，而另一些资质平平的学生却从未产生过类似想法。

你或许会认为学生的脆弱程度取决于他们现实中的智能水平，然而事实并非如此。二者无甚关联。那么，如果不是与真实能力有关，会与什么有关呢？是什么导致聪明的学生视自己为傻瓜，且仅仅因为遇到麻烦就崩溃？这些问题促使我们去寻找学生动机问题的核心过程。

❖ 无助模式与掌握定向模式

我们先从面对失败的两种反应开始，我们将它们分别称为**无助**模式（helpless pattern）和**掌握定向**模式（mastery-oriented pattern）（Diener & Dweck，1978，1980；Dweck，1975；Dweck & Reppucci，1973）。其中无助反应是由马丁·塞利格曼和斯蒂文·迈尔（Steven Maier）最早在动物研究中发现的（Seligman & Maier，1967）。在他们的研究中，有些动物不愿逃离令它们疼痛的环境，因为它们错误地认为情况不受自己控制。

6 我们借用“无助”这个词来描述一些学生对失败的看法——一旦失败发生，情况就超出了掌控范围且无力改变（Dweck，1975；Dweck & Reppucci，1973）。① 随后我们将无助反应拓展到他们遭遇失败时表现出的所有反应：对自身智力的贬损、期望的调低、情绪消极、坚持性差以及表现退步等（Diener & Dweck，1978）。

我们使用“掌握定向”这个词来描述面对失败时的坚韧反应。在这种反应中，尽管存在困难，学生仍能专注于追求知识或掌握技能（Diener & Dweck，1978，1980）。

让我们来详细看看相关研究。在卡罗尔·迪纳（Carol Diener）和我所做的一项研究中，我们让五、六年级的学生解答一系列概念性问题。在提示和训练下，前八题所有孩子都能解答，但后四题对于他们来说太难了，因此我们得以观察他们在突如其来的阻碍面前会做何反应，也就是说可以看到他们在遇到困难时的想法、感受和行为。

具体怎么做呢？首先，我们追踪了学生问题解决策略的变化，研究设计的任务可以记录学生在每个问题上使用的具体策略。这样我们就可以比较他们在遇到困难前后所用策略的差异，看看是改善了还是退步了。

其次，我们追踪了学生在完成任务过程中想法和感受的变化。我们要求学生在解答问题时大声说出此时此刻的想法和感受。我们跟他们说：“我们对学生在解答问题时的想法很感兴趣。有的学生想吃午饭，有的想要休息，有的想在放学后去做什么，还有的想自己如何才能解决这些问题。”换句话说，不管这些想法或感受看起来是否得体，请都如实地表露出来。他们也确实这样做了，于是与问题解决策略一样，我们得以看到在遭遇困难前后他们内心感受的变化。

此外，在学生遇到困难的问题后，我们还问了他们一些其他问题，比如，如果可以回到任务一开始，他们会如何估计现在的表现，以及还记不

---

① 关于掌控信念及其在应对上的启示的讨论，请参见 Heckhausen & Dweck，1998；Heckhausen & Schulz，1995；Rothbaum，Weisz，& Snyder，1982；Rotter，1966；Skinner，1995；Skinner & Wellborn，1994；Weiner & Kukla，1970；Weiner，Heckhausen，& Meyer，1972。

记得自己做对了多少题及做错了多少题。

就这样，通过分析问题解决策略及即时想法的变化，我们看到了学生在困难面前截然不同的两种反应。

不过在那之前我需要再解释几点。其一是，在实验前我们通过让学生填写问卷（Crandall，Katkovsky，& Crandall，1965）将他们分成了两组：可能表现出无助反应的人和可能表现出掌握定向反应的人。基于我们之前的研究，这份问卷可以预测谁会在面对失败时坚持或放弃（Dweck，1975；Dweck & Reppucci，1973；另见 Weiner & Kukla，1970），但现在我们想看的是它是否还能预测掌握定向反应和无助反应。

其二，在所有包含困难任务的研究中，我们都设计了周全的程序来确 7
保所有学生在实验结束时感觉良好。我们想办法让学生感到他们已经掌握了那些困难的任务。一开始，我们会向他们解释，那些未能解答的问题对于他们来说太难了，它们是为年龄较大的孩子设计的，正因为他们在前面的问题中表现得很出色，我们才想看看他们会如何应对这些难题。之后我们还细致地帮助他们掌握这些难题，赞扬他们的努力和策略——你将看到这些将促进掌握定向反应。当然，这一程序在不同研究中略有差别，但在全部研究中，我们都竭尽全力确保学生获得一种自己掌握了知识技能的体验。

现在，你一定好奇到底有多少学生表现出了无助反应又有多少学生表现出了掌握定向反应。答案是大约各占一小半。还有些学生（大概 15%）处于二者之间，不适合纳入任何一组。除此之外，剩下的学生在两组中的数量相差无几。我在本书中讨论的所有研究都是如此，我们并不是在谈论一些极端的学生，而是在说普遍的情况。

❖ 无助模式

从成功到失败，学生们的问题解决策略及感受的变化表现出两种模式。让我们先看无助反应组，了解一下他们的想法、感受和表现。

这组学生所有反应中最值得注意的是，他们在遇到困难时开始贬低自己的能力，将失败归咎于智力，说一些诸如“我想我不是很聪明”“我的记性从来都不好”“我不擅长这个”之类的话。在难题面前，这组中有超过三分之一的学生立马表现出像这样的自我怀疑，而掌握定向组没有一个学生这样做。

请注意，就在不久之前这些学生取得了连续的成功，他们的智力和记忆力绝无问题。更重要的是，两组学生在此前的表现一样好，然而一旦难题出现，无助组学生就突然对自己的能力丧失了信心。

当被问及如果重来一遍还能不能成功解答和现在**同样多**的题目时，无助组中有超过三分之一的学生认为自己不能。相反，掌握定向组的学生**全都**非常肯定自己可以，他们中很多人甚至觉得这个问题问得相当荒谬。

此外，无助组的学生不仅失去了完成未来任务的信心，也失去了对已
8 获得的过去成就的正确认识。比如，我们让学生试着记住成功解答了多少问题（实际是八个）、未能解答多少问题（实际是四个），如果记忆准确，解决问题的数量应该是未解决问题数量的两倍。

然而，表现出无助反应的学生被遭遇的困难挫败，以至于认为自己的失败多于成功。他们只记得五次成功，却记得六次失败。也就是说，他们低估了成功并夸大了失败，也许是因为失败对于他们而言意味着太多。而掌握定向组的学生则能够准确回忆起这些数字。

总之，在失败面前，无助反应下的学生很快开始自我怀疑，并丧失了完成任务的信心。更糟糕的是，即便是取得过的成功，也会在他们的脑海中被失败淹没。

那他们在过程中有什么**感受**呢？在观察学生在任务进行时表达的情感时，我们再次看到了随失败而来的快速变化。在成功时，这些学生对自己、任务和整个情况都非常满意；然而一旦遇到困难，他们就开始表达各种消极感受。许多人声称无聊，尽管刚才还高兴地参与其中。无助组中有三分之二的学生表达了明显的负面情绪，而只有一名掌握定向组的学生如此。

我们还注意到，这些学生处理焦虑和自我怀疑的方式也相当有趣。比如说，有个学生在回答问题失败的中途停下来告诉我们她很快就会继承家

产，另一个学生则说她在学校戏剧演出中扮演了秀兰·邓波儿。换句话说，他们试图让人们注意到自己在其他领域的成功。

还有一些学生则尝试分散自己对失败的注意力，比如改变任务的规则。既然无法在我们定义的任务中取得成功，那么就将其变换成一个不同的游戏，以自己的方式取得成功。例如，一个男孩坚持选择错误的答案（一个棕色的物体），然后告诉我们因为他喜欢巧克力蛋糕。

换句话说，这些学生试图从当下的困难任务中抽离。

于是，一点都不奇怪，这个小组的表现大幅下滑。在此前取得成功的问题上，他们所有人都应用了对于所在年龄段来说相当复杂但有效的问题解决策略，且表现与掌握定向组一样好。但在有困难的问题上，三分之二的人使用的策略明显退步，甚至超过一半的学生陷入了完全无效的策略。例如，他们只是不断猜测答案而不是运用已知的信息，又或者一直选择右边的选项。还有人就像上面的那个男孩一样，从私人角度选择答案而不是基于任务本身，这应该是学龄前儿童而不是五年级学生应该和可能使用的
策略，它们甚至无法帮助他们解答之前解决了的简单问题。简而言之，该 9
组中大多数学生选择放弃或者无法有效动用策略。

但是，这些难道不是面对失败时颇为现实甚至适应性的反应吗？因为确实是无法解答的难题啊！事实上，真正的问题在于“无助”反应本身。第一，这些学生在真正了解自己能够做到何种程度之前就过于迅速地放弃了尝试。第二，他们并不仅是客观地认为任务太难，更是在主观上贬抑自己的能力，进而陷入沮丧焦虑的情绪之中。这样处理障碍的方法显然并不具有适应性。

在另一些研究中，我们在难题后面又添加了一些容易的题目（如 Dweck，1975；Dweck & Reppucci，1973），这些题目与学生先前解决过的问题一样简单。然而，比起掌握定向组的学生，无助组的学生更可能无法解答这些问题。并且，即便学生们受到高度激励去解答这些问题，例如只要完成就能获得非常有吸引力的玩具（Dweck，1975；Dweck & Reppucci，1973），换言之他们肯定是非常想要解答这些问题的，然而最后的结果也没有变化。

这些发现表明，无助反应并不仅仅是对情境的评估，它更是一种对失败的反应。它将带来消极的自我暗示，并损害学生有效使用心智的能力。

❖ 掌握定向模式

与之形成鲜明对比的是掌握定向反应。这种模式下的学生会如何理解困难和失败？我们已知无助组的学生将失败归结于智力，那么掌握定向组的学生会归结于什么呢？答案令我们惊讶，他们什么都没有归结。他们并未关注失败的原因，事实上他们甚至没有去想自己失败了。

毫无疑问，他们当然也遭遇了阻碍，但他们的言行却始终指向问题解决而不是其他。因此，当无助组的学生质疑自己的能力并很快失去成功希望的时候，掌握定向组的学生开始向自己发出指令以改善当下的表现。

其中一些是自我激励，如“它越难，我就越要努力尝试”或者“我应该慢慢来，努力解决这个问题”；还有一些注重任务的认知层面，例如提醒自己截至目前对于手边的问题已知了哪些信息。

几乎所有掌握定向组的学生都采用了某种形式的自我指示或自我监控来帮助自己，然而几乎没有一个无助组的学生这样做。因此，在困难面前，掌握定向组所做的是更加积极地尝试和努力。

10 他们也仍对取得成功充满信心，他们会说“我就快要解出来了”或者请求进行更多尝试，因为他们确信自己已经非常接近于正确答案。掌握定向组中大约有三分之二的学生做出了不同程度的乐观预期，而无助组的学生几乎没有。

他们有什么感受呢？这个小组的学生普遍保持了此前成功时的积极情绪，甚至还有一些人在遇到难题时变得更加兴奋。我们永远忘不了其中一个孩子，在难题出现时，他挪了挪椅子，搓了搓手，乐滋滋地说：“我热爱挑战。”还有一个孩子非常坦诚地告诉我们：“我很希望参加这个实验，它能让我进步。”另一个孩子则高兴地说：“错误是我们的朋友。”

于我们而言，这些话就好像一盏盏亮起的灯。我们曾经以为面对失败只有应对和不应对之分，我们没有想过人们可以敞开怀抱拥抱失败。这些学生告诉了我们什么才是真正的掌握定向反应。

总之，掌握定向的学生完全没有抱怨所处的困境，而是积极地欢迎面对和克服障碍的机会。

那么他们表现得如何呢？与他们的乐观与努力一致，该组中多数学生（超过 80%）在难题面前保持了问题解决策略的高质量，甚至还有四分之一的人有所提升。他们自我学习了新的且更复杂的策略来解决当下的难题，还有一些人成功解决了原本被认为超出他们能力范围的问题。

这种反应显然和无助反应不同。在无助反应中，学生把困难视为能力不足的标志，因此感到绝望并深陷其中。而掌握定向的学生则认识到他们需要更努力，于是只是专心去调配自身资源，完全投入手头的任务。因此，即使在此前的简单任务中他们未见得表现得比无助的学生好，最终也取得了更高的成绩。

那这会否只是一种基于乐观的自我欺骗呢？前面提到过，他们中的一些人确实通过努力掌握了任务。抛开这个不谈，尝试让他们失去什么了吗？努力让他们付出了什么代价吗？并没有，至关重要的是，**他们没有将失败视为污点**，因此并不觉得这是多么大的危机。

然而，对于无助组的学生而言，他们的智力，也许还包括自我价值，均岌岌可危；而每一次失败的努力又将进一步损害它们（参见 Covington，1992）。这样，危机不可谓不大。

❖ 日常学习中的无助和掌握定向反应

在阐明了无助和掌握定向模式后，我们想要确认这些模式会否真实影响到学生在学校的学习情况。为了明确这不仅仅是一种局限于实验室的现象，我们设计了一组新的材料供学生在课堂上学习，名为《心理学：人类行为的理由》。 11

在芭芭拉·利希特（Barbara Licht）和我的一项研究中（Licht & Dweck，1984a），我们通过问卷将五年级的学生区分为倾向于表现出无助反应和倾向于表现出掌握定向反应的两组。一段时间后，我们向这些学生发放帮助他们学习新材料的指导手册。

如何检测无助反应呢？一半的指导手册在开篇不久放置了不容易理解的内容，我们想看看那些倾向于表现出无助反应的学生会不会因此而受到阻碍。

学习材料的主题与学校中教的任何内容无关，因为我们不希望学生们受到已经形成的自己是否擅长某一科目的观念的影响。我们还想教他们一些可以用于解决后续问题的知识，这样就可以检验他们对材料的掌握程度。

具体来说，我们教给学生的是一些有关学习的心理学规律。通过有趣的事例和插图，他们了解到，如果从事某件事情（如跳舞）得到了一个积极结果（度过了美好时光），就很可能再次从事同样的事情；如果从事某件事情（如吃某种食物）得到了一个糟糕的结果（生病了），此后就不太可能重复这一行为；此外，在决定是否重复该行为时，一个大的好结果比一个小的坏结果（同理，一个大的坏结果也比一个小的好结果）影响更大。

在手册的最后，有一个由七个问题组成的测试。这些问题与学习材料直接相关，学生只有答对了所有才被视为完全掌握了材料。如果测试结果显示学生尚未掌握，那么还会得到一本复习手册，并在此后完成另一次测试。

为了避免学生们将收到复习手册理解为失败，我们也采取了措施。实验者会用一种友好且非评价的方式告诉孩子："你还没有完全理解，所以希望你可以再复习一下。我在那些你还没理解的问题后面打了一个'×'，所以你要特别留意它们。当然，其他内容我也希望你可以再复习一下。"学生一共有四次机会来掌握学习材料。

为了了解无助反应将如何影响学习，我们制作了两个版本的初始教学手册，一个设置了障碍而另一个没有。在手册的开头之后，我们插入了一小段无关材料，其中一半写得清晰明了，另一半则写得晦涩模糊、令人费解。以下是后一个版本的段落示例：

> 如何才能最好地描述那些最能令他人频繁效仿的人的本质？是因为他们很好，所以是我们想要成为的人，还是我们想要成为被他们喜

欢的人？

这个段落其实与学生必须学习的内容无关，也就是说这一令人困惑的 12
段落并没有剥夺随后完成测试所需的任何信息。我们感兴趣的是，这一出现在学习过程中的小小障碍将如何影响那些具有无助反应倾向的学生后续的学习。

结果值得关注。当拿到的学习手册不包含此障碍时，两组学生的表现相差无几。两组中均有超过三分之二的学生掌握了学习材料：76.6%的无助组和68.4%的掌握定向组学生做对了全部七个问题——差异不显著。这与我们之前的研究结果一致，即在失败发生前，两组学生的能力表现无甚差别。在这项研究中，我们还拿到了他们的智商分数和考试成绩，同样表明两组学生的现有学业水平相当。

然而，当拿到的学习手册包含令人困惑的段落时，两组的差异就显现出来了。掌握定向组的学生仍然表现出色，有71.9%的人掌握了材料。然而无助组的学生显然受到了消极影响，只有34.9%的人掌握了材料。这意味着众多原本具备学习技能的学生未能成功完成学习，原因是他们受到了初始困惑的干扰，而同样的障碍并未使掌握定向组的学生陷入麻烦。

选择一个令人费解的段落来制造障碍的用意在于，在学生的连续学习过程中，新出现的内容就可能制造出类似的障碍。例如，从算术转向代数、几何、三角学时，或者有新的概念或理论出现时，学生们也许会因为不明白这些新的概念与此前所学有什么关联而不知所措。

此时，倾向于无助模式的学生可能轻易做出自我怀疑和中断学习的反应，过早地断定自己不擅长这一领域。这样发展下去，可能致使他们真的处于劣势，特别是在数学和科学这类会时常引入新概念的领域。

总之，这项研究表明，无助反应会妨碍学生在日常学习中掌握新知识，也能令我们更加深入地了解无助反应和掌握定向反应出现的原因。

❖ 关于两种模式的几点思考

我一直在强调一个事实，即两组在完成任务时所具备的认知技能是等同的。导致他们最终表现如此不同的原因可能在于，一组在面对失败时根本没有调动这些技能，而另一组则积极充分地发挥了这些技能。

为什么我们，特别是老师，很难意识到非常聪明的学生也可能表现出
13 无助反应？也许是因为聪明的学生接到的任务多数相对简单（对于他们而言），于是他们很少真正地面对困难。那我们为什么要担忧呢？因为每个人迟早都要面对挑战，如果不是在小学，就肯定会在未来的某个时刻。到那时，倾向于无助模式的学生可能会经历不必要的自我怀疑和损害，而不是去迎接这些挑战。

还有一点也很重要，即学生会面临越来越多的选择（Eccles，1984）。没有多少选择可以确保成功而回避失败。

如果无助反应是面对挑战的一种习惯性反应，那么还需要注意，它将不仅限制学生在他人给定任务中的表现，还会限制他们在自己设定的目标中可能取得的成就。一切重要的、长期的目标都必然包含障碍。如果障碍被视为一种威胁，并引发严重的自我怀疑和退缩，那么对目标的追求显然将大打折扣。

反过来，将困难视为自然的事情并积极欢迎挑战会促进目标的实现吗？

我曾经在无意中听到两个本科生查尔斯和鲍勃之间的对话，发现可以很好地说明掌握定向的积极意义。他们在谈论一门极具挑战性的课程——计算机科学。查尔斯上过两次这门课程，第一次拿到了 D 而第二次拿到了 B+，而鲍勃正在上这门课，他觉得自己最多能拿到 C，而且很可能会重修。然后他们继续讨论是否要主修计算机科学。他们都没有考虑自己是否根本不擅长这个学科，而仅仅把它视作一门需要付出努力并充满挑战的学科。他们认为是否主修这门学科的决定主要取决于自己有多大的兴趣以及有多少意愿为之努力。

我毫不怀疑，如果这两个年轻人决定从事计算机科学，他们将取得令人钦佩的成就。这次对话还令我感到惊讶的一点是，这与我大学时的情况有很大不同，那时候如果我的成绩低于预期，我绝不会想在公开场合谈论它。并且，如果我在一门课程中只拿到了 C 或 D，我永远不会考虑主修这

门学科，而会立马转移兴趣去其他领域。也正因此，我非常佩服查尔斯和鲍勃，因为他们保持选择的开放性，并认识到可以通过不断努力去掌握自己期待获得的技能。

那么我们是在说坚持不懈总是最好的策略吗？并非如此。在认识到直面阻碍重要性的同时，我们也认识到适时放弃的重要性，如果某项任务确实超出了当前的能力范围或者坚持下去的代价过大，放弃也是明智的选择（有关这一话题的讨论请参见 Janoff-Bulman & Brickman，1981）。

掌握定向反应让人们可以坚持，但当理性分析表明不应该再继续时，它也不会让人一意孤行。事实上，过度的坚持在某种程度上更像无助反应。有的人可能拒绝放弃，因为承认失败对自我实在是太大的打击。如在水门事件听证会之后，理查德·尼克松几乎铁定会面临弹劾和定罪，但他 14
在很长一段时间内拒绝放弃总统职位，他说："在放弃之前你将永不失败。"也就是说，他不仅认为放弃会带来失败，还把它**等同于**失败。

因此，放弃太快也好，坚持太久也好，这种反应到底是不是适应不良，取决于个体是否认为失败是一种自我威胁甚至缺陷。

在明确了无助和掌握定向模式后，还有一个重要的问题没有回答：**为什么**同等能力的学生会对失败做出如此迥异的反应？我们将在下一章看到，是不是应该用失败来评判自我的信念是一个至关重要的因素。

第三章
成就目标：为了看起来聪明还是为了学习

为什么一些学生将障碍视为痛苦的折磨，另一些却将其看作积极的挑战？我们认为，或许对于不同的学生来说，成就情境具有完全不同的含义。在一些学生看来，这些情境是在检测他们的智力，一旦遇到困难，就意味着他们失败了；而在另一些学生看来，相同的情境是学习新事物的机会。

基于此，伊莱恩·艾略特（Elaine Elliott）和我提出，无助和掌握定向的学生在成就情境中的**目标**不同，进而促使他们形成了无助和掌握定向的反应（Dweck & Elliott，1983；Elliott & Dweck，1988；另见 Dweck，1986，1990，1991）。

我们区分了两种目标。第一种是“表现目标”（performance goal），这种目标旨在赢得和自身能力有关的积极评价同时避免消极评价。换句话说，当学生追求表现目标时，他们关心的是智力水平，即希望自己看起来是聪明而非愚蠢的。

为了达成表现目标，他们有时候只打安全牌，完全避免犯错。他们当然也会承担一些稍难的任务，但前提是他们非常确定自己可以做到。实际上，能让人看上去聪明的最佳任务是那些对于别人来说很难但对于你来说并不难的任务。

另一种目标是“学习目标”（learning goal），旨在提升自身的胜任力。学习目标反映了个体对学习新技能、掌握新任务或理解新事物的渴望，这是一种对变得更聪明的渴望。①

两种目标均相当正常且普遍，也都能帮助人们获取成就（Ames & Archer，1988；Elliot & Church，1997；Harackiewicz，Barron，Carter，Lehto，& Elliot，1997；Stone，1998）。所有学生都希望自己的能力和成绩得到认可，同时还希望发展自己的知识和技能。所以这两种目标都没有错。

理想情况下，他们可以同时实现两类目标。也就是说，他们可以带着 16
发展能力的目的来完成任务，任务的完成也能帮他们获得期待的积极评价。这种情况是可能的。

然而不幸的是，现实中学习目标和表现目标经常发生冲突。这时候问题就变成：哪一个目标更重要？那些有利于学习的任务常常充满挑战，容易暴露出个体的无知，或者需要承担犯错误的风险；而那些有利于让人看起来聪明的任务，学生们往往已经相当擅长，从中学不到多少东西。

于是，当两种目标彼此矛盾而又必须选择其一时，学生们会怎么做呢？他们可能选择能让自己看起来很聪明的任务，从而牺牲掉学习一些有价值东西的机会；也可能选择一个能学到新知识和有用技能的任务，但要以看起来不那么聪明作为代价。

不同的学生选择了不同的目标。其中约半数将表现目标作为首选，另一半则选择学习目标（Dweck & Leggett，1988；Farrell，1986；Mueller & Dweck，1997；Sorich & Dweck，in press；Stone，1998）。虽然我认为这两种情况都非常正常，但我们的研究发现过分强调表现目标存在潜在风险。

首先，过分强调表现目标会导致对学习目标的排斥，让学生放弃含有任何犯错风险的宝贵学习机会。其次，过分强调表现目标会增加无助反应。那么这是如何发生的呢？

❖ 目标引发无助还是掌握定向反应

表现目标关乎对能力的评价，重点在于学生通过自己的表现来衡量自

---

① 当前研究者使用不同术语来定义这两种目标类型。表现目标有时又被称为**能力目标**（ability goals）、**自我卷入目标**（ego-involved goals）或**规范性目标**（normative goals）（因为这些学生希望胜过别人），学习目标也被称为**掌握目标**（mastery goals）或**任务目标**（task goals）。

己。因此，当在任务中表现不佳时，他们就会贬低自己的能力，陷入无助反应。

与之不同，学习目标关乎对新事物的掌握，关注点在于找到学习策略。如果事情进展不顺，那与智力无关，仅仅意味着还没有找到正确的学习策略，唯一需要做的是继续寻找。

我们通过研究（Elliott & Dweck，1988）发现了表现目标和学习目标如何直接导致了无助和掌握定向反应。

在这项研究中，我们以五年级学生为对象，给他们一个表现目标或学习目标。被给予表现目标的学生被告知，研究者将根据他们在即将到来的任务中的表现来评价他们的能力。相反，被给予学习目标的学生被告知，他们有机会通过即将进行的任务学习一些有价值的东西。

类似的事情其实时刻发生在课堂中。有些课堂强调评价和能力，于是
17 促进了学生形成表现目标；另一些课堂强调进步和掌握有价值的任务，从而促进了学生形成学习目标（Ames，1992；Maehr & Midgley，1996；Midgley，Anderman，& Hicks，1995；Stipek，1996）。

在我们的研究中，所有学生要完成相同的任务。但是有些学生带着表现目标来完成，另一些学生带着学习目标来完成。

这项任务同样以一系列的成功开始，此时两个小组的表现一样好。随后开始连续出现几个难题。同之前研究一样，我们记录了学生们从成功到遇到困难过程中的想法、感受和表现。

当时发生的事情非常有趣。许多持有表现目标的学生在面对困难时表现出明显的无助模式：指责自己能力不够，问题解决策略也变形了。

与之形成鲜明对比的是，大部分持有学习目标的学生表现出明显的掌握定向模式。面对失败，他们并不担心自己的智力，他们专注于任务，并维持了有效的问题解决策略（参见 Ames，1984；Ames & Archer，1988；Stipek & Kowalski，1989；参照 Butler，1992）。

这项研究显示出目标的作用。研究一开始我们并不知道哪些学生会倾向于无助模式或掌握定向模式。我们只是给予他们不同的目标，然后看这些目标如何引导出无助和掌握定向反应。当学生把注意力集中于以表现来

评价自己时，失败更有可能引发无助反应；而当他们专注于学习时，失败激发出的是持续的努力。

这项研究还有其他方面的发现。在实验一开始，有些孩子就被告知他们有能力把这项任务做好，另一些学生则被告知他们（当下暂时）在这项任务上的能力水平不高。对持有表现目标的学生来说，这一信息产生了不同的作用。那些相信自己能力很高的学生在面对失败时更可能坚持，并且保持掌握定向，但那些认为自己能力较低的学生则陷入了无助反应。

而对于持有学习目标的学生而言，这个信息没什么作用：不管认为自己能力是高还是低，他们**都能**保持掌握定向。他们都在寻求挑战，在困难面前也同样高效。这意味着，只要持有学习目标，学生们并不一定要觉得自己擅长某事才能坚持下去并继续尝试。毕竟，他们的目标是学习，而不是证明自己很聪明。这是我们最有趣的发现之一，我将在本书中反复提到这一点。①

那么那些天生喜欢表现目标而非学习目标的学生会怎么样？他们是否也更容易表现出无助模式，并体现在课堂情境中？

❖ 目标与课堂学习

下面的研究是由埃德温·法雷尔（Edwin Farrell）和我一起设计的（Farrell & Dweck，1985），旨在看看在日常学习背景下，持有不同目标的学生在面临挑战时将如何表现。

在这项研究中，我们提供给初中学生一则新的材料，作为科学课上为 18
期一周的单元学习内容。这一周里，学生们收到了一本指导手册，旨在教他们如何解决新类型的问题。例如，他们学习到如何在一个力臂长度不同的平衡木上平衡重量。手册中包含了许多说明性例子，还提供了大量利用

---

① 学习目标似乎也能促进并维持更高水平的内部动机，即个体对任务本身的兴趣（Butler，1987，1988；Mueller & Dweck，1998；另见 Csikszentmihalyi，1988；Deci & Ryan，1985；Heyman & Dweck，1992）。

所学知识解决问题的练习。

在学习阶段结束后，学生们会接受一个测验，要求他们使用刚刚学到的知识来解决全新类型的问题。这些问题没有被直接教授过，但可以基于他们在手册中学到的原理来尝试解决。学生们能否成功解决这些新问题？

研究开始时，我们评估了学生持有的目标，据此分成持表现目标的学生（想要从事确定能够做好或能让自己看起来很聪明的任务）和持学习目标的学生（希望学习新知识，即使可能表现不好）。

当然，每个人都想学习这些材料，但只有那些为了学习愿意承受困难的学生才会被认为主要持有学习目标，那些最关心看起来聪不聪明的学生则会被认为主要持有表现目标。

同时，我们给所有学生做了前测，以确保每组学生的数学技能或数字推理能力没有明显差异。事实证明两组学生（持有表现目标的学生和持有学习目标的学生）在这些方面能力相当。更重要的是，两组学生对学习材料的掌握程度也完全一样。然而，当对比他们在测验中如何处理新类型的问题时，我们却发现了明显的差异。

第一，持有学习目标的学生在新问题上的得分显著高于持有表现目标的学生。

第二，当考察学生们为尝试解决新问题所付出的努力时，持有学习目标的学生多写了50%的内容。这意味着，持有学习目标的学生在面对挑战时更加努力。

第三，从他们在测验中所写的内容来看，持有学习目标的学生更常使用学习过的规则来解决问题，即使其中有些最终没能成功解答。

事实上，其他研究者也发现，对一项任务或一门功课采取学习目标的学生倾向于使用更深入和有效的学习策略，并能够更高效地运用所学（Ames & Archer，1988；Graham & Golon，1991；Pintrich & Garcia，1991）。①

① 值得一提的是，研究者已成功将此研究成果应用于其他领域，例如运动员（Duda，1992）或企业员工（Button & Mathieu，1996）的目标取向。在第十章，我还将说明我们如何将其应用于社会互动中。

简而言之，持有学习目标的学生在处理挑战性新问题时更倾向于掌握定向。而持有表现目标的学生虽然具有同等能力，却更可能在全新的困难前裹足不前。他们或许花了太多时间担心自己有没有足够能力去解决问题，而没有花足够的时间去实际解决问题（参见 Roeser，Midgley，& Urdan，1996）。

持有表现目标的学生在什么时候最容易受到影响呢？最近的研究表明， *19*
当他们关注消极方面，即失败的可能性和避免失败的需要时，最容易受到影响（Elliot & Church，1997；Elliot & Harackiewicz，1996；Middleton & Midgley，1997）。在下一章，我们将探讨为什么有些学生，甚至是非常成功的学生，也会关注事情的消极面，即为什么失败的念头在他们的头脑中如此突出，以及为什么此类念头如此具破坏性。

总之，过于关注能力和担心能力不足都将损害学生的表现。但仍然存在另一个重要的问题：**为什么**有些学生（他们很多非常聪明）如此担心自己的能力水平？

第四章
智力固定还是可变？智力理论影响成就目标

玛丽·班杜拉（Mary Bandura）和我开始思考，究竟是什么令学生们如此执着于自己的智力水平，是不是与他们对智力的认识方式有关（Bandura & Dweck，1981）。一个人总是在担忧并试图证明自己的智力表现，暗示着他认为智力是一种固定且有形的事物。既然智力水平是一定的，那么如果它足够，当然要显示出来，而如果它不足，最好藏起来不要被人发现。

同时我们也在想，对智力的另一种理解方式是不是也可能令学生专注于学习目标。如果一个人注重发展自己的智力，就意味着他认为智力是一种动态且可塑的品质，可以通过努力来培养。

就这样，我们区分了学生们关于智力的两种“理论”——固定的实体论和可塑的增长论。实体论认为智力是一种固定的、有形的、内在的实体，增长论则认为智力是一种动态的可以增长的特质。①

接着我们开始验证这个观点，即不同的智力理论将引导学生重视和追求不同的目标。实体论主张智力是固定不变的，因而会促使学生忙于展示聪明，从而培养出表现目标；而增长论主张智力是变化可塑的，故而促使

① 有关朴素智力理论（lay theories of intelligence）的其他工作，请参见 Carugati，1990；Goodnow，1980；Heyman & Gelman，1997；Sternberg，Conway，Ketron，& Bernstein，1981；Yussen & Kane，1985。很多人都知道，心理学家们就智力的稳定性和可塑性问题进行了激烈的讨论［如赫恩斯坦和默里（Herrnstein & Murray，1994）与比奈（Binet，1909/1973）的争论，参见 Sternberg & Jensen，1992］。

学生更关心如何变得更聪明，即培养出学习目标。

如果我们能找到两种目标背后的信念，就能更好地理解是什么心态驱动学生们不断评价自己或是学习新东西，继而可以通过改变学生的智力理 21
论来增强他们的学习动机。

我们在两项研究中对学生的智力理论进行了测量。其中一项是由玛丽·班杜拉和我在五、六年级学生中进行的（Bandura & Dweck，1981），另一项是由艾伦·莱格特（Ellen Leggett）和我在八年级学生中做的（Leggett，1985；参见 Dweck & Leggett，1988）。我们让学生在一些陈述上表达同意或不同意来测量他们的智力理论，举例如下：

- 你的智力是你无法改变的东西。
- 你可以学习新东西，但无法真正改变你的基本智力。
- 你的智力水平是恒定的，没法改变。①

一段时间之后，我们给予学生们一系列任务，要求他们从中选择一个自己想做的。其中前两个任务传达的是表现目标，例如第一个任务被描述为“简单得让你不会犯错”，暗示可以完全避免错误；第二个任务则被描述为“是你擅长的，同时又足够有难度来证明你很聪明”，暗示任务虽然困难，但你肯定能做好。

第三个任务则有所不同，它表述的是一个学习目标。这个任务是“困难的、新颖的、特别的，你可能会产生迷惑甚至犯错，但同时也能学到一些全新且有用的东西”②，这反映出对即便冒着看起来愚蠢的风险也要学习新事物的渴望。

参与研究的学生依照自己的意愿选择想做的任何任务。我们明确表示，选哪个都很正常，以往研究中学生们偏好的任务也各有不同。我们感兴趣的是，持有不同智力理论的学生会否追求不同的目标。

也就是说，持智力实体论的学生会否通过追求表现目标来使自己看起来更聪明？持智力增长论的学生会否通过选择学习目标来提高自己的能力？

---

① 完整的智力理论测量请见附录。

② 完整的目标选择测量请见附录。

结果我们发现，学生的智力理论与其目标选择之间存在明确且显著的关系：持有智力实体论的学生选择表现目标的可能性更大；相反，持有智力增长论的学生，更可能选择学习目标。

例如，在对八年级学生进行的研究中，超过 80% 的实体论学生选择了表现目标，其中 50% 选择了非常简单的任务，以保证能够完美地表现自己。这意味着当存在犯错风险时，只有不到 20% 的实体论学生愿意尝试学习新东西。

与之形成鲜明对比的是，尽管充满挑战和风险（或许正因如此），多数增长论者（超过 60%）还是选择了学习目标任务，其余的人大多选择了具有挑战性的表现任务，只有极少数人完全回避了挑战。也就是说，智力
22 固定的信念似乎使学生倾向于选择表现目标，而智力可塑的信念使他们倾向于选择学习目标。

大学生的反应也非常类似。作为某项大型研究的一部分，最近克劳迪娅·穆勒（Claudia Mueller）和我以差不多的程序，首先区分了持有不同智力理论的大学生，然后考察他们的目标选择（Mueller & Dweck，1997）。他们被要求阅读一系列陈述并报告在多大程度上同意或不同意，其中有四项有关学习目标偏好或表现目标偏好。结果发现，持两种智力理论的学生表现相当不同。

实体论者明显更赞同下面的陈述：

- 尽管不想承认，但我有时确实会觉得取得好成绩比学到新东西更重要。
- 如果知道某个任务我做不好，我很可能就不会去做它，即便能从中学到很多。

相反，增长论者更赞同下面的陈述：

- 对我来说，在课堂中学到东西比取得好成绩重要得多。

第四项陈述的表述略有不同，它是这么说的：

- 如果我**必须**在取得好成绩和迎接挑战之间做出选择，我会选择……

由学生圈选“好成绩”或是“被挑战”。结果表明，大多数增长论者（68%）选择接受挑战，而只有 35% 的实体论者勾选此项，其余的人则选择要好成绩。

因此，这一研究说明，在这个群体中，学生的智力理论同样可以预测他们是更倾向于学习和挑战，还是分数和表现。

但是，有些时候我们不得不承认自己的无知，或者不得不暴露自身的不足，以便去学习并在未来做得更好。此时会发生什么呢？实体论者还会继续隐藏不足并回避学习目标吗，即使这样做会损害他们未来的表现？

康萤仪（Ying-Yi Hong）、赵志裕（C. Y. Chiu）和德里克·林（Derek Lin）找到了回答这个问题的理想情境。在香港大学，所有课程都以英语授课，所有阅读材料也都是英文的，所有考试均以英语进行。然而，并非所有刚入学的学生都精通英语，有些人甚至英语很糟糕，显然，这些学生将在学习中处于非常不利的地位。

该研究（Hong，Chiu，Dweck，& Lin，1998，研究 3）以大学一年级新生为对象，获取了他们的英语成绩并对其智力理论进行了测量。之后学生们接受一项调查，被询问对下学期课程设置的看法，其中包含一个关于是否对某英语补习课程感兴趣的问题。

问题中提示学生，有效地使用英语几乎对于每一门课程的学习和良好 23
表现都很重要。继而问他们，如果系里提供英语辅导课程，他们是否愿意参加，要求在从“绝对不参加”到“绝对参加”的量尺上做一个选择。

如你所料，那些已经精通英语的学生对补习课程的兴趣不大。那么那些水平一般的人会做何选择呢？在这些学生中，增长论者说他们很有可能参加这门课程，但是实体论者对此并不感兴趣，他们的意愿甚至不比那些不需要参加课程的精通者高。

也就是说，在这项研究中，学生们表达了对一个学习机会的兴趣，这个机会可以帮助他们扫除障碍表现良好。那么为什么实体论者不去抓住这个机会呢？他们的主要目标不是取得良好的表现吗？

原因也许是，他们不愿完全承认和正视自己的不足，又或者他们认为自己的英语水平差到即便去补习也难以提高。无论哪一个对他们来说都是不利的。

总之，智力实体论将学生引向对表现和看上去聪明的关注，而智力增长论则导向对学习新事物和变得更聪明的关注。此外，实体论者对看起来聪明的关注可能会阻止他们寻找学习机会，甚至那些对于将来表现良好至关重要的机会。

❖ 智力理论会直接影响学生的目标吗?

我们发现学生的智力理论可以预测他们的目标选择，但这是不是一个明确的因果关系？为了找到答案，我们决定暂时性地改变学生的智力理论，看看是否能够改变他们的目标。

我们要如何改变学生的智力理论？伊薇特·坦尼（Yvette Tenney）、娜奥米·丁瑟斯（Naomi Dinces）和我写了两段文字让五年级的学生阅读（参见 Dweck & Leggett，1988）。文章以生动且令人信服的语言介绍了智力的实体论和增长论。其中都谈到了一些成就杰出的历史和当代人物，例如海伦·凯勒、爱因斯坦和年轻的魔方冠军，但实体论的文章把他们的成就归功于固定的、天生的智力，增长论的文章则将其归结于后天发展的智力。

举例来说，增长论的文章中说，海伦·凯勒小时候一个字都不认识，爱因斯坦年轻时在学校里的表现并不那么好。然而，文章强调说，他们一步步发展了自己的能力从而取得了非凡的成就。文章中没有提到努力工作、勤奋，或除智力理论之外其他任何可能影响学生目标选择的内容。

一半学生阅读实体论文章，另一半学生阅读增长论文章。此外每个人还会读到额外两段文字，分别关于梦和动物交流。这样做是为了不让学生
24 们认为智力理论文章和后续的目标选择之间有关系。

到了下一阶段，学生们需要选择他们想做的任务。和前面一样，其中两个是表现目标任务，一个很简单，另一个有难度但为他们所擅长，均能反映对看起来聪不聪明的担忧。

还有一个则是学习目标任务，能反映即使犯错误也要挑战学习的愿

望，它被描述为有难度、会带来困扰，但可以学到新东西。

结果发现，阅读了不同智力理论文章的学生会选择不同的任务。其中阅读了实体论文章的学生更可能追求表现目标，他们希望自己看起来很聪明；而那些阅读了增长论文章的学生则更加追求学习目标，他们想要变得更聪明。

这些发现表明，智力是固定的观念让学生们关注智力水平，并引导他们去从事一些能确保获得良好评价的任务；而智力是可塑的观念则让学生们选择能够发展能力的任务，而不关心自己在当下看起来有多聪明。

这些发现中有两个地方很有趣。其中一个是，学生的智力理论可以直接作用于他们的目标和关注点，即智力理论**致使**学生专注于表现目标或学习目标。

另一个是，我们可以影响学生的智力理论。虽然他们来参加研究时本来就持有各自的智力理论，但我们告诉他们的东西依然产生了显著的影响。这意味着人们的智力理论是可塑的。下面你将看到，学生可能带着坚定而长久的信念来到实验中，但我们可以暂时地将其调整为另一种信念。

我们并不完全清楚这种影响会持续多久，因为在实验结束时我们会告诉学生我们在做什么以及希望了解什么。我们会向他们讲解之前呈现的两段文字，并与他们讨论关于智力的这两种观点。

❖ 操纵大学生的智力理论

我们还成功地在其他研究中影响了学生的智力理论。兰德尔·伯根（Randall Bergen）针对大学生进行了一项研究（Bergen，1992）。在其中他仿写了两篇《今日心理学》式的文章，并附有图表。其中通过生动的案例和以假乱真的所谓最新科学研究结果，为文章观点提供了令人信服的论据，我实验室不知道文章来源的研究生看完甚至都相信它是真的。以下是一段示例，你可以看到文章的风格。两篇文章都是这样开始的：

> 亚当·斯蒂格尔（Adam Steagal）是个天才。虽然才 18 个月大， 25
> 他已经能理解 2 000 多个单词，能说出 500 个词语，还能辨别 5 种

鸟……他从8个月大就开始……研究家里的一切。所有的婴儿都很好奇，但亚当无疑达到了婴儿创造力的新高度。不像别的婴儿只是胡乱地敲敲罐子，亚当做的是拆开一台玩具照相机，然后再把它组装起来。他有处理小部件的协调性和记住如何重组部件的能力，并能够集中注意力在其上高达一个小时。类似的任务大多数孩子要到三四岁才能完成。

接下来实体论文章从固定的、先天的智力角度来解释亚当的特殊能力，得出结论称莫扎特和爱因斯坦的才华大多在他们出生时即已具备：

他们的天才出于他们的DNA，而不是教育，不是父母的关注度，也不是努力。这些伟人是天生的，而不是后天养成的。

增长论的文章在前面相同，但将亚当不同寻常的能力解释为挑战性环境的结果，最后得出结论称达·芬奇和爱因斯坦等人的才华是行动和环境而非基因的结果。

最后伯根发现，这些文章对学生的智力理论以及面对失败时的坚持性具有明显的影响，我们将在下一节继续讨论。

在此前介绍过的询问入学新生对英语补习课程兴趣的那个研究之后，我们也使用了这些文章来影响大学生的智力理论（Hong et al.，1998，研究4）。

研究目的是要考察那些被**给予**智力实体论观点的学生会否错过一个能够提高他们缺失技能的机会，就像在上一项研究中那样。首先请大学生阅读伯根编写的《今日心理学》式文章，作为阅读理解测试的一部分。他们一半阅读了支持实体论的版本，另一半阅读了支持增长论的版本。接着回答一些相关问题，然后进入第二阶段，完成一项非言语能力测试。

测试中学生们需要先解决一组问题，并得到相应的反馈，以表明他们完成得较好（超过65%的学生）还是较差（低于65%的学生）。然后在解决下一组问题之前，研究者向学生们展示了一个“被证明可以有效提高大多数人测试表现”的辅导课。所有的学生无疑都有改进的空间，但问题是谁会利用这门课程呢？

有趣的是，大多数已经做得相当好的学生选择参加辅导课。在成绩较
好的学生中，73.3%阅读了增长论文章的学生和60.0%阅读了实体论文章
的学生表示他们想参加，且二者无显著差异。这意味着当实体论者做得不 26
错且不担心会暴露自己的无能时，他们愿意采取补救措施。

然而，那些表现不佳的人的反应模式却有所不同。在他们之中，多数（73.3%）阅读了增长论文章的学生希望获得辅导，但多数阅读了实体论文章的学生却拒绝了这个能够提高技能的机会，只有13.3%的学生想参加这门课。这一结果再次证明，当学生持有固定智力理论时，他们之中最需要额外提升机会的恰恰也是最不愿意接受它的人。

简而言之，改变学生关于智力的理论是可能的，并且还可以进一步影响他们的目标和关注点。那些被引导相信智力固定不变的人开始担心自己看起来是不是聪明，在面对可能暴露缺陷的威胁时，他们倾向于放弃潜在的学习机会；相反，那些被引导相信智力变化可塑的人则愿意接受具有挑战性的学习任务，并能够抓住和利用可以帮助自己提高技能的机会。

很多很多年前，还是小学生的我也曾亲身体验过智力理论如何影响学习欲望。我的六年级老师威尔逊夫人是一位极端的实体论者，她坚信智力（反映为智商分数）是所有努力的根源，并不断向我们表达这一观点。她按智商安排座位，按智商分配我们渴望的任务（从收拾黑板到在大会上擎旗）。在她的点名册上，我们每个人的名字旁边写着又黑又大的智商分数。

她坚持这么做，完全不为所动，即使这个班的学生根本就是通过智商测试筛选出来的——这是一所以成绩为导向的学校里第一流的班级。

对于智商分数稍低那么一点点的学生来说，代价显而易见。他们在此前几乎整个小学阶段都取得了好成绩，现在却被告知低人一等。如果他们接受挑战性任务并在其中犯错，那就证明威尔逊夫人对他们的负面看法是正确的。而另一边，智商较高的学生付出的代价也不低。他们必须不断证明自己，每一次考试都存在优势身份被剥夺的危险。他们如果在下一次智商测试中表现不佳，就将失去当前的座位、美差和老师的尊重。如你所想，这不是一个可以让学生专注于寻求挑战和激发学习热情的环境，而是一个以检验智商高低为目标的环境。

❈ 内隐理论与表现目标的意义

这就又回到我在前一章提出的问题：是什么让一些学生，甚至是很成功的学生，如此关心他们的智力高低？是什么使一些学生总是担心失败？我认为智力的实体论可能是问题的关键。在增长论看来，失败只是意味着
27 你当前的策略或技能不够，但在实体论看来，失败会使你稳定的整体智力水平受到质疑——这当然要避免。让我们来看看斯通（Stone，1998）的一项研究，其中直接探讨了这个问题。

该研究首先测量了五年级学生的智力理论，并询问了他们的目标选择。结果与我们的研究一致，实体论者和增长论者在目标偏好上差异显著：只有一个实体论者选择了具有挑战性的学习任务，而选择了该任务的增长论者则超过一半。

有趣的是，斯通后来询问了学生对两类目标任务的重视程度，发现所有学生对这两类目标任务的重视程度均很高。也就是说，只有当这两类任务彼此对立且选择学习目标任务就意味着可能犯错误时，实体论者才不去选择学习目标任务。换言之，如果分别询问学生关于学习目标和表现目标（彼此不冲突）的态度，不同智力理论组之间的差异可能不会出现。总之，实体论者一般认为学习目标是重要的，但一旦面临具体抉择，他们就会优先证明自己的智力而不是尝试学习一些困难的东西。

接下来，不管学生们选择的是什么任务，都需要回答一些关于该任务的问题。例如，他们认为表现目标可以在多大程度上衡量他们（1）当前在这类任务上的技能水平，（2）整体上有多聪明，（3）长大后将有多聪明。

结果实体论者和增长论者都认为任务可以体现出他们当下的技能水平（事实上在呈现任务时就是这么介绍的）。此外，增长论者甚至比实体论者更加认同这项任务可以评估他们当前的技能，这也许是因为他们不需要为自己的能力做“辩护”，我们很快就会看到，他们就是这么想的。

然而，在接下来的两个问题上，实体论者比增长论者更加认同这项任务不仅衡量了他们在总体上有多聪明，而且还预示着他们长大后会有多聪

明。请注意在呈现任务时完全没有提及它可作为评判一个人整体及长期智力的指标，然而实体论者却自己把这一点解读进去了。试想如果你所做的每一项任务都在告诉你，你现在有多聪明，你未来会有多聪明，你难道不会害怕失败吗？

该研究另一个引人注目的发现是增长论者的灵活性。他们似乎总能依照现实的要求全身心地投入表现目标或学习目标中去。当呈现给他们表现目标任务时，他们会说如果真的从事了这一任务，自己当然希望看起来很聪明。是啊，这个任务本来就被描述为可以令人看上去很聪明，虽然可能什么也学不到，于是何不趁此机会评估一下自己的能力呢？这就是这个任务的价值所在。

而如果呈现给他们学习目标任务，告诉他们可以从中学到一些重要的 28
东西，但也可能导致看起来不那么聪明，他们就会放弃表现目标转而专注于任务的学习方面。前面我提到过，其实学习和表现目标对于成功均非常重要。这意味着能够协调两个目标并均灵活地加以利用，对于个体来说将是一笔巨大的财富（关于协调目标重要性的讨论参见 Dodge，Asher，& Parkhurst，1989；Dweck，1996；Erdley，1996；Rabiner & Gordon，1992）。

总之，我们展示了学生的智力理论如何塑造他们对表现目标或学习目标的关注，也证明了对于实体论者和增长论者来说表现目标可能具有不同的意义。对于增长论者而言，表现目标任务只是在特定时间点上检测了特定的技能，而对于实体论者而言，同样的任务考查的是他们当前和未来的整体智力。这种差异可能导致实体论者深陷失败的恐惧，却可能让增长论者灵活地协调和利用这两种目标。

第五章 智力理论预测（并造就）成就差异

是时候检验下一个观点了：学生的智力理论能预测实际的学业成就吗？当在持续的学习过程中面临越来越多的挑战性任务时，增长论者的表现会领先于实体论者吗？

❖ 在充满挑战的过渡期取得成就

为了回答这个问题，我们在两项独立的研究中——合作者分别是瓦兰内·亨德森-迈克吉沃斯（Valanne Henderson-MacGyvers）和丽莎·索里奇（Lisa Sorich）——追踪了学生从小学刚进入初中时的过渡阶段（Henderson & Dweck，1990；Sorich & Dweck，in press）。选择这一阶段有特殊的考量。我一直强调，在失败发生前，表现出无助反应和掌握定向反应的孩子在表现和能力上并无差别，他们在小学阶段的成绩也大致趋同。这是为什么？那些照理说更加脆弱的孩子为什么并未落后于他们追求挑战、坚持不懈、掌握定向的同伴？

原因可能在于，小学的环境通常较为安全和平顺，课程往往是精心安排的，老师会尽量把失败的可能性降到最低。于是只要脆弱的儿童没有遭遇困难，成绩也就不会受到影响。（但这绝不意味着我倡导无挑战的学习环境。）

但是，一进入初中，环境将发生剧变。对于多数学生来说，课程突然变得更难，学习负担加大，评分明显严格，成绩的重要性愈加凸显，与此同时教学手段和方式的个性化程度却大大下降（参见 Eccles & Midgely，1989；Farrell，1990；Midgley et al.，1995）。于是，我们可以合理地预期，正是在这个阶段，相对于掌握定向的学生，脆弱的学生将出现成绩的下滑。

如果智力实体论确实会促使人们关心自己聪不聪明，并把有难度的任 30
务及其失败视为风险，那么这一过渡阶段应该会对实体论者造成实质性威胁。在新环境里，他们的智力水平被一系列新任务所评估，无疑处于危险之中。更重要的是，他们可能还会觉得这些任务要比小学时经历的更能反映智力。简言之，对于这些偏爱安全性任务和确定性成功的学生来说，新的环境可能不适合他们。事实上，的确有许多人告诉我，他们正是在初中开始不再认为自己聪明，成绩也从那时候开始下降。

与此同时，假使智力增长论能将学生引向充满挑战的学习机会，并鼓励他们将挫折视为学习新事物的自然过程，那么这个新环境对于增长论者就是适合的，他们会给自己时间和空间去掌握全新的、有难度的任务。

具体来说，我们预测，在进入初中环境后，那些持智力实体论的学生更可能表现出无助反应，即在失败面前更容易怀疑自己，对学业有更多的焦虑和恐惧，且成绩会有所下降。相反，我们预测，持有增长论的学生更可能在这一转变过程中表现出掌握定向反应，即在困难面前专注于策略和努力，焦虑水平较低，同时成绩保持平稳甚至有所提高。

为了检验以上猜想，我们从学生进入初一的第一个月起追踪他们（Henderson & Dweck，1990）。在新学期一开始，此时学生尚未收到任何学业反馈，我们测量了他们的智力理论及其对自身智力水平的信心（以了解自信在适应过程中的作用）。

我们给学生呈现了三组两两对立的陈述，要求从中选择一个。它们分别表达了对自身智力和能力的自信或者信心不足：

- 我常常觉得自己很聪明**对**我不确定自己是否聪明。
- 面对新的学习任务，我一般都有信心做好**对**面对新的学习任务，我会怀疑自己能否做好。
- 我对自己的智力相当有信心**对**我对自己的智力不大有信心。

接下来，为了解学生在面对挫折时是怀疑自己的能力还是关注努力和策略，我们询问了一些问题，有关他们对学业中可能遇到的失败或困难的反应，以及对学校和学业的情绪体验。

最后，为了评估他们在学业上的实际表现，我们拿到了他们小学时候
31 的成绩记录，并将其与初一结束时的成绩进行对比。我们想知道的是：是过去的成绩更能预测他们现在的成绩，还是我们基于学生的智力理论做出的预测更准确？和同伴相比，他们的成绩是上升了还是下降了？最后的结果表明，我们的预期是对的，那些相信智力固定的初一学生表现更糟。

让我们先来看看成绩。持实体论的学生在班级中的排名明显下降。总体说来，小学阶段就表现不佳的学生到了初中依然不佳，但许多小学成绩**优异**的学生现在却成了后进生。

更让我们惊讶的是，这些成绩下滑的实体论学生原本对自己的能力**充满**自信。这是为什么呢？对智力有信心的学生为什么会表现得如此糟糕？鉴于心理学界和全社会都非常看重和强调自信的积极作用，我会在后面继续讨论这个话题。现在我们看到的是，对于一个实体论者来说，在智力上的自信并不总能阻止困难来临时的无助反应。

而持有增长论的学生则完全不同，他们的班级排名明显提升。那些小学阶段成绩就好的学生到了初中成绩依然很好，而还有不少小学时候表现平平的学生一举跃升到了优异的行列。

有意思的是，我们发现这些取得进步的增长论者通常对自己的智力**缺乏**信心。这些学生并不认为自己的智力很高，但他们相信这种能力是可以发展的——他们也正致力于此。

这一点我之前提到过，但在这里还要强调：当持有智力增长论时，学生不必觉得自己很聪明，从而能够积极投入充满挑战的学习任务。也就是说，我们的研究暗示，在面对和应付困难的过渡期时，学生的智力理论要比他们的自信程度更重要。

学生的想法和感受也出现了预期的差异。我们询问他们如果学业上表现不佳，会给自己什么样的解释，并提供了一些想法供他们选择，其中一些责怪自己的智力能力（“也许我不够聪明”），另一些则聚焦于策略

（“也许我的学习方法不对”）或努力程度（“下次我应该更努力”）。之后将持两种智力理论的学生的选择进行比较，发现持实体论的学生更有可能在成绩不好时怀疑自己的智力，而持增长论的学生更倾向于认为他们需要调整策略或更加努力。

此外，两组学生对学校及学业的感受也存在差异。实体论者面对学业 32
更加不安，提到学校时也更为焦虑。

因此，学生的智力理论的确可以预测他们真实的成就。带着智力固定信念进入一个充满挑战的学习环境，会令学生感到焦虑、自我怀疑、成绩下降。实体论看重的是智力的即刻证明，而不是伴随时间的成长发展。也就是说，实体论令个体不给自己适应新挑战的空间，使他们执着于评判自身的智力，继而对于自己可能取得的成绩过早地下了结论。

相反，增长论帮助学生建立起对挑战的渴望，也令他们明白学习是一个不断付出努力循序渐进的过程。于是，当更高的要求出现时，它可以给予学生一段重要的调适期。

回过头来，那些对智力高度自信的实体论者为什么会成绩下滑？他们中许多人在小学时表现优异，而且显然他们自己也知道这一点。后面我们还会集中讨论自信及其作用，而在这里，我的解释是，也许是因为，在小学阶段，这些学生可以不断展现他们的智力，他们处于一种理想的表现目标情境之中，他们比同伴更能快速、准确且毫不费力地完成学业任务。然而一旦到了新的阶段，突然提高的要求不再能轻易达成了，这些学生就最容易受到影响。但是他们并没有去积极应对，也不愿冒被认为不聪明的风险，这样的行为方式显然会伤害到成绩。当然也可能是他们故意不付出努力，我们后面再说（参照 Berglas & Jones，1978；Covington & Omelich 1979；Juvonen，1995；Midgley，Arunkumar，& Urdan，1996；Rhodewalt，1994）。

可是，这些学生成绩下降的现象会持续多久？他们是仅仅暂时受到当下困难影响，随着时间推移又重回优秀，还是一直这么低迷下去？为了回答这个问题，一年后，当他们升上初二的时候，我们再次对这些学生进行了调查。结果发现，这些学生的班级排名有所回升，但总体成绩仍然显著低于小学时的表现。

这意味着，以过往成绩所代表的可能达到的水准来看，这些学生的实际表现低于预期。或许他们不愿为成功付出必要的努力，或许他们对自己的能力失去了信心，又或许他们从未真正掌握足以应对新难题的学习策略。还有一个可能是，一旦在一开始落后了，后面便很难再赶上，他们错过了掌握对于后续学习非常重要的基础技能的机会。而不管是哪个原因，讽刺之处在于，最关心表面聪明的学生恰恰因为这一点而深陷困境。

33

❖ 关于智力理论与初中学业成绩关系的更多发现

我们在另一项研究（Sorich & Dweck，in press）中进一步拓展了以上发现，并对学生应对学业挑战的方式进行了考察。研究对象还是初一学生，不过有别于之前美国中西部城镇的白人学生，该研究中多是居住在东北部城市里的少数族裔学生。

我们还是取得了学生在前一年（小学六年级）的成绩分数，也同样测量了他们的智力理论以及刚上初一时对自己智力的信心。此外，我们还评估了他们的成就目标、对努力的信念以及对假设性失败的反应。然后等待他们这学期末的成绩。

我们把学生划分为实体论者和增长论者，再次发现他们前一年的成就测验分数（包括英语和数学）几乎没有差别。他们同样重视学业成绩，在升入初一时对自己的能力也有着同等程度的信心。然而我们再次发现只有自信是不够的。两组学生在第一个学期结束时取得的成绩显现出了差异：增长论者的英语和数学成绩明显高于实体论者一个等级。（顺便说一句，这种差异在下一年仍然存在。）

实体论者和增长论者在其他方面也表现出了差异。例如，在成就目标（学习或表现）上，增长论者相比实体论者更加认同以下说法：

- 即便可能犯很多错误，我还是喜欢做能学到东西的功课。
- 对我来说，在课堂上学习新东西要比取得好成绩更重要。
- 我喜欢做需要努力思考的功课。

相反，实体论者比增长论者更加同意这些想法：

- 做作业的时候，我最想要的是显示出我在这方面很出色。
- 我最喜欢做我能完美完成、不会犯错误的功课。
- 我得承认，有时我更在意在课堂上表现有多好，而不是学到了多少东西。

和之前研究结果一样，你会发现增长论者对挑战性的学习目标而不是表现目标更感兴趣，他们乐意迎接挑战和获得新技能，而不是做一些没有 34
难度的任务以让自己看起来很聪明。

此外我们还发现，实体论者和增长论者的成功体验也存在差异。比其他人表现好而非学到很多东西是实体论者认为的成功；增长论者刚好相反，他们认为的成功是自己取得了进步，即使还比不上别人。例如，他们会说："如果我的成绩提高了，即便还是没有别人高，我也会觉得自己很成功。""只要成绩提高了，不管别人做得有多好，你都是个成功者。"

也就是说，我们再次发现了学生的智力理论与其成就目标之间非常强烈的关联——在这项研究中，智力理论可以预测学生取得的实际成就。

此前提到过，我认为实体论者对努力的态度可能是他们表现下降的原因之一。也许一些实体论者已经习惯了毫不费力地达成表现目标，而初中时难度明显加大的学业要求给他们带来了很大的冲击。下一章将着重讨论有关努力的信念，在这里我们先简单说一下。

尽管实体论者非常想做好功课，但同时也非常希望尽量少地投入精力（参见 Maehr & Midgely，1996）。他们比增长论者更加赞同以下说法：

- 功课就像家务——必须要做，但只要可能，能少花时间就少花时间。
- 我尽量不在功课上花太多时间，只要过得去就行。

相比增长论者，实体论者也更倾向于认为努力工作会令他们自觉不够聪明，以及如果能力不强的话努力也没什么用（参见 Stipek & Gralinski，1996）。

不难看出，这些努力信念上的差异导致了学业成就上的差异。如果实体论者认为努力不可取且无效，那么在完成需要精力和毅力的功课时，他们可能根本不会投入。相反，把努力视为伙伴的增长论者最终会取得成功。

学生们对假设性失败情境的反应证明了这一猜想。我们跟学生说假设以下情况发生在他们身上：

> 新学年到了，你开始学习一门新课程，你非常喜欢这门课和上课的老师。你觉得自己学得很好，所以在第一次测验前没太复习。做测验时虽然也有些问题答不上来，但你感觉还不错。成绩下来之后，你发现自己只得了54分，也就是F。

接着我们问学生："接下来你会做什么？"他们要在以下选项中进行选择：

- 我会花更多时间学习这门课程。
- 35 我不会再修读这门课程了。
- 我会想办法在下一次测验中作弊。

结果发现，相比实体论者，增长论者更倾向于赞同第一种做法。也就是说，持有增长论的学生更乐意付出额外的努力，因为他们相信想要在未来有所成就，就必须付出努力。

其他两种做法不认为可以通过努力战胜失败，反而应该避免付出进一步努力，这种放弃努力和坚持的选项正是实体论者所偏好的。他们比增长论者更有可能表示将不再学习这门学科，甚至想在下次测验中作弊！这样显然无助于他们克服当前困难从而学习到新知识。因此，尽管我们很高兴学生们能够坦诚表达他们的想法，但也对他们应对挑战的方式感到担忧。

总之，这两项研究（Henderson & Dweck，1990；Sorich & Dweck，in press）考察了学生在日常学习过程中应对挑战的方式，发现增长论者无论在情绪还是智力表现上都明显优于实体论者。在困难面前，持增长论的学生更少怀疑自己的能力，更愿意以不懈努力去应对挑战，这可能就是他们取得更高成就的原因。①

---

① 有研究考察了小学和高中学生的智力理论与学业表现之间的关系，参见 Stipek & Gralinski，1991；Faria，1996。有研究表明在其他文化下智力理论也会影响成就选择及其结果，参见 Faria，1996；Hong，Chiu，Dweck，& Lin，1998。

※ 大学期间的智力理论

最近，理查德·罗宾斯（Richard Robins）和珍妮弗·帕尔斯（Jennifer Pals）在加州大学伯克利分校进行的一项大型研究以大学生为对象检验了我们的理论（Robins & Pals，1998）。他们考察了大学生的智力理论能否预测他们的成就目标（无助或掌握定向反应）、学业成绩，以及大学期间的自尊变化。

首先，他们发现智力理论确实能预测学生拟追求的目标。实体论者看重表现目标，而增长论者看重学习目标（如“在学校获得知识比取得分数重要”）。

其次，他们发现相比于增长论者，实体论者更可能将失败归咎于能力低下，对自己的学业表现（平均学分绩点）感到苦恼和羞愧，并倾向于在挑战面前放弃努力（“在理解不了的时候我就会气馁，想要放弃”）。与此相反，当增长论者被问及对自身学业表现的感受时，他们会说感到被激励和更有决心，他们在挑战面前也更能坚持（“当学习的东西很难时，我会更加努力”）。也就是说，实体论者的认知、情绪和行为全都符合无助反应 36
的特征，而增长论者则表现出掌握定向的反应。

值得注意的是，这项研究中的学生均是名校的高才生，他们已经以很高的成绩进入了大学，但是其中的实体论者却没能将其转化为更高的成就。也就是说，以入学成绩来看，显然他们未能充分发挥自己的潜力。那么，两组的自尊会在大学期间发生怎样的变化？平均来说，实体论者的自尊水平低于增长论者，并且这一差距在四年中显著增大。这说明相对于增长论者，大学经历会损害实体论者的自尊。具体而言，路径分析结果表明，实体论者的表现目标定向以及他们对学业的消极情感反应（如羞愧、痛苦）和无助行为反应，是自尊下降的重要原因。

最后，罗宾斯和帕尔斯（1998）还追踪了学生大学期间智力理论的稳定性，发现相邻两年的相关系数为0.70，三年内的相关系数为0.64（修正了测量的不可靠性）。这表明尽管可以在实验中直接影响个体的内隐理论，但它仍然具有相当稳定的个体差异。

如果学生的内隐理论在现实生活中被影响了呢？会对他们在大学里的表现产生作用吗？

❖ 通过教授增长论缩小成就差距：减少刻板印象威胁

得克萨斯大学的约书亚·阿伦森（Joshua Aronson）进行了一系列研究去解释非裔美国学生与白人学生在大学期间的成绩差异。即使入学成绩很高，很多非裔美国学生依然在入学后表现不如白人学生，并低于预期（参见 Steele，1997a，b；Steele & Aronson，1995）。这是不是一个关乎动机而非个人能力的问题呢？

为了理解该现象，克劳德·斯蒂尔（Claude Steele）、约书亚·阿伦森和斯蒂芬·斯宾塞（Steven Spencer）（参见 Aronson，Quinn，& Spenser，1998；Steele & Aronson，1995；Steele，1997b）提出了“刻板印象威胁”（stereotype threat）这一概念。当被污名化的群体成员认为他们有可能证实所在群体的消极刻板印象（例如黑人智力低）时，他们就会体验到威胁。通过一系列精致的研究，斯蒂尔和阿伦森（1995）发现，在实验情境中引发这种担忧可能会破坏人们在智力测验中的表现。

他们进一步发现，当告诉学生他们担心被质疑的能力是可塑的，或者训练他们学习增长论者的思维方式时，刻板印象的消极作用将大大减少（Aronson，1998；Aronson & Fried，1998）。这一效应在实验室研究（参照 Wood & Bandura，1989）和现实干预研究中均得到了验证。

37 向大学过渡，就像向初中过渡一样，是非常具有挑战性的。阿伦森推断，一个以白人为主的大学环境会给非裔美国学生增加额外的负担。身边围绕着来自全国的知识精英（这项研究是在斯坦福大学做的），可能让他们联想到所在群体智力水平较低的刻板印象，进而阻碍自己的成就表现。（例如，这可能导致他们对遇到的所有困难进行能力归因，在努力尝试时受到自我怀疑的干扰，甚至选择防御性放弃。）

为了检验这一想法，阿伦森和弗里德（Aronson & Fried，1998）决定考察，教给本科生增长论是否能减少刻板印象威胁并提高学业表现。为了达到这一目的，他们制作了一段短片，通过科学的解释、专家的解读、神经图像和相关研究发现来证明，每当人们遇到挑战、付出心智努力、学习新东西时，大脑就会生长出新的神经元，从而使人变得更聪明。

短片会放给学生们看，同时还附加一个演讲来再次强调智力是可以培养的。除此之外，为了进一步巩固学生们对增长论的认识，他们还被要求给小学生写一封信，告诉他们这个看待智力的观点以及如何在学习中加以应用。

然后，阿伦森和弗里德比较了看过增长论短片和未看过的学生的期末（和年末）成绩。结果发现，对于没有接收过增长论信息的学生而言，种族中的成绩差异依然存在，白人学生的平均绩点明显高于黑人学生。但是，在受到增长论影响的学生之中，这一差距明显缩小。换句话说，那些学习了智力增长论并能用其来应对挑战和追求成就的黑人学生成绩显著上升。更重要的是，他们还报告说自己更享受学校教育也变得更看重学业了。

❖ 智力理论是如何发挥作用的?

我们已经看到学生的智力理论会影响到他们的学业成就和有效应对的能力。那么这是如何发生的？两种智力理论似乎建构了完全不同的思维框架。一旦学生采纳了某种智力理论，他们重视的东西、他们处理智力任务的方法、他们解释和回应生活事件的方式，全都会受到影响。

固定智力的信念会引发学生对自己聪明程度的担忧，增加对挑战的焦虑，也让失败成为衡量他们稳定智力的标准。因此，它会造成无序的、防御性的和无助的行为。

可塑智力的信念则让学生期待挑战和学习。一些增长论者告诉我们， 38
他们会担心某项任务太过容易或根本不值得花时间去做。在这个框架下，挫折是长期学习过程中可以预见的自然部分，因而不是真正的失败，相反，它提示人们应该继续努力并思考新策略。

第六章 智力理论造就努力高低

设想有两名大学生。其中一位学习非常努力，他课上认真，课后勤勉，每次作业和论文都投入大量时间和精力。最后，他的课程成绩为 B。另一个学生不怎么去上课，考试之前才复习，最后期限前才写论文。最后，他的成绩也为 B。你觉得他们哪个更有能力？

再设想你在一本科学杂志上看到一个小测验，题目叫“测测你的智商!”。你兴致勃勃地开始尝试，但很不顺利，你觉得很难，于是花了很长时间，试了一遍又一遍，经过艰难且缓慢的过程才终于有了进展。对此你有什么感觉？你会觉得自己很笨吗，因为要付出如此多努力才能解答？还是会觉得自己挺聪明，因为通过努力你最终成功了？

前面的章节告诉我们，在实体论和增长论的思维框架中，**失败**具有不同的意义。在实体论框架里，失败意味着智力不足；而在增长论的框架里，失败是不断尝试的信号。在不同的框架下，**努力**也具有不同的含义：实体论框架下的努力用于评估智力，且和失败一样代表着不够聪明；而增长论框架下的努力能够激发并促使人们充分发挥自己的能力（参照 Covington & Omelich，1979；Surber，1984）。

❖ 努力的意义

为了了解学生们对努力的看法，艾伦·莱格特和我测量了八年级学生的智力理论及成就目标（Leggett & Dweck，1986），然后问他们是否同意

一系列关于努力的说法。它们有的将努力描述成消极的，如付出努力代表 *40*
着能力不够。例如：

- 如果你需要下苦功才能做成某些事情，就说明你不擅长它们。
- 只有做起来轻而易举，你才能知道自己擅长这个方面。
- 对于真正的天才来说，什么事都是小菜一碟。

而另一些表述则将努力描述成积极的、能够激发并促使人们充分利用潜能的事情。例如：

- 即便是很擅长的事情，也需要下苦功才能真正地理解。
- 如果一件事情对你来说太容易，你就搞不清楚自己是不是真的擅长。
- 即使天才也得为实现自己的想法付出努力。

结果发现，持有实体论-表现目标框架的学生更支持第一组说法。即如果需要付出努力，就说明你不擅长，如果你擅长，就不需要努力。

请注意，这些陈述并没有提及任务的难度。也就是说，他们认为如果一个人真的有能力，那么即使任务非常难，也不需要付出努力；反过来，如果你努力尝试，即便任务非常难，也说明你能力不够。

回到一开头我描述的两位大学生，一位努力学习，拿到了 B，另一位轻轻松松，也拿到了 B。但我没有提到他们修习的具体课程。也许努力学习的学生选择了负担更重、难度更大、要求更高的课程。因此在这种情境下，试图从两位学生付出的努力程度来判断他们的相对能力是不合适的。

持有增长论-学习目标框架的学生则更认同第二组说法。他们认为努力不仅不会削弱能力，反而能让人更加充分地运用并实现自己的能力，即使是绝顶聪明的天才也一样需要努力。

这一结果在大学生群体中同样得到了验证（Mueller & Dweck，1997）。持实体论的大学生更加赞同下面的陈述：

- 如果你真正擅长，就无须那么努力。
- 有时候我觉得，你在作业上付出的努力越多，就说明你越笨。

同样，持增长论的大学生则完全不同意这些说法。

最后，在最近一项研究中，康萤仪等（Hong et al.，1998）通过让大学生阅读之前提到的《今日心理学》式文章，引发他们的实体论或增长论
41 观点。结果发现那些受到实体论引导的学生明显比受到增长论引导的学生更倾向于认为高努力即意味着低能力。

那么，这对于正在从事困难任务的学生来说意味着什么？这本该是需要努力的时候，然而在那些追求表现目标并渴望展现高能力的实体论学生看来，却是一个冲突。要想成功完成任务需要付出巨大努力，然而高强度的努力将昭示他们能力低下。

也就是说，当学生在实体论框架内思考时，他们对自身能力的知觉会不断受到挑战。如果每一项任务都需要付出努力，智力就会反复受到质疑，个体将很难保持对能力的自信。

这也同时意味着，当应该全身心地集中注意力和制定问题解决策略时，个体不停思考的却是付出努力会有什么风险（其中最可怕的是付出了努力还是以失败告终）。

这个框架还会引发防御行为。弗雷德克里·罗德沃特（Frederick Rhodewalt，1994）预测，实体论者在面对困难任务时可能有意不付出百分之百的努力，如在考试前不全力复习或者拖到最后一刻才学习，这后来得到了研究的证实（另见 Midgley，Arunkumar，& Urdan，1996）。这种策略称为**自我设障**（self-handicapping）（Berglas & Jones，1978；Jones & Berglas，1978），其背后的逻辑是，如果是由于不努力而没做好，仍然可以维持对自身能力的高评价，因为如果全力以赴，我一定可以把事情做好，而如果没努力还碰巧做得不错，那就是对智力的绝佳证明。

但是，这种对于努力的有所保留，尤其在重要任务上不倾尽全力的策略可能使实体论者为了短期评价而损害长远目标（Zuckerman，Kieffer，& Knee，1988）。

又或者，这种信念最令人沮丧的地方在于学生不再**重视**努力。努力是一件能为生命赋予意义的事情。努力意味着你关心一些东西，它们对于你来说很重要，你因此愿意为之付出。如果你不愿珍视任何东西，不愿付出承诺也不愿为之努力，那么你的生活将是贫乏的。然而实体论者就是这

样，你可能还记得，持有实体论的学生非常希望尽可能地减少学业努力，即使他们想要表现出色（Sorich & Dweck，in press）。

这些学生或许永远无法理解努力所能带来的一切。如果他们的理想是轻轻松松表现完美，他们就会去追求那些无须付出多少努力就能完成的任务、课程、专业或职业，而不愿以一种超出他们预期的方式去发展自己的能力。然而生活最大的乐趣之一就是做到了自以为做不到的事情，令自己都感到震惊。可惜，持有实体论的学生完全不相信努力可能带来的奇迹（Stipek & Gralinski，1996；Sorich & Dweck，in press）。

总而言之，相比增长论者，在实体论者看来，努力是能力低下的表现，他们讨厌努力并认为它毫无用处。

相反，当学生以增长论框架思维时，在挑战性任务中付出努力是自然而然的事情。他们的短期和长期目标都是学习，而努力与此目标完全一致。在我们的研究中，这些学生成功解决了本不能解决的难题，并掌握了 42
“超出”他们当下水平的技能，这一切屡屡让我们印象深刻。

❖ 你什么时候觉得自己聪明？

我们已经看到，对于那些信奉实体论的学生而言，各种各样的事情都会令他们的智力受到质疑。然而不幸的是，错误和努力在多数学习情境中不可避免地存在。那么，这些学生会在什么时候觉得自己聪明？他们与持增长论的学生会有何不同？我们决定问问他们。

在一项以小学生和大学生为对象的研究中，伊莱恩·艾略特、瓦兰内·亨德森-迈克吉沃斯和我询问学生：“学生们有时候觉得自己聪明，有时候不觉得，你在什么时候会觉得自己聪明？”结果发现，实体论者给出的答案与增长论者大不相同。

持智力实体论的小学生说他们在下面这些时候觉得自己很聪明：

- 在我一个错误都没犯的时候。
- 在我第一个把论文交上去的时候。
- 在我拿到一个超简单的任务的时候。

也就是说，当这些学生可以轻松、不犯错且比别人更快完成任务时，他们感到自己很聪明。持有实体论的大学生也给出了类似的回答，例如"当考试成绩很好时""当其他人觉得难而我觉得很容易时"。

出于对学生在此种框架下所持信念及目标的了解，这些回答并不令人意外。这些发现也进一步支持了以下观点，即挑战会伤害那些认为智力固定的学生，他们的理想状态是轻松地超越其他人。

持有增长论的学生则提供了有趣的对比，比如持增长论的小学生在以下时候感到自己聪明：

- 碰到很难的问题的时候，一开始我不知道怎么做，但最后还是解决了，而且没有找人帮忙。
- 在做作业的时候，因为我想学习变得更聪明。
- 在阅读一本很难的书的时候。

大学生们也说了类似的话，如"在尝试解决我不懂的问题的时候""在我把自己知道的知识教授给别人的时候"。也就是说，我们发现**使用**智力去面对困难和解决疑惑是让这些学生感到聪明的原因。更重要的是，他们并不会因为看到同伴失败或挣扎而自得，反而会因为能够帮助别人而对自己的能力感到满意。

43 因此，增长论框架的另一个特点是，它可以在学生中培养一种合作的氛围，因为每个人都可以通过将智力应用于问题解决而感到自己很棒。然而在实体论框架中，只有胜利者才会觉得自己很棒，且还得在不用付出努力即获得成功的前提下。

在我们的社会中，人们经常称赞学生在简单任务中的表现，在他们做得又快又好时夸奖他们很聪明（参见 Damon，1995；另见 Berglas，1990；Meyer，1982）。然而，当人们这样做时，并不是在教学生们如何迎接挑战和从错误中学习，而是在教他们简单的成功意味着聪明，反过来也就暗示着犯错和努力代表着不够聪明。

那么，在学生取得了简单的成功并期待得到表扬时，该怎么办呢？我们应该为浪费了他们的时间而道歉，并引导他们去从事更富挑战性的事情。这样我们才能够教导他们，要取得有意义的成功，必须付出努力。

第七章 44
内隐理论及目标预测自尊和抑郁

我们已经看到，智力实体论使学生变得脆弱。那到底有多脆弱？会和有心理问题（比如抑郁）的人一样脆弱吗？我们对此深感好奇，因为人们在抑郁时常以自我谴责或无助反应来回应失败——就像实体论者一样。

在一项以大学生为对象的研究中，我们比较了持实体论的学生与处于抑郁状态的学生对失败的反应（Zhao，Dweck，& Mueller，1998）。他们相似吗？

我们先让学生完成贝克抑郁量表（Beck Depression Inventory；Beck，Ward，Mendelson，Mock，& Erbaugh，1961），它包含 21 道关于抑郁症状的问题，每个症状有一系列陈述，学生从中选出最能描述他们过去一周感受的一个。

这些症状包含情绪上的，如感到悲伤或不开心。会给学生四个选项，如从“我不感到悲伤”到“我非常悲伤，无法承受”，或从“我从日常活动中获得乐趣”到“我对任何事情都感到厌烦”。

这些症状也包含躯体方面的，如睡眠或饮食模式的变化，好比从“我的胃口一如往常”到“我对任何东西都没有胃口”。

这些症状还包含自我相关的，如自我价值感低下。相关陈述从“我不觉得自己是个失败者”到“我感觉自己是个彻头彻尾的失败者”，或从“我没有对自己感到失望”到“我恨我自己”。此外，还有些症状与犹豫不 45
决或注意力不集中有关。

基于他们的回答，我们鉴别出那些有中等甚至更严重抑郁情绪的学生，构成了抑郁组。虽然他们大多数尚未达到临床抑郁或者功能丧失的程度，但确实处于抑郁状态之中。

我们还测量了学生的智力理论，将**没有**抑郁的学生分为两个组。这样总共有三个组：抑郁组、非抑郁实体论组和非抑郁增长论组。接下来我们将观察这三个组的学生如何应对失败。

所有学生都要经历两个实验阶段，其间他们要应对一个困难的智力任务和一些假设的失败场景。在这里，我们重点关注他们对假设性失败场景的反应。

学生们会读到有关三个重大失败场景的生动描述。在第一个场景中，他们要想象自己十分渴望在本科毕业后进入某个研究所继续学习，然而尽管付出了巨大努力，他们研究生入学考试的成绩仍很不理想。

在第二个场景中，他们想象自己好不容易找到了一个特别适合自己的专业，然而同样尽管付出了大量努力，他们在一门关键课程上的期中和期末考试成绩依然不佳。

第三个场景中，他们想象自己修习了一门对于未来发展至关重要的课程，但是在一次关键性的课程展示中表现很差，而同学们的表现远胜于他们。下面是相关描述：

> 第二学期你修习了一门非常重要的课程，每位同学都要在课程上展示论文。此前已经有一些同学完成了展示，他们都表现得非常出色，得到了教授和其他同学的一致好评。现在轮到你了！你整晚都在为此做准备，然而第二天报告完之后，你发现反响平平，完全不如预期。

每个场景之后学生都会被询问以下问题：你怎么想？你有什么感受？你会怎么做？

我们对学生的回答进行了编码和计分，以比较三组学生有何异同。哪一组会用失败来评判自己？哪一组会报告强烈的消极情绪反应？哪一组会放弃，而哪一组会为未来制订新的计划？

结果发现，在几乎全部场景中，实体论者的反应均类似于抑郁的学生，而他们与增长论者明显不同。

首先来关注学生们会否依据失败来评判自己。持实体论的学生和抑郁的学生一样，更倾向于以失败经验来评价自己的整体智力。在每一个场景被问及“你怎么想?”时，他们会说“我感觉自己很笨”或者“我觉得自己不够聪明来做好这件事”。而持增长论的学生很少这么回答。 46

更令人惊讶的是，实体论及抑郁组的学生不仅贬损自己的智力，还扩展到整个自我，他们觉得自己没有价值，像个失败者，甚至是个废物（参照 Janoff-Bulman，1979）。同样，这样的回答在增长论者里十分罕见。因此，实体论者也像抑郁的学生一样，倾向于用失败来评价自我（参照 Abramson，Metalsky，& Alloy，1989；Nolen-Hoeksema，Girgus，& Seligman，1992；Peterson & Selgiman，1984；Seligman & Nolen-Hoeksema，1987）。

他们的情绪反应如何？当然不会有学生在经历了那三个场景后感到愉快，他们或多或少都表达出失望或沮丧。但是，相比于持增长论的学生，实体论者和抑郁的学生明显更多地预期自己将在失败后表现出极端的消极情绪。例如，他们说自己会非常不安，感到绝望甚至彻底抑郁。

最后，他们会怎么做？再次和抑郁的学生一样，实体论者只想马上逃离失败发生的场景。他们说会退课、转专业或者忘掉研究所。增长论组的学生则完全不同，他们更可能制订计划，想办法将失败转变为成功，并为未来思考新的策略或者更加努力。

需要注意的是，实体论者与增长论者在这些场景出现之前没什么不同。他们的能力测试表现并无二致，也就是说上面的差异并不是来自他们的智力有什么差别；他们的学业表现也相差无几，所以这同样不是影响因素。

此外，他们对于自己的智力具有同样的信心，因此这些差异也不是源于遭遇挫败前对智力的不同看法。同时这也再次证明信心并不是出现无助反应的关键。

最后，他们在抑郁量表上的得分也没有差别，意即上面的差异也不是因为实体论者本来就更加抑郁。但是，一旦面对失败，实体论者看起来就像抑郁的学生一样了。

有趣的是，即使不是一次真实的失败，也能够引发他们类似于抑郁的思维、感受以及行动计划。对于实体论者，仅仅一个关于重大失败的想象就导致了严苛的自我判断、极端的消极情绪以及想要逃避而不是坚持的想法。

在接下来的研究中（Zhao et al.，1998，研究 2），我们再次发现实体论者在失败情境中的反应方式与抑郁学生非常相似。我们评估了学生在多个领域的实体论倾向，发现学生整体持有的实体论倾向越强，对失败的反应就越接近抑郁的学生。①

47 以上结果我们主要关注的是没有抑郁的实体论者与增长论者，并将他们与抑郁组进行比较。但我们还没有探究内隐理论如何影响到已经抑郁的人群，我们对这一问题也非常感兴趣。为此我们分析了抑郁组的表现（Zhao et al.，1998，研究 2），发现其中持有更强实体论倾向的人抑郁程度更高，具体表现在抑郁量表关于自我价值感和消极情绪的问题得分上，这两方面（而不是躯体症状或注意力不集中的问题）恰恰反映的就是无助反应。

与此同时，我们也好奇：抑郁的实体论者与抑郁的增长论者在反应上也会有所不同吗？我自己在教学中注意到，学生们陷入抑郁后的反应因人而异。一些人会停止努力，成绩直线下降，人际关系也受到影响；另一些人则会努力控制住局面，因此当他们从抑郁状态中“恢复”过来时，能马上重返充实的生活。

这可能是因为，相比实体论者，增长论者即使在抑郁的时候依然可以更积极地面对生活。虽然此时他们的社会功能比不上非抑郁的增长论者，但仍保有努力有价值的信念。反观实体论者，即使**并未**处于抑郁状态，他们也不相信努力的作用，并更难从挑战和努力中收获愉悦。因此，当他们抑郁时，光是应付日常生活就足以令他们失控。这可能就是为什么同样是抑郁，增长论者的症状会更轻，持续时间也更短。

---

① 第十章将提到，人们会在不同的领域持有不同的内隐理论。例如，一个人可能认为智力是固定的品质，但人格是可以培养的（反之亦然）。

❖ 目标如何影响抑郁

前几章我们介绍了在挫折面前表现目标和学习目标如何分别引发了无助反应和掌握定向反应，此后转而关注学生的智力内隐理论如何促成了不同的目标与反应。现在我们要回到目标上来，华盛顿州立大学的本杰明·戴克曼（Benjamin Dykman）将向我们展示，在遭遇消极事件时，人们的目标如何导致自尊下降及抑郁（Dykman，1998）。

戴克曼首先对目标进行了定义和测量，他没有局限于成就领域，而是拓展到了人们在生活各个阶段均会追求的更广泛的目标。他同样区分了两类目标：一类是“确认寻求目标”（validation-seeking goal），类似于表现目标；另一类是“成长寻求目标”（growth-seeking goal），类似于学习目标。接着他详细描述了两类个体的典型特征，并以此为基础编制了36个题目的目标取向量表（Goal Orientation Inventory），用来评估个体追求确认和成长目标的倾向。下面是相应的描述以及量表样题，先是确认寻求目标。 48

> 以寻求确认为目标的个体具有强烈的动机来建立或证实自身的价值、能力及受欢迎程度。为了证实这些，他们会将所有的困难和挑战视作对自己价值、能力及受欢迎程度的检验和评判指标。换句话说，只要面对困难和挑战，他们就会觉得自己的价值、能力及受欢迎程度处于危险之中。（Dykman，1998，p. 143）

与之有关的16个测量题目如：“无论是在体育、社交还是工作/学习活动中，我一直在努力证明自己是一个有价值、有能力、受欢迎的人。”“我一直在努力证明我与身边的人一样具有竞争力。”“我感觉我的价值、能力和受欢迎程度经常岌岌可危。”“我总是在检查自己在各方面是否‘合格’。”

相反，成长寻求目标个体的描述是这样的：

> 以寻求成长为目标的个体具有强烈的动机进行自我提升或成长，他们想要发展能力和实现潜能。与马斯洛的自我实现观点一致，对于他们来说，成长需要超越了对失败的担忧和保护自尊的安全需要（他

> 们会做出“成长选择”而不是“恐惧选择”)。因此，为了成长、进步和发挥最大潜能，他们很乐于迎接挑战和面对逆境。出于成长需要，他们将困难和压力视作学习和自我提升的机遇。(Dykman，1998，p. 143)

相应的测量题目如：“面对全新或困难的情境，我更多考虑的是如何在经验中成长而不是失败的可能性。”“我认为失败和拒绝的经验是成长和自我提升的机遇。”“对于我来说，个人成长比保护自己免于恐惧更重要。”“实现人生潜能比在失败中保护自我更重要。”

这些题目能够预测些什么？为了找到答案，戴克曼做了 5 个研究来检验两种目标取向能在多大程度上预测抑郁、焦虑、自尊下降以及应对消极事件的方式。

在第一个研究中，戴克曼在大学生样本中施测了目标取向量表以及其他一些问卷，同时他获取了学生们的学业能力测验（数学和语言）成绩。首先，与我们的研究结果一致（Zhao，Dweck，& Mueller，1998）的是，不同目标取向的人在学业能力测验上的表现没有差异，也就是说其中一些学生持续寻求确认感并不是因为他们的能力不如别人。

49 其次，学生的目标取向与其他测量之间存在强关联。例如，确认寻求目标能够显著正向预测当下的抑郁状态、近期的抑郁状态以及整体的抑郁倾向，而成长寻求目标对这些指标的预测方向均是**负向**的，即成长寻求目标分数较高的个体表现出更低的抑郁水平。

两种目标还能显著预测焦虑程度，且同样方向相反。确认寻求正向预测对失败的恐惧和对不熟悉环境的焦虑，而成长寻求则预测低水平的焦虑。

在接下来的研究中，戴克曼（Dykman，1998）还关注了现实情境中的焦虑、应对以及抑郁反应，结果他上面的发现再一次得到验证。确认寻求者比成长寻求者对于即将到来的期中考试更加焦虑；在应对压力生活事件时，确认寻求者更加自责和渴望逃离，而成长寻求者则能够进行更为活跃和建设性的应对；此外随着事件的压力水平上升，确认寻求者也会比成长寻求者更容易变得越来越焦虑。

最后，为了考察面对挫折时的自尊变化，戴克曼询问学生对给定情境的反应。情境多是一些生活事件，如在考试中失利或取得了好成绩、约会进展不顺或渐入佳境等。结果发现，目标取向无法预测学生对积极情境的反应，但可以预测他们对消极情境的反应。那些以确认寻求为目标的学生在经历了消极事件之后会报告更明显的自尊下降。

总之，这些研究提供了强有力的证据，证明了目标取向是适应性功能运作的重要影响因素，对于抑郁、焦虑、自尊和挫折应对等均存在预测作用。那么现在一个重要的问题是，如何将这些研究结果和我们关于内隐理论及其与挫折抑郁反应关系的研究结果整合起来。我们已经知道，内隐理论与目标取向密切相关，那么持有实体论（或增长论）的个体很可能具有较强的确认寻求（或成长寻求）目标。

❖ 自尊与自我价值浅谈

与我们提出的内隐理论和目标测量不同，戴克曼的目标取向测量与自尊密切相关。而在我们的研究中，人们的自我理论通常与自尊、自信以及对事情的乐观态度无关。

戴克曼的目标取向测量可能比我们的更加极端，而这也确是他的意图所在，因为他试图找到导致高/低抑郁易感性的目标取向。确认寻求者需要持续证明自己，确认自己的价值、能力和受欢迎程度，所以总是担忧自己做得不够好；而成长寻求者则更加乐观和无畏，且这种倾向是普遍的。 50

不过，一旦自尊的效应被移除，这两种目标是否还能预测抑郁和焦虑？换句话说，在控制了人们的自尊水平后，特定的目标取向是否还会令一些人更容易抑郁？我们的研究表明，答案是肯定的。

戴克曼同样探讨了这一点，他指出高确认寻求者具有“依存性自我价值”（contingent self-worth），即在成功时感到自身有价值，而在失败时自我价值就丧失了（参见 Baldwin & Sinclair，1996；Burhans & Dweck，1995；Covington，1992；Harter，1990）。他也把这一观点融入了测量里，比如涉及确认寻求目标的题会问个体是否总是在验证自己的价值，以及他们是否觉得自我价值总是处于危险之中。

但是，我还想问：什么类型的自我概念更容易形成依存性自我价值？我认为关于特质的实体论信念（即每个人具有一些固定的特质，并很容易经由行为和表现来进行判断）导致了确认寻求目标与依存性自我价值联系在一起。我会在后面章节证明这一点，此外还会介绍是什么因素在同时影响这三者。

总之，在本章我们发现了内隐理论和目标不仅可以解释成就过程，还能说明与自我以及基本应对有关的过程。这些结果告诉我们，在生活困境面前，什么样的人会保持自尊和自我价值，什么样的人会丧失自尊和自我价值；什么样的人会充满希望，什么样的人会崩溃抑郁；什么样的人会积极应对，什么样的人会消极逃避。单就成就而言，讽刺的是，那些拼命证明自己的人所采用的反应方式恰恰无法带来他们想要的好结果。

第八章 信心与成功为什么不够？

❈ 信心为何不起作用

我们的社会普遍相信信心是一剂灵丹妙药，于是人们极致慷慨甚至不分青红皂白地赞美学生①，认为这样能够提升他们的自信。

人们相信，如果学生对自己的能力有信心，其他方面自然水到渠成。比如，他们不会惧怕困难的任务，面对瓶颈时不会怀疑自己，且能够行之有效地坚持下去。

拥有自信肯定是一件好事。但有些出乎意料的是，我们的研究发现，当遭遇困难时，学生在特定方面持有的信心却无法给予他们帮助（如 Henderson & Dweck，1990；Hong et al.，1998）。例如，对自己的智力高度自信的实体论者会在小升初的过渡期出现成绩明显下滑的现象（Henderson & Dweck，1990）。此外，他们还会像低自信的实体论者一样，在学业表现不佳的时候自我怀疑（他们会想“或许我不够聪明”）。

在我看来，要理解这一令人困惑的现象关键在于了解实体论的思维框架。在这种观点看来，无论多么自信，失败和困难都意味着智力不足。由于认为智力是固定的，他们看重的是不断检验和评估自己的智力，于是会

---

① 关于过分慷慨和无差别使用赞美来提升自尊的讨论参见 Damon，1995；Seligman，Reivich，Jaycox，& Gilham，1995；另见 Berglas，1990；Meyer，1982。

将失败和努力**理解为**负面事件——即使他们在一开始感觉良好。

我们在其他研究中也发现了类似的结果。例如，我们在两个研究中测量了大学生的智力理论及其对智力的自信程度，然后考察他们如何理解失败的意义（Hong et al.，1998，研究1和2）。结果都发现，对能力高度自
52 信的实体论者与低自信的实体论者一样，均将失败视为自己智力不足的反映，而增长论者很少这样想。

此外，和不自信的实体论者相比，自信的实体论者还会在事后更加"合理化"他们的失败（如怀疑令他们失败的测验的有效性），不过在那之前二者的自我怀疑程度无甚差别。

可见，更重要的不是你在某方面有多大的信心，而是在困难面前仍然保持信心和不自我防御的能力。而这，看起来对持有实体论框架的人来说尤为困难。

然而，也有许多研究表明信心是学业成就的积极预测指标。该如何理解前人结果和我们研究的不同呢？

事实上，我们的研究也同样发现，**在顺风顺水的时候**，学生对智力的信心确实能够很好地预测学业成就。如果这一学年的学业难度与之前差别不大，学生的信心与此前及下一年的优异表现均存在显著关联（MacGyvers，1993）。然而一旦考察的是困难的过渡期或充满失败的情境，就会看到信心丧失了它的预测效果（Henderson & Dweck，1990）：高自信的实体论者在退步，而低自信的增长论者则在进步。

增长论者的情况也同样有趣。我们发现信心对增长论者影响不大。信心**较低**的增长论者也不会被障碍所阻，他们甚至可能成为最追求挑战和最坚韧的群体（Bandura & Dweck，1985；Henderson & Dweck，1990；参见Hong et al.，1995）。在初中过渡阶段，他们真正获得了成长（Henderson & Dweck，1990）。在大学生中，他们也是最不会将失败归结于智力的那群人（Hong et al.，1995）。

这是非常耐人寻味的，要知道他们处于低信心组，也就是说他们在信心测验中表现出对自己智力水平的不确定。但是，当经历困难时，他们却不会推脱于智力（另见Erdley，Cain，Loomis，Dumas-Hines，& Dweck，1997）。

使这一群体如此坚韧的原因可能在于，在追求学习目标时，对现有能力的信心没有那么重要。毕竟你是在寻求能力的提升，而不是证明已有的能力水平。相反，对于现有能力的谦逊态度反而可能激发人们不断进取的渴望。

这些结果——自信的实体论者脆弱，而低自信的增长论者坚韧——再次说明两种框架为学生所经历的事件赋予了不同的意义。在实体论的评判取向框架下，失败是对智力的审判，甚至对于对智力高度自信的学生而言同样如此。而在增长论的学习取向框架下，失败不影响深层次自我，反而可以提供关于如何调整学习策略的信息，这使那些自我怀疑的学生也可以受益。 53

不过，虽然信心在实体论框架下不甚靠谱，在增长论框架中也并非必需，但仍然很难不认为信心是一个值得拥有的好东西。确实，有信心总比没信心好。但是，信心绝不是人们以为的灵丹妙药。

接下来让我们转向另一个有关的问题——成功能够带来适应性信念和应对失败的有效反应吗？

❈ 成功能塑造掌握定向反应吗？

与“有信心就能赢”的信念类似，另一个说法是“持续的成功体验带来最终的成功”。它认为，如果学生拥有取得成功的经验，就会对能力有足够的信心，从而战胜挑战。

直觉上来看非常有道理。毕竟，曾经成功的学生相信自己能够做到，这样的觉知促使他们表现得更好；而那些屡遭打击的学生在遇到困难时更容易失去信心，因为他们知道凭自己的能力可能很难解决问题。

案例：聪慧的女孩们

然而，我们的研究发现，过往成功史最丰富的学生往往是最脆弱的，且她们常常是聪慧的女孩子。

这些女孩在小学多是遥遥领先的佼佼者。更重要的是，即使社会存在女性无须太有成就或女孩太聪明不合时宜的偏见，这种情况依然普遍。这并不是说女孩们没有接收到任何负面的社会信息，而是小学就是聪明女孩们的舞台，她们的表现异常闪耀。

这些聪颖的女孩看起来相当自信，对学业要求非常配合，老师们可能不会认为她们脆弱。这是因为这些女孩可以轻松地掌握小学阶段考察的知识。然而，你马上就会看到，她们并不希望面对挑战（Licht & Shapiro，1982）。在困难和阻碍面前，她们责备自己的能力，并陷入无助模式（Licht & Dweck，1984a，b；Licht，Linden，Brown，& Sexton，1984；Licht & Shapiro，1982；参照 Cramer & Oshima，1992）。虽然并不是在每一项研究中都如此，但这一现象已经被反复发现。

聪明女孩们的理论与目标　艾伦·莱格特和我在研究中测量了学生的
54 智力理论，然后通过给予他们一系列任务来测量目标选择（参见 Dweck & Leggett，1988；Leggett，1985）。这项研究的对象是八年级（初二）学生，虽然此处我们主要关注小学生，但依然对从中发现的性别差异感到惊讶。

首先，女孩持有智力实体论的可能性远远高于男孩。

其次，在持实体论的学生中，女孩选择无挑战任务的可能性远高于男孩。几乎**所有**持实体论的女孩都选择了“简单到我不会犯错”的表现目标任务，而很少有男孩选择这一项。

芭芭拉·利希特也对该现象进行了一系列研究，发现聪明的女孩们不喜欢智力性的挑战。例如，其中一项研究以五年级学生为对象，发现聪明女孩们明确报告偏爱确定自己能做好的任务，与之相反，聪明男孩们喜欢需要努力才能掌握的任务（Licht & Shapiro，1982）。

聪明女孩们的无助反应　在利希特和我的研究中，我们第一次意识到聪明的女孩们要比成绩差的女孩们更加脆弱（Licht & Dweck，1984a）。我们教授给小学生一些心理学知识，一半学生的教学手册在开篇不久设置了一个难以理解的段落。接下来我们关注这个段落如何影响学生对材料的掌握程度，即学习一开头就碰到的困扰会否阻碍学生后来的学习。

我们还掌握了学生们的智力测验分数，于是可以分析他们的学习表现与其实际智力水平的关系。我们假设智商分数可以预测学生现有的技能以及与已经学过的内容接近的技能。如果是这样的话，我们会看到智商分数与材料掌握程度呈正相关，也就是说，学生的智商越高，对学习材料的掌握就越好。

这一点在男孩身上得到了验证。在遇到挑战时，智商越高的男孩材料掌握得越好。

但是，当女孩看到迷惑性段落时，结果恰恰**相反**。可能有点令人难以置信，但是结果还是表明，女孩的智商越高，就越难以掌握学习材料。高智商的女孩比低智商的女孩表现更差。这意味着，聪明的女孩在遇到困难挑战的时候被甩在了后面，她们的成绩甚至还不如没她们聪明的同伴。①

利希特和她的同事们进行的另一项研究也证明了聪明女孩们会产生无助反应（Licht，Linden，Brown，& Sexton，1984）。该研究获取了小学生们的学业等级（A、B、C 和 D），然后给他们一个此前提到过的任务（解决一系列先易后难的问题，即先取得成功然后遇到困难），最后分析学生从成功问题到失败问题的表现变化，以探究哪个组出现下降，哪个组出现提升。

结果发现，和其他组相比，过往成就高（获得 A）的女孩表现出最多的无助反应。在从成功转向失败时，她们的策略有效性大幅下滑，相反， 55
过往成就高的男孩表现最好。

聪明女孩们不知道她们聪明吗？ 我们该如何理解这些聪明的女孩呢？难道她们不知道自己已经很聪明和成功了吗？她们当然知道，但这是有限定的，在不断进行自我评判的思维框架下，她们觉得自己只是做得和上次成功时一样而已（参见 Pomerantz & Ruble，1998；Ruble，Greulich，Pomerantz，& Gochberg，1993）。假使生活是一所大型小学，呈现给她们的任务都是安全和容易掌握的，那就不会有任何问题。②

然而，随着年级的上升，游戏规则将发生剧变，敢于冒险和坚持到底的人越来越受到青睐，而那些聪明的女孩将开始处于劣势。例如，研究发

① 没有看到迷惑性段落的高智商女孩们表现得很出色，比其他女孩都更好。

② 这也可能是因为聪明女孩在小学阶段取得的成功产生了反效果。她们也许习惯了用完美来定义自己，因而任何不足都是缺陷，任何低于优异的表现对于她们来说可能都是威胁和自我怀疑的来源。换句话说，她们使用了一个自我评判的思维框架，在这个框架里，只有近乎完美的表现才能让她们觉得自己聪明（参见 Blatt，1995；参照 Pomerantz & Ruble，1998）。

现，数学成绩上的性别差异在初高中开始显现，时间节点一般是开始学习新的数学分支（如几何）时，而表现出差异的往往是聪明的女孩们（Astin，1974；Fox，1976），她们成了落后于同等智力水平男孩的那些人。

从我们的研究中可以清晰地看到，向女孩们强调她们的成功历史，给她们鼓励，扫除社会偏见，这些很重要，但远远不够。最需要打破的是这些女孩所持的思维框架，这个框架令她们认为挑战是一种威胁、错误是一种谴责。

也就是说，聪明也好，成功经历也好，均不能保证以掌握定向的方式应对挑战。

那么，如果向那些成就不高同时还很脆弱的学生证明他们可以获得成功会怎么样？这能帮他们变得更坚韧和更掌握定向吗？我早期的一项研究直接回答了这个问题。

成功训练的作用

我在这项研究中首先识别出了一些在失败面前表现出强烈无助反应的小学生（Dweck，1975）。他们不仅在失败时责备自己的能力，还遭受了严重的身心创伤。他们中的一些人对失败极其敏感，好几天都无法恢复到失败前的状态。老师们也同意这些学生对挑战相当警觉并容易被失败弄得筋疲力尽。

为了获得基线，我仔细测量了学生对困难的反应。我每天提供给他们一些数学问题直到他们的表现变得相对稳定，然后在接下来的某一天，我在其中插入一些更有难度的问题，接着关注他们的表现将发生怎样的变化。结果发现，虽然同类的问题他们已经做了好几天，但几乎所有的学生都在难题出现之后花费了更多的时间去解决后几天的问题，甚至还有人没能成功完成。

56 接下来我将学生分为两个各方面情况等同的小组，给予他们不同的训练任务。共包含 25 次，在中期和结束时会检测他们应对困难能力的变化。

其中一个小组接受的是成功训练，即通过提供反复的成功经验来看这能否帮助学生建立起对成功的预期并使之更好地应对潜在的失败。每次训练时他们要完成15个限时解数学题的任务。有时限无疑更具挑战性，使任务具有一定趣味性，也令成功更具意义感。从学生的角度来看，他们也对这样的成功体验感到满意。

另一个组接受的则是关于如何理解失败的训练，称为“归因再训练”（attribution retraining），从中可以学习到解释失败的新方式。每次训练也包含15个任务，但有2～3次是肯定会失败的。这时他们会被要求停下来并展示他们还需要做多少个才能成功，比如：“你需要完成6个，但现在只完成了5个，这意味着你还需要更加努力。”

也就是说，他们的失败被解释为努力不够而不是能力不足。这些学生本来在失败时会责备自己的能力，而现在我们引导他们关注努力。

为了使反馈更可信，我设置了学生只差1～2个问题就可以达到要求，并且确保在训练结束时他们能够解答所要求的最高题量。（这里的关键是不要让学生认为你只是随口说说要他们努力而使反馈信息被置之不理。）

在整个训练期的中间和结束时，我让学生们重新经历一次基线时的任务以便比较两种干预的效果。也就是说，我重新通过几天建立起他们对一类数学问题的稳定表现，然后插入明显更难的问题。此时，失败对他们的后续表现会有怎样的影响呢？

在训练中期，接受成功训练的小组没有发生实质改变。也就是说，相比之前，他们应对失败的能力并没有显著提升。但是，接受归因再训练（即赋予失败以新的意义）的小组表现出实质性的改变：在失败面前，他们成绩受影响的程度明显变小。

在训练结束时，成功训练组的表现仍然没有任何提升，他们中的一些人甚至比一开始还**更加**容易受到失败的影响。因为这个小组的学生没有赋予失败以新的意义，他们仍然认为失败源自能力的欠缺。正因为他们相当成功，失败就更成了缺乏能力的体现，故而对他们打击巨大。

相反，归因再训练组得到了很大的提升，他们中很多人在遭遇失败之
后的表现比之前**更加**出色，他们的反应很像掌握定向反应，如在经历失败 57
时自发地指导自己更加努力。

更有趣的是，这些学生的老师告诉我们他们在班级中也有变化。老师

们并不知道哪个学生接受了哪一种训练，他们希望反馈给我所有学生的情况，但我发现他们会给接受了归因再训练的学生更多积极的评价。

他们告诉我，一些曾经不愿意多做作业的学生现在主动要求完成更多的作业，这些学生还会更加合理地决定要不要坚持，在需要的时候适时寻求帮助而不是直接放弃。同时，虽然老师们很想对所有参加训练的学生都给出积极反馈，但他们没能观察到成功训练组学生有什么可观的变化。

也就是说，虽然在成功过程中表现出了自信和乐观，但成功训练没能帮助学生应对失败。他们仍将失败视为对能力的审判，并回应以明显的无助反应。相反，训练学生赋予失败以新的意义可以帮助他们更为有效地应对失败，这些学生开始变得掌握定向。（有关后来的归因再训练研究，参见 Andrews & Debus，1978；Chapin & Dyck，1976；Fowler & Peterson，1981。另见 Anderson & Jennings，1980；Schunk，1982。对社会技能的归因再训练，参见 Hudley & Graham，1993；另见 Anderson，1983。）

这些结果告诉我们，表现出无助反应的学生并不是简单地缺少成功体验或缺乏信心。我们再次发现他们的思维框架将失败视为对自我的质疑，这才是关键。如果不改变旧有框架，成功和信心对于学生来说意义不大。它们也许能让学生在短期内感觉良好，但长远来看并不能让他们真正提升。

总结一下在这章我们知道了些什么。当学生持有实体论时，信心和成功是不够的。信心和成功并不能激发对挑战的渴望与面对失败时应有的韧性。成功固然好，成功也确实能够带来动力，但只要还在实体论框架下，脆弱性就始终存在。

然而，人们却在培养和教育孩子过程中花费大量精力提供实体论框架下的成功和信心。我们向孩子们证明他们是聪明的，因为相信这能让他们感觉良好并发挥潜能。其实我们可以给孩子提供更有价值的信息，如告诉他们聪明意味着什么以及如何变得更聪明。

更重要的是，学生所需要的信心**并不**关乎智力，比如不是相信自己有
58 多聪明或比其他人更聪明，而是相信他们以及**所有人**都能够通过努力和策略来完成学习。

第九章 智商重要吗?

❖ 智商分数代表什么?

几年前我读过一个故事：一位杰出的科学家获得了诺贝尔奖，几年后他偶然得知了自己的智商分数。他不知从哪里拿到了早年的成绩单，上面记录了他的智商。让他备感震惊的是，这个分数太低了，低到绝不可能让他获得现在的成就，也没人会相信这种智商的人能取得他现在的突破性发现。这个科学家自己也坦承，如果早就知道这个智商分数，他可能不会妄想从事现在的科学事业。

对于这个故事，很多人的第一反应是那个智商测验出了问题，它一定错误地评估了科学家的真实智力。是这样吗？可能是，也可能不是。也许测验准确测量了他当时的智力水平，或者至少准确测量了智商测验想要测量的内容，但这种通过现在的智力来反映未来的潜能、通过现在可以做什么来预测未来能够做什么的想法本身就是一种谬论（Ceci，1990；Resnick，1983；Sternberg，1985，1990）。

智商测验的发明者阿尔弗雷德·比奈最清楚这一点（Binet，1909/1973）。他发明智商测验并不是为了测量儿童固定的智力实体，而是想识别出在巴黎公立学校中哪些孩子适应不良，然后通过一些干预方法去帮助他们走上正轨，实现智力的蓬勃发展。他完全没有假设这些孩子存在不可逆的缺陷，而是认为他们的智力可以通过恰当的教育过程获得成长。由此可见，比奈是一个不折不扣的增长论者。

❈ 潜能可以测量吗？

人们会马上怀疑科学家的天赋被错误地测量了，说明人们普遍认为后来表现出的心理力量一定在很久以前就一直存在。

60 然而反例太多了，比如运动领域就数不胜数，很多人并不具备必要的天资，却仍取得了非凡的成就。

比如田径运动员格伦·坎宁安（Glenn Cunningham），他小时候在一场大火中失去了部分脚掌，并被告知可能永远无法走路，然而多年后他在赛场上屡破纪录。

再比如皮特·格雷（Pete Gray），他只有一只胳膊，却出人意料地成为棒球大联盟的职业球员。

很显然，他们的身体禀赋并没有被误诊，格伦·坎宁安确实没有一只完整的脚，皮特·格雷也没有第二只胳膊，这些都是事实。

那么，为什么我们还会觉得必须有智力才能成功呢？为什么还会坚持测量智力并用它来预测潜能呢？为什么不能接受技能可以培养、能力能够提高的观点呢？

智力方面的潜能可以测量吗？答案是不能。我们可以评估一个人现在能做什么，也可以以此来**尝试**预测其未来可能做到什么，但并不能真正地测量潜能本身。除此之外，预测也可能出现很大的误差。用之前的智商分数来预测当下的学业成绩经常出错，而如果想要预测人生的成功，智商的作用将微乎其微（参见 Sternberg，1985）。

人们经常斤斤计较于某群体比另一群体平均智商高 5 分或 10 分，这有意义吗？只有在这种计较能够鞭策我们为更好的教育质量而奋斗时，它才有意义。如果只是把它作为某个群体所具有的潜能或者取得成功可能性的指标，就毫无意义了（参见 Baron & Sternberg，1987；Brown，1997；Brown & Campione，1996；Ceci & Williams，1997；Howard，1995；Hunt，1972，1979；Nickerson，Perkins，& Smith，1985；Pintrich，McKeachie，& Lin，

1987；Resnick，1983；Sternberg，1985，1990，1997；Weinstein & Mayer，1986）。

※ 智力到底是什么?

我们通篇都在关注那些相信智力固定的学生，并将他们与相信智力可塑的学生相比较。然而，他们认为的智力到底是什么？实体论者和增长论者所说的智力是一回事吗？

我们当然没法在这里回答智力**到底**是什么，这个问题至今没有统一的答案。过去几十年里，不管是社会上还是心理学界都曾针对该问题进行过激烈的争论（参见 Sternberg & Jensen，1992）。一些心理学家尝试排除所有的人格和动机因素，分离出纯粹的智力（如 Jensen，1969），其他人则认为动机是智力的重要成分，也是智力充分发挥功能的必要因素［如 Wechsler，1974（他开发了使用最为广泛的智力测试）］。

此外还存在文化差异，亚洲人远比美国人认同努力是智力不可或缺的主要部分（如 Stevenson，Lee，Chen，Stigler，Hsu，& Kitamura，1990）。

那么实体论者和增长论者是怎么想的呢？二者除了在智力的可塑性上 *61*
存在分歧外，他们对智力本身是否也持有不同意见？事实确实如此。

在一项研究中（Mueller & Dweck，1997），我们询问了大学生关于智力的定义。结果发现，首先，实体论者比增长论者更倾向于将智力定义为一个人的内在能力或潜能，而增长论者更倾向于将智力定义为一个人所具有的技能和知识。

其次，许多实体论者明确地将努力或动机等可以提高智力的因素排除在智力之外，而许多增长论者则坚定地将努力和动机看作智力整体的一部分。

下面是一些实体论者在完成“我将智力定义为……”这个问题时的回答示例：

- 与生俱来的学习和评估复杂问题的能力。我不认为这能从书本中学到。

- 通过少的努力获得大的收获的能力。
- 每个人一生下来就存在的（水平不一的）问题解决、分析和创新的能力。因此努力不会影响基本的智力。
- 一种与生俱来的东西。一个人可以通过上学变得（在学业上）有教养，但是别想变得更聪明！

相反，增长论者是这样回答这个问题的：

- 一个人拥有的知识总量以及他如何使用这些知识。
- 你对一件事情付出的努力，以及去学习和为了掌握它做任何事情的意愿。
- 那些知道如何努力工作和着手实现目标的人。
- 理解和思考而不是仅仅模仿事物的能力。智力应该关乎向世界和新事物开放自己的努力。

在询问五年级学生如何定义智力时，我们得到了同样有趣的结果（Mueller & Dweck，1998）。实体论者告诉我们智力只跟聪明或智商有关：

- 你的智商分数是多少或者你有多聪明。
- 就是你有多聪明。
- 非常聪明或机智。

增长论者则再一次将重点放在了知识和努力上：

- 就是你所知道的东西。
62
- 你认识问题的程度以及找出错误的能力。
- 尽自己最大的努力。
- 努力学习。
- 你有多努力地工作。

我们还让大学生完成如下等式（Mueller & Dweck，1997）：

智力 =______% 的努力 + ______% 的能力

实体论者和增长论者给出了很不一样的答案。从本质上来说，这个等式暗示着努力和能力两个因素都是智力的组成部分，因此每个人都在上面填写了数值。但是，增长论者将更大的比重放在了努力上，对他们而言智力大部分是努力。他们给出的等式平均下来是这样的：

智力 =65% 的努力 +35% 的能力

相反，实体论者将更大的比重放在了能力上。他们给出的比例相反：

智力 =35% 的努力 +65% 的能力

这些发现进一步阐明了学生的智力理论。那些相信智力是固定特质的人同时也会认为智力由一些天生的能力组成，而那些相信智力是可塑造特质的人则更多将智力定义为我所知道的、我能做的以及我有多努力地去尝试，比起天生的能力，这些更在个人掌控之下。

❈ 谁更聪明：勤奋的还是不勤奋的？

前面我们讨论过努力的意义，所以你可能能猜到增长论者和实体论者对这个问题的回答。我们在一些研究中让学生判断他人的智力，发现增长论者更认为努力是评判智力的重要因素。

在其中一项研究中，我们让大学生想象他们将决定谁可以参加一个高中的精英荣誉项目（Mueller & Dweck，1997）。我们提供了一些候选人让他们评分，其中一些人大学入学考试分数（很多人认为这可以反映智力水平）很高，但平时学习不够努力，所以高中整体成绩等级并不高。而另一些人则相反，大学入学考试成绩不太高，但通过平时的勤奋学习获得了高等级的高中成绩。

结果发现实体论者和增长论者所做的决策非常不同。实体论者偏爱招收“高能力”的学生，即使他们的高中整体成绩一般；而增长论者更支持 63
那些通过日常勤奋取得好成绩的人，即便他们的入学考试分数不高。也就是说，实体论者似乎更在乎一次考试中展现出来的能力，而增长论者更关心在学习过程中取得的成就。

在另一项研究中，大学生被告知：“学生 A 和 B 在一次考试中分别排名第 1 和第 10。学生 A 很勤奋，每周都会学习老师教授的内容；而学生 B 只在考试前才学习。”（Hong et al. ，1998，研究 4）然后他们被要求评定哪个学生更聪明。这个问题和我在本章一开始提出的有关努力的问题很相似。结果发现，实体论者比增长论者更认为最后一分钟学习的学生 B 才是更聪明的学生，也就是说不努力还可以表现得好就是所谓的聪明。

这些结论再次告诉我们，相比实体论者，增长论者更把努力视为智力的重要成分，而对于实体论者来说，天生的能力更加重要。

总而言之，学生们的智力理论与其对智力的定义看起来紧密相关。当智力被认为与技能、知识和努力有关时，人们也就更认同智力是可塑的，就像比奈所相信的一样。

这本书的目的不在于回答智力是什么，而在于探讨用什么方式来看待智力最为有效，以及采纳不同的思维框架将带来什么。我认为，我们的研究结果已经清楚地说明了这些问题。

第十章 64
内隐理论影响社会性应对

我们已经看到有关智力的内隐理论如何带来不同的结果。但智力不是人类唯一的特征，还有人格和其他社会性特质对个体来说也很重要。

人们会否对这些特质也持有不同的内隐理论？比如，一些人认为人格是固定的，而另一些人认为人格是可塑的？这种差异也会带来和智力理论类似的结果吗？我们对此非常感兴趣。

❖ 社会情境中的无助和掌握定向模式

多年前，特雷瑟·戈茨（Therese Goetz）和我发现，一些孩子在遭受社会拒绝时会表现出无助反应，而另一些孩子则表现出掌握定向反应，且这两种模式和学生在成就任务中的反应模式非常类似（Goetz & Dweck，1980）。让我们先来看看这两种模式，然后再把它们与内隐理论及目标联系起来。

我们在研究中创造了一个情境，让四、五年级的学生参与一个笔友俱乐部的选拔。这个场景是完全真实的，所有孩子真的会被匹配一个来自其他地方的笔友。为了申请加入这个俱乐部，孩子们要给笔友写一封样信。为了帮助他们，我们列出了一系列可能写在信里的要点，其中包括他们可能问到的各种问题，以及想传达的关于自己的信息，如家庭、学校、喜欢的活动等。每个学生还有一次机会去做一些笔记和练习一下写信。 65

孩子们写好后，我们会把信收走并号称送去笔友俱乐部的一位代表那里进行评估。一会儿之后，孩子们被告知这个代表不太确定他们能否参加俱乐部，建议他们再尝试一次。我们尽可能让这个反馈看起来温和且令人鼓舞，但如果有孩子表现得非常沮丧，我们会立刻改口说他们被接收了，如果他们看起来还好，就要给同一个人写第二封信，之后当然会获得热情的接纳。

我们分析了学生们写的第二封信，并将之与第一封信比较，以此观察他们对暂时的拒绝做何反应。研究中的所有学生都表示自己想要一个笔友。那么，他们该为此做些什么呢？如果第一封信效果不好，显然必须在第二封上做些修改。因此我们会对比第一封信，看孩子们在第二封信上进行了多大程度的修改，特别是提供了多少新的信息。

结果发现，有一些孩子再次提交了内容完全相同的信，而另一些孩子做出了大量修改，如加入了自我表露的内容和明确的友好提议（“我想成为你的朋友”）。请注意这两拨孩子所写的原始信件的长度和质量没什么差别，但他们对社会性挫折的反应却如此不同。

更重要的是，和在学业情境中一样，这些反应与孩子们对拒绝的归因紧密相关。表现出强烈不适反应的学生正是那些将社会拒绝归因于自身人格的人，如自己本就不擅长结交朋友和维持友谊（参见 Anderson，1983），这种反应与将学业失败归结于能力不足的孩子的无助反应如出一辙。相反，那些表现出掌握定向反应的孩子，其归因方式更加多样。遗憾的是，本研究没有将努力归因纳入在选项里，因此我们不敢说掌握定向反应与努力归因的关联最强，但接下来的研究考察了这一点。

❖ 社会性目标

既然社会情境中的无助反应看起来和成就情境中类似，那么表现或学习目标是否也会在社会情境中扮演同样的角色？接下来的研究就将告诉我们，孩子的社会性目标能否塑造出无助和掌握定向反应（Erdley et al.，1997，研究 1）。

与上面的研究一样，四、五年级的学生参加一个笔友俱乐部的选拔，
66 但这次在他们写信之前会先看到一段强调表现目标或是学习目标的指导语

（两组人数各半）。表现目标组的学生被告知，笔友选拔会给他们一次结交新朋友的机会，同时也是一次展示他们社交能力的测试：

> 请注意，我们想要考察你有多擅长交朋友，同时也请把它当作一次评估自己有多擅长交朋友的测试。

学习目标组的学生则被告知这次选拔能够给他们一次交新朋友的机会，同时也是一个提高社交技能的机会：

> 请注意，这会给你提供练习和改善交友方式的机会，所以也请把它看作一次运用技能并可能学到新技能的机会。

随后学生们写信并收到暂时而温和的拒绝（同样是代表不确定要不要录取）以及再次尝试的鼓励。接着他们写第二封信。研究问题是两组会否对这个挫折做出不同的反应。表现目标组是否更容易受到影响而表现出无助反应？学习目标组会否像学业情境中（如 Elliott & Dweck，1988）一样展现出更多的掌握定向反应？

结果发现，两组在挫折之后的行为表现和对挫折的归因方式截然不同。

首先，虽然两组在第一封信的长度、质量和基本内容上没有显著差异，但第二封信却非常不同：相比学习目标组，表现目标组写进去的信息种类更少，长度也更短。

具体来说，表现目标组减少了他们原本愿意表露的与自己有关的信息。相反，学习目标组的学生不仅愿意继续表露自己，还表达了更多的积极情绪（如“我喜欢认识新朋友”“我真的喜欢和你交流”）。也就是说，表现目标组的第二封信变得更加保守和没个性，而学习目标组的信件内容更加丰富，包含更多的自我表露信息，也体现出积极的开放心态。简而言之，那些持有学习目标的孩子在面对挫折时会更以建设性及掌握定向的姿态进行应对。

在给予了学生笔友俱乐部的接纳反馈后，我们询问了他们对于此前挫折的归因方式。研究者问他们刚才听到代表不太确定的回复时想到了什么，然后给他们一些选项（“这让我怀疑我是不是一个让人喜欢的人？我

67 是不是不擅长交朋友？我们是不是太不一样了？我是不是还不够努力？”)，孩子们回答在多大程度上考虑过以上想法。结果发现，学习目标组的学生远比表现目标组更加认可努力这一选项（即怀疑他们是否还不够努力）。因此，对于学习目标组而言，掌握定向的行为模式还伴随着对努力的强调。

两组学生还在另一个选项中存在不同。表现目标组的学生更倾向于选择不匹配这一归因（“我们是不是太不一样了？”）。尽管这种归因没有责备自己，但不匹配是一件不容易改变的事情。它不太可能被进一步的行动所扭转，因此也不太可能促进后续的坚持。

总之，当在社会情境中关注学习目标（练习和提高社会技能）时，相比于关注表现目标（评估社会技能），学生在拒绝面前表现出更多的掌握定向反应。也就是说，不同的目标直接导致了不同的反应。这些结果与学业情境中的发现一致，并引导了我们进一步的研究。①

❖ 人格理论

接下来将探究学生的目标是否与他们持有的人格理论有关。持固定人格信念会否导致人们在社会情境中关注自己如何被评价，也就是验证自我？而持可塑人格信念会否引导人们寻求能有所成长的社会情境，也就是更加关注发展自我和促进人际关系？

我们在两个研究中探讨了这些问题，对象分别是小学高年级学生（Erdley et al.，1997，研究2）和大学生（Kamins，Morris，& Dweck，1996）。在其中，我们均测量了学生的人格理论和社会性目标，然后分析它们是否存在关联。

在第一个研究中，我们询问学生对一些陈述的看法来测量他们的人格理论，这些陈述如：“你的人格是确定的、很难改变的。”或者：“你具有

① 有关社会性目标影响适应性功能的其他研究参见 Erdley，1996；Renshaw & Asher，1983；Wentzel，1996。

的人格的好坏是你无法决定和改变的。”如同智力一样，同意这种固定观念的个体称为实体论者，不同意这些观点的个体是增长论者。①

接下来我们设置了6个假想的社会情境，用来测量学生的社会性目标。每个情境都涉及一个决策，如邀请哪个孩子来参加生日聚会，在吃午饭时和一个新同学说些什么，或者给哪个孩子送礼物。针对每一个情境会列出三类目标，请学生对想要实现它们的程度进行评定。第一类目标与学习或 68
发展人际关系有关（例如，邀请想要进一步了解的孩子参加聚会，真诚地交谈你感兴趣的事物同时探索对方感兴趣的东西，给你想要进一步了解的孩子制作礼物）。

第二类目标是存在高风险的表现目标，达成它们会让孩子们获得地位和赞许（例如，邀请班上最受欢迎的孩子参加聚会，和你所有的朋友聊天以给新同学留下你很受欢迎的印象，给最受欢迎的孩子制作礼物以期他能向你回礼）。

第三类是风险较低的表现目标，其中被拒绝的可能性很小（例如，邀请确定会答应的孩子来参加聚会，谈论新同学一定感兴趣并肯定会让他喜欢你的内容，为一定会送给你礼物的人制作礼物）。

持不同人格理论的学生会选择哪类目标呢？首先，每个人都说他们非常想要发展新关系，也就是学习目标。原因可能是我们提供的选项只描述了其吸引力而没有提到潜在的风险。比如我们之前研究的成就情境中的学习目标就涉及风险，即可能会犯错导致看起来不够聪明，而在这里忽略了这一点，致使这个学习目标看上去全是好处，也就获得了所有学生的高度认同。

不过实体论者和增长论者在选择表现目标时就相当不同了。相比认为人格可塑的学生，相信人格固定的学生会对自我确认更感兴趣，也就是更关注寻求地位和避免拒绝，且这一现象在低风险的表现目标中尤为明显。

---

① 有趣的是，有部分学生对于智力的内隐理论和他们对于人格的内隐理论是一致的，也有不少人是不同的。这也就是我此前提到过的，有人会认为智力是固定的但人格是可塑的，或者人格是固定的但智力是可塑的。人格内隐理论（Implicit Theories of Personality）的测量参见附录。

也就是说，和增长论者相比，实体论者尤其热衷于确保自己被他人所接纳并规避被拒绝或受到消极评论的风险。

在前面提到过的笔友选拔研究（Erdley et al.，1997，研究 1）中，我们也测量了学生的人格内隐理论，于是可以分析人格实体论者和增长论者的归因方式是否不同。在解释失败原因时，持有实体论的学生比增长论者明显更多归结于自己社交能力的缺乏（“我是不是不擅长交朋友?”）。所以就像在智力领域一样，持有人格实体论的学生也倾向于将挫败归罪于自己。

这就意味着，我们建立的模型不仅可以用来解释在遭遇成就情境失败时的无助反应，还可以解释面对社会情境时的无助反应。相信人格固定的学生更可能选择表现目标，而表现目标又让他们在被拒绝时更加脆弱。

69

❖ 内隐理论预测亲密关系中的目标

在接下来的研究中，我们以大学生为对象（Kamins，Morris，& Dweck，1996），关注他们在亲密关系中的表现目标和学习目标。我们推论一些人希望在亲密关系中被肯定和确认，而另一些人则希望接受挑战并成长，即使这意味着不得不承认自己的弱点。基于此，我们检验了持有不同的自我理论的学生会否在亲密关系中抱有不同的目标。

我们在目标问卷中说：“我们对学生如何看待自己的浪漫关系感兴趣。请评估以下内容在你关系中的重要性。”然后列举了 16 个条目，一半关注自我确认（表现目标），另一半关注自我成长（学习目标）。前者如“崇拜我”“认为我很完美”“能够让父母高看我”“让我在同学中有面子”“让我看上去很酷”，后者如“能鼓励我改正缺点”“能激励我成长”“让我明白应该为什么而努力”“能给我理解他人的经验”“能促使我正视并纠正错误”。

基于在另一个研究中的测量，我们将学生区分为实体论者和增长论者。这里我们关心的是整体，也就是说不涉及某个具体的属性，而是针对整体自我的内隐理论。题目如：“令我成为我的那些东西是非常基本的，很难被改变。”“我可以做很多不同的事情，但是定义我是谁的那些关键部分很难被改变。”“我就是这类人，这一点很难改变。”

之所以不聚焦于某一特定的自我属性（如智力或人格）而是关心整个自我，是因为在真实的浪漫关系里就是这样，个体在其中寻求的自我确认或自我成长是方方面面的，也许是品质，也许是人格，或者众多其他领域的技能。

我们发现，实体论者和增长论者对两类目标的支持程度表现出明显差异。尽管他们对两类目标均表示认同，但程度不一。持有自我实体论的学生比增长论学生对从恋人那里获得认可更有兴趣，而后者对如何在关系中得到成长更有兴趣。

这是不是因为两组的自尊存在差异呢？或许是实体论者自尊更低故而对能够令自己感觉良好的关系有着更强烈的需要，相反也许增长论者的自 70
尊更高所以更能从伴侣的批评中获益？然而和此前在智力与成就关系研究中看到的一样，自尊并未发挥显著的作用，这个研究中实体论者和增长论者的自尊水平也不存在差异。

那么又会否是因为其中一组想通过选择受社会赞许的选项以使自己看起来更好，而另一组则更为诚实呢？为了检验这种可能性，我们还施测了社会赞许性问卷（social desirability questionnaire；Paulhus，1984），其中呈现了一些每个人或多或少都会有的行为或感受，要求学生报告他们的情况，例如：“选举时我有时会给不太了解的候选人投票。”“我会在海关申报所有东西，即使知道不申报也不会被发现。”“即使对待很难相处的人，我也很有礼貌。”“我有时候会因为别人找我帮忙而生气。”

假使人们在少量条目中表现积极，那没有问题，但如果他们一直否认自己想过或做过一些消极的事情，就变得可疑了，我们就有理由怀疑他们在其他条目上的回答也不可靠。然而，实体论者和增长论者在这个问卷上的得分没有差异，这说明他们对浪漫关系中目标的报告也是可信的。

总结而言，一方面，自我确认和自我成长不是相斥的，两组学生都会在某种程度上认同这两类目标；但另一方面，如我们所料，对自我持实体论的人更加关心通过亲密关系来确认自我——肯定自我价值并提升自己在他人眼中的形象，相反，那些对自我持增长论的人则更感兴趣于拥有一段能促进未来发展的关系。

❖ 内隐理论对现实关系的影响

我的实验室尚未探讨过内隐理论如何影响人们在现实关系中的动机与行为。不过雷蒙德·尼（C. Raymond Knee）在罗切斯特大学进行的一项以恋爱中的大学生为对象的研究（Knee，1998）弥补了这个缺憾。

到目前为止，我们已经介绍了关于智力、人格以及整体自我的内隐理论及其作用，而在这个研究中测量的是人们关于关系的内隐理论（Knee，1998）。研究者推论有的人可能持有一种关系是稳固不变的观点，即关系
71 如何是注定的，要么好要么不好，称为**宿命**（destiny）信念。

而另一些人可能持有一种关系是可塑变化的看法，即关系可以通过努力和不断解决冲突而获得发展，称为**成长**（growth）信念。

尼（1998）预测，持强烈宿命信念的人会快速考验伴侣，然后做出评判，一旦结论是负面的，就立马放弃，去寻找下一个伴侣。相反，持强烈成长信念的人会对亲密关系抱有更高的承诺和更长远的考量。他还预测宿命信念得分高的个体会在事情变糟时远离或逃避关系（无助反应），而成长信念得分高的个体则会采取更加主动和掌握定向的方式应对困难，以解决问题并从经验中学习。

为了验证这些想法，尼（1998）首次开发了一个量表来测量宿命（固定）和成长（可塑）信念。其中，测量宿命信念的条目如："人们能不能在一起都是命中注定的。""关系如果一开始不顺利最后肯定会失败。"测量成长信念的条目如："一段成功的关系是通过努力维持和解决不合发展而来的。""关系中的挑战和障碍可以让爱变得更浓。"当然，人们可以同时认可这两种信念，他们可以认为人与人一开始相处必须有某种契合，而随着时间推移还需要一些学习和成长。许多人确实是这样认为的，但你应该仍想知道，究竟是宿命信念还是成长信念能预测关系的后续发展。

尼（1998）随后招募了处在浪漫关系中的大学生被试，对他们进行了6个月的追踪。他发现正如预测的一样，有着强烈成长信念的人会以一种

更具承诺也更长远的方式来约会，他们的一夜情也更少。更重要的是，相比那些成长信念较弱的人，他们和某个特定伴侣的约会时间更长。另外，也和预测的一样，持有较强宿命信念的学生快速考验伴侣，如果发现关系有所欠缺就会放弃。也就是说，当宿命论者报告的关系最初满意度较低时，这段关系很快就会结束。

接下来，这两种信念可以预测人们应对关系中挫折或压力的方式吗？为了回答这个问题，尼（1998）让学生描述本学期经历的最大压力事件，然后报告他们的应对策略（Carver，Scheier，& Weintraub，1989）。结果有三分之一的学生报告他们最有压力的事件与亲密关系有关，比如和伴侣有严重的争执，或者发现伴侣欺骗了自己。通过分析他们的应对策略，发现在面对消极事件时，持较强宿命信念的学生更可能选择分手或回避问题，他们还会减少为解决问题而付出的努力，并以此作为一种应对压力的方式。

相反，持成长信念的人会采用更加积极的应对方式来解决问题、增强 72
关系、促进个人成长。他们集中精力制订行动计划，努力解决问题，并尝试从这段经历中学习和成长。

总之，这个研究检验了内隐理论在亲密关系中的作用，并有效证明了持有固定或可塑关系理论的人会以不同方式处理他们的关系及应对关系中的挫折和挑战。

现在可以说，我们最初发展的用以理解学生在学业成就情境中如何思考、感受和行动的理论，也能有效帮助理解人们在社会关系中如何思考、感受及行动。这些观点可以解释学业上的成功和失败，也可以解释关系中的成功和失败。

73

第十一章 评判与标签化他人：内隐理论的另一个作用

我们有可能极其快速地了解一个人吗？人们的行为能够反映他们内在的智力水平和人格特征吗？换句话说，每个人的基本自我都会经由行为展现在他人面前吗？如果答案是肯定的，那就意味着，我们可以通过观察他人迅速地知道谁比其他人更聪明，谁比其他人更道德（例如，参见 Baron & Misovich，1993）。

还是说，人的特质太过多变，以至于我们无法简单通过观察就捕捉到他们的特征？我们知道，每个人都在随情境、个人目标、此时所关心的东西或心理状态而变化，这会否阻碍我们通过行为表现迅速获取他人的**真实**模样（例如，参见 Mischel & Shoda，1995）？如果是这样，那么一个行为无论看起来是聪明还是愚笨，是好还是坏，都仅仅反映了某人在**这个**情境及**这个**时刻下的状态，而无法反映其更多更持久的特质。一个人看上去愚蠢，也许是因为他很紧张；一个人看上去贪婪，也许是因为他想替别人争取更多；一个人看上去自夸又自负，也许是因为他害怕自己不被别人认真对待。

在这一章，我主要阐述实体论和增长论将如何影响人们对以上两种观点的采择（参见 Dweck，1996b；Dweck，Chiu，& Hong，1995），下一章则进一步阐述这些观点所带来的后果。

❖ 评判自己还是评判他人

此前我们已经看到智力实体论者是如何迅速对自己做出判断的，他们这样做是为了确定自己的智力水平到底怎么样，以及自己在未来的学业和事业中有多大潜力。如果判断自己的智力较低（请注意这可能是仅凭一次失败就得出的结论），并相信智力不可变，他们就会把期待调低一些，比如不学那么多，也不指望能成功。

与之类似，人格实体论者也会迅速对自己做出评判。也许在经历某次社会拒绝后，他们会判断自己不够好，继而不再为建立关系付出那么多努力。 74

这就是实体论者对待自己的方式。那么，他们会如何对待他人呢？会一样轻易地评判他人并给他们分类吗？会以此为依据去判断他人有多大潜能吗？

下面我们就来介绍一些研究，看看实体论者和增长论者是如何评判他人的。

❖ 通过他人的成败来评判其智力

首先来看看小学生如何评判他们的同学，以及其中的实体论者会否基于同学的学业表现来对其智力水平做出判断。在盖尔·海曼（Gail Heyman）和我的一项研究中（Heyman & Dweck，1998），我们让二年级的学生解释为什么他们的同学能取得优异的成绩："想一想你们班里成绩好的同学。你觉得他们为什么能成绩这么好？"

结果发现，在这些儿童中，实体论者将同学的优异成绩简单归因于智商的比例是增长论者的两倍（54%比23%）。他们会这样说，"他们比其他孩子聪明"或"那是天生的"。

相反，持有增长论的孩子更可能用这些学生所做过的事情来解释他们的学业成功，例如他们的学习习惯、注意集中能力、坚持性或者学习动机。他们会这样说："他们在家里做了好多练习。""他们能从错误中学习。""他们告诉自己能做到。""他们不会着急忙慌地做作业。"也就是说，这些持增长论的孩子不会简单地将同伴的成功归因于更出色的大脑，而是更关注能够带来优秀表现的那些过程。

我们也问了孩子们如何解释糟糕的学业表现。我们说："我知道有些人学习成绩不太好。你觉得这代表他们不够聪明吗？"即便这个年龄段的孩子并不愿意对同伴的智力做出消极评价，但实体论者同意成绩差就意味着不够聪明的可能性还是增长论者的两倍（38%比18%）。

因此，当评价同伴的学业表现时，实体论者更有可能对其智力做出一锤定音的判断，而增长论者更喜欢归因于他们对待功课的方式——为了学习，他们做了这些那些，于是他们成功了。

那么大一点的学生呢？也会用同样的方式看待他人吗？实体论者还是会更多通过他人表现对其智力做出整体判断吗？

康萤仪（Hong，1994）在一项研究中呈现给大学生某人（年龄不确定）
75 学业成功/失败的信息，然后请他们解释为什么会这样。比如："玛丽在最近两次考试中得到了A。"接着让他们补全这个句子："这很可能是因为……"

结果发现，比起增长论者，**无论**呈现的信息里这个学生是成功了还是失败了，实体论者都明显更有可能用智力水平对此进行解释。考试成绩优秀，是因为他们聪明；考试成绩糟糕，是因为他们不聪明。

增长论者则持有不同看法。像之前一样，他们更可能用这些学生做过的事情来解释这个结果，比如他们学习得有多努力，而不会用这条信息来评价这些学生的头脑。

另一项研究也设置了类似场景，告诉大学生们其他学生的智力表现（Chiu，Hong，& Dweck，1997）。例如，杰克在某个场景中比乔表现得更好，然后请他们预测在另外一个完全不同的情境中，这两个人谁会表现得更好（参照Kunda & Nisbett，1986）。

结果实体论者认为杰克会再次胜出。很明显，这是因为他们认为杰克更聪明。而与此形成鲜明对比的是，增长论者认为**另一个**学生乔会在新的情境中脱颖而出。也就是说，在只知道十分有限的这一条信息的情况下，增长论者不愿做出普遍意义上的智力推断，他们更愿意相信在不同情境中这两个学生会轮流给出较好的表现。

我们在之前研究中就对此感到惊讶，即实体论者热衷于基于很少的几个结果对自己的智力进行推断，有时候甚至仅凭一个结果就下了定论。如果说这还有可能是出于自身的凸显性而让他们放大了自己的失败，那么在这里这个解释就不再成立，因为实体论者同样也会基于糟糕的表现来直接判断他人的智力水平。

值得注意的是，在以上研究中我们提供给学生的信息是非常有限的，不管是主人公本人、任务还是结果，均语焉不详。

第一，他们完全不知道这个学生的动机和行为是什么，也不了解其他任何可能影响其成败的信息。也许表现更好的学生比更差的学生学习更努力，或者学习时间更长。

第二，我们完全没有告知他们任务的性质。也许在第一项研究里表现好的学生（比如在最近两次测验中拿到 A 的玛丽）所学的课程更简单，而表现不好的学生所学的课程更难。

第三，在杰克比乔表现好的情境中，我们也没有说一个比另一个强**多少**，有可能只是非常微小的差距。

因此，学生们的智力内隐理论不仅影响了他们如何看待和回应自己的成败，也影响了他们如何看待**和**回应其他人的成败。两种情况下实体论均使学生将表现作为智力的直接反映。如果是他们自己失败，伴随而来的是对自己能力低的判断和无助反应；如果是他人失败，伴随而来的是对他人 *76*
能力低的判断和对其发展潜力的不信任（参见 Brown，Palincsar，& Purcell，1984；Gould，1981；Wagner & Sternberg，1984）。

反之，智力增长论令学生更强调获得智力成就的过程，帮助他们意识到影响成就的因素众多。当面对自己的失败时，他们更关注自身的努力是否足够或策略是否正确，表现出掌握定向反应；当看到他人失败时，他们也同样能看到他们的努力和策略，并思考有什么样的办法能够帮助这些学生克服困难，这一点将在下一章介绍。

❖ 通过他人行为判断其人格特征

在判断他人的**其他**属性，如人格和道德品质时，实体论者和增长论者会有区别吗？

答案是会有区别。我们的第一个证据来自辛西娅·埃德利（Cynthia Erdley）和我的研究（Erdley & Dweck，1993）。我们给四年级和五年级的儿童播放了一套带旁白的幻灯片，是关于一个新生约翰的故事。约翰在这学年中旬从另一个州转学而来，他做了很多不好的事情。他上的第一节课是数学课，这个男孩感觉很失落，因为全是他没学过的东西，所以到做作业的时候，他探过头去打算抄同桌的。

接下来，他被要求站到讲台上做自我介绍。他很担心他的介绍无法给人留下深刻的印象，因此编造了一个故事，说他的父亲是好莱坞的制片人，他家的房子里有个大泳池。

不久之后，他们班开始组织情人节活动：剪心形纸。这个男孩剪出来的心形纸脏脏的，且不够对称。另一个孩子将自己剪的多余的心形纸留在了桌子上，它们很好看。而这个男孩很渴望获得一个漂亮的情人，于是他决定将那些好看的心形纸当作自己的作品。

最后，为了完成他的情人节礼物，这个男孩从美术桌上拿走了一些本是公共财产的魔力马克笔。尽管老师说只要在那天结束前把这些笔放回原处就不会有人受到惩罚，但这个男孩觉得如果被别人看到自己还回去就太尴尬了，于是他没有还。

在这个男孩做过的所有事中，并没有哪件是存心不良或伤害他人的。并且，在每个行为前他都表现出了充分的心理挣扎。他只是因为每次都想给别人留下好印象，不让自己尴尬，才选择做了这些不太体面的行为。

我们也测量了学生们关于人格的内隐理论。和前面一样，我们询问他们是否同意一些陈述，比如："一个人的人格是自己无法改变的。""一个人可以做一些事来让别人喜欢自己，但没办法改变自己真实的人格。"

77 然后我们比较了认为人格是固定的和可变的两组学生对一些问题的回答。首先是，基于这个男孩的诸多行为，他们会如何评价他。在答题纸上，我们给出"约翰是……"的句式，再呈现一系列形容词让他们评价。我们认为每个人都会在一些具体条目上做出消极评价，比如"不诚实的"，这与他的行为直接挂钩。结果也的确如此。这很重要，因为这说明了增长论者并不会刻意忽视消极行为。他们看到了这些行为，并认为这个男孩应该为此负责。

但我们更感兴趣的是，在一些更加宽泛的特质上他们会如何评价这个男孩，例如“坏的”“低劣的”“令人生厌的”。在这些特质上更极端的评价意味着这些学生将这个男孩的行为作为他深层内蕴的本性的体现。结果我们发现，相比增长论者，实体论者在这些宽泛的特质上做出了远远更多的极端评价，尽管这个男孩的行为并非存心不良或伤害他人，尽管我们也强调了他所面临的情境压力。

总之，这项研究首次展现了，当实体论者和增长论者在看到他人的恶劣表现时，前者更可能为别人贴上一个整体而负面的评价标签。那么，这是否意味着实体论者更加刻薄、更加愤世嫉俗，或者更有可能揪住别人的错误不放呢？我们接下来的研究表明并非如此，比起增长论者，实体论者也更容易给他人贴上整体而**积极的**标签。

❖ 关于快速判断的更多研究

现在，我们回到之前讲过的两项研究（Chiu et al.，1997；Hong，1994）。它们解释了实体论者是如何对他人智力做出快速判断的，其实这两项研究也探讨了关于人格和道德的问题。

在其中一项研究中（Hong，1994），你也许还记得，研究者给了大学生们有关一个人成功或失败的信息，然后要求他们完成这个句子：“这可能是因为……”除此之外，研究者也给了这些学生有关一些人积极或消极表现的信息，它们与人格或道德相关，然后要求他们通过完成同样的句子来解释这些行为。积极行为如：“亚瑟出去旅行，给他的同事们带了一些纪念品。”消极的行为如：“亚力克西斯从面包店偷了一些面包。”“安娜把橙汁倒在了同学的画上。”

随后研究者对学生的解释进行编码，以考察谁会认为这些行为反映了深层次的人格特征，而谁又会认为这些行为反映的只是这个人的某些心理过程（需要、感受、信念、渴求、担忧、喜欢、重视等）。结果发现，尽管两组学生给出的答案中这两类都有，但所占的比例区别很大。相比增长论者，实体论者对于积极行为和消极行为都给出了显著更多的整体特质解释。例如，实体论者经常提到，亚瑟很热心，或者安娜很低劣，再或者亚
78 力克西斯是个小偷。换句话说，相比增长论者，他们更有可能从某人的单个行为中判断这个人是好是坏。① 这意味着实体论者并非单纯好斗，因为除了消极标签之外，他们也很容易快速给他人贴上积极标签。

在另一项研究中，我们已知当了解到杰克比乔在某个情境中表现更好时，实体论者会预测杰克在另一个完全不同的任务中也会表现更好（Chiu et al.，1997）。在此之外，我们还问了学生与人格（友好）和道德（诚实）相关的类似问题：“假设你在某个情境中观察到玛丽比简更加友好（诚实），那么在另一个完全不同的情境中，你认为有多大可能还能观察到这一发现呢?”结果正如智力情境中一样，与增长论者不同，实体论者更愿意相信在这个特定情境中表现得更诚实或者友好的人，到了另一个完全不同的情境还会表现得更诚实和友好。他们再一次仅从一个单独的行为就推断了他人的特质。

这会否是因为实体论者比增长论者想象出了更为极端的行为呢？也就是说，当实体论者得知一个人的表现时（偷面包，买礼物，表现得很友好），他们会否想象成他偷了更多的面包，带回了更棒的礼物，或在更大的程度上表现得友好呢？又或者说，实体论者和增长论者想象的行为程度是相同的，但对这个行为施加了不同的评价？如果是这样的话，两组想象的偷面包的数量虽然相同，但实体论者可能对此事做出更为消极的评价。

事实上，这两种解释都被排除了。在几项研究中（Chiu et al.，1997；Levy & Dweck，1998；Levy，Stroessner，& Dweck，1998），我们给了实体论者和增长论者（既有小学生也有大学生）一个很长的行为列表让他们评估。例如，我们给大学生一个包含35个行为的列表，其中一些行为非常积极（“舍己救人”），一些只是有点积极（“起床后整理好床铺”），一些有点消极（“打断别人的话”），一些非常消极（“偷汽车”）。我们比较了实

① 实体论者也会基于一个人的外表判断其人格和道德特征（Gervey，Chiu，Hong，& Dweck，1998）。

体论者和增长论者对这些行为的评分，发现没有差别，在任何一个条目上都没有显著差异。因此，实体论者给一个人贴标签，并不是因为他们把行为评价得更积极或更消极。

然后，我们（Chiu et al.，1997）将这35个行为给不同的学生看，问他们在多大程度上认为每个行为可以代表一个人的好坏。换句话说，这样的一个行为在多大程度上能够反映这个人内在的道德特征？在此，我们发现持有不同内隐理论的学生之间存在非常清晰的差异：实体论者比增长论者显著更多地认为，一个人内在的特征能够被某个单一行为反映出来。无论在非常积极/消极的行为还是有点积极/消极的行为中，这些差异都存在。

❖ 内隐理论会导致评判和标签化他人的差异吗？ 79

以上差异真的是由持有特定的内隐理论导致的吗？虽然我认为是这样，但还是需要实证证据来证明。因此在赵志裕等（Chui et al.，1997）的研究中，我们尝试操纵了个体的内隐理论，以考察这会否改变他们进行快速判断的倾向。

如何在实验中改变一个人固有的关于人类本性的内隐理论？我在此前强调过，人们的信念、目标或行为倾向可以相对稳固，但人格是动态的。当某个情境着重凸显一个不同的信念、目标或行为模式时，它就能将个体引导到那个方向上，至少能暂时做到。先前提到的有些研究就是这么做的，即操纵学生的某些特性、目标和智力内隐理论。

在这个实验里（Chiu et al.，1997，研究5），我们让大学生阅读科学论文，其中通过生动而令人信服的证据支持实体论或者增长论，以此来引导他们相信人类本性是固定的或可变的，而实际上这些文章是研究者杜撰的。具体来说，实体论的文章呈现了大量研究证据来支持人类拥有的特质大多数是固定的，而增长论的文章则强调人们终其一生都具备改变自身的能力。（下一章将详细介绍。）阅读这些文章会影响到学生如何判断他人吗？例如，相比于阅读了增长论文章的人，阅读了实体论文章的人会有更强烈的快速评判他人的倾向吗？

每个学生阅读两类文章中的一类，然后回答一些相关问题。我们告诉他们这部分是在测量对信息的理解和记忆能力。而后，学生完成一个特质判断任务（其中包含此前提到过的特质判断量表），但他们以为这部分是与前面阅读文章无关的独立任务。

例如，学生被告知某人比其他人表现得更诚实（或更友好、更好斗、更防御），然后回答，在一个完全不同的情境中这个人是否仍然会是更诚实（或更友好、更好斗、更防御）的那个。我们还呈现给他们 6 个行为（一半积极，一半消极），让他们回答每个行为在多大程度上暗示了这个人的好坏。

结果发现，在两种测量中，相比阅读了增长论文章的学生，阅读了实体论文章的学生都做出了显著更强的特质判断。也就是说，他们基于一个人当前的行为对其未来的行为做出了更强的预测，并且认为一个单一的行为能够作为内在道德品质的信号。

这项研究告诉我们，实体论能够直接导致特质判断，二者是因果关系。当了解到人格和其他属性无法改变的时候，我们马上相信人们在某个
80 情境中的表现就能揭示其深层特质。反过来，当了解到人格和其他属性可以改变和培养的时候，对于一个行为能否代表作为整体的人以及能否据此预测其之后的表现，我们就没有那么确信了。

当然，无论是实体论者还是增长论者，都倾向于在初次见面时形成对他人的第一印象。例如，当看到某人举止不佳时，我们会形成一个消极印象，并在未来对此人更加警惕。换句话说，增长论者并不会忽视消极表现或认为其毫无意义——这是高度适应不良的表现。他们与实体论者的区别在于，他们第一印象的消极程度没**那么**高，他们也不会将对方的不佳表现归结于智力或个人品质，还有我们马上要看到的，他们不会预期这个人在未来的表现依然很差。

❖“评判特质很容易”的信念

丽莎·索里奇和我对于实体论者会做出更快的特质推断这一结果感到

兴奋，于是决定深挖下去（Sorich & Dweck，1996）。实体论者快速做出了判断，是因为他们真的相信这样要比再等一等收集更多信息来判断更好吗？还是他们真的相信人们的特质显而易见，完全可以迅速做出评价？

为了回答这个问题，我们让实体论者和增长论者评价对一系列陈述的认同程度。这些陈述均表达出人们的道德品质可以被简单快速准确地判断出来的意思："每个人都有一个本质的特性，你可以仅凭一个行为或外表上的细节来分辨这是一个什么样的人。""一个单一的行为就能告诉你这个人的本性怎么样。""通过观察一个人在一两个情境中的表现就能相当容易地判断出他是什么样的人。"

结果发现，实体论者和增长论者在这些问题上分歧很大：实体论者同意这些说法，增长论者则不认同。

这意味着，快速判断并不是出于实体论者的冲动，也并不是说假如再思考久一点，他们就能做出其他"更好"的判断。相反，他们的反应基于一个信念，即人的所有属性是一个整体，会无形地渗透于所有行为中，并表现出一致的趋向。如果这是真的，当然只需要很少的时间和精力就能判定一个人。因此，实体论者并不认为他们做的是毫无根据的草率判断，他们确实认为自己是在基于可靠的信息读取他人。

在有些时候，快速进行评判是积极且必要的，此时这么做的人就具有适应优势。然而，如果已知自己做出的是一个仓促的判断，就应该在看到新信息时进行修正。这样的话，即便极端的第一印象也只是第一印象而已。但是我们的研究表明，实体论者一旦形成了第一印象，就会对新的尤其是矛盾的信息不再敏感（Erdley & Dweck，1993；Plaks & Dweck，1997），甚至尝试屏蔽它（Plaks & Dweck，1997）。原因也许是我们探讨过的那个——实体论者相信自己在判断一些能有效体现于行为的稳定特质。 *81*

谢瑞·利维（Sheri Levy）则提出，还有一个可能原因导致实体论者认为自己是在对人类深层稳固的特质进行评判。她觉得也许相比增长论者，实体论者并不只是认为特质更稳定，还认为它们更是天生的。于是实体论者是真的觉得自己判断出了一个人根深蒂固的特性。

第十二章 人有改变的潜能吗？

本章将聚焦人们是否相信他人具有改变的潜能。尽管这一信念是实体论与增长论的本质区别（也是它们定义的主要落脚点），但关于它来源于哪儿以及会带来哪些后果，仍然有待回答。

我们从实体论者和增长论者对于人类特质先天性的不同看法开始：特质主要依赖于生理和遗传基础，还是主要取决于经验和后天环境？虽然从界定上来看实体论者更相信特质是固定的，但这并不一定意味着他们认为特质是天生的，也许特质可以随时间流逝并被经验塑造，但在某个点上被固定了下来。

并且我们已知实体论者会基于少量信息形成快速而整体性的特质判断，但这并不意味着他们也会同样迅速地对一个人的未来潜力做出判断。

除此之外我们也关心实体论者和增长论者会如何对待表现不佳或举止不当的人：我们应该尝试通过教育或咨询帮助他们重塑自我（也就是改变他们），还是说这些都是无用功？

❖ 关于“特质天生”的信念

谢瑞·利维在研究中告诉大学生们她对人类特质在多大程度上能被**生物/先天**因素或**社会/环境**因素解释很感兴趣（Levy & Dweck，1996）。她提供了一个包含12个特征的列表，包括智力、犯罪行为、自我约束、道德品质和友好程度等。然后让学生针对每一个特征给出其为天生因素和环境因素所解释的比例。

我们此前的研究已经发现实体论者和增长论者对智力的界定不同（Mueller & Dweck，1997，1998），实体论者更倾向于将智力定义为天生 83
的。这提示我们，实体论者和增长论者很可能在这里也给出不同的回答。

的确如此，利维和我发现实体论者和增长论者认定的遗传和环境相对重要性差异巨大。尽管他们都认可两个因素均重要，但相对而言，实体论者更多认为特质是天生的，而增长论者更多认为特质是经验的产物。

儿童对于遗传和环境的看法

年幼的儿童也会对智力等属性的来源有强烈的个人看法吗？比如，它们究竟是基因的产物还是环境和经验的产物？盖尔·海曼和苏珊·盖尔曼对这个问题进行了研究（Heyman & Gelman，1997）。他们给儿童讲述了一个婴儿刚出生就被调换了父母的故事（参见 Hirschfeld，1995），然后看儿童觉得智力是固定天生的还是习得可变的。

他们让儿童想象，一对不是那么聪明的父母生下了一个孩子，但医院犯了一个错误，导致这个孩子在另一对**聪明**父母的照料下长大。接着问儿童，这个孩子会变得更像哪一对父母，并解释原因。

儿童的答案很明显地反映了两个相反的观点，一些孩子很自信地站在了智力固定天生的那一边：这个孩子会像他生理上的父母。

- 这个家庭会努力教养这个孩子，但他肯定不会太聪明。
- 比较困难，这是写在基因里的东西。
- 你可以改变人前的表现，但无法改变大脑。如果这个孩子是不太聪明的人生出来的，他就不可能像聪明人一样学东西，因为他的智商是低的。

另一些儿童则自信地站在了智力受环境影响因而可变的那一边——这个孩子会变聪明，就像抚养其长大的父母一样。

- 他会学习如何变聪明。你读书越多，就越聪明。

- 这对父母会经常阅读，而孩子会关心父母在干什么，于是就会和他们一起阅读。
- 他是在鼓励学习的父母的照料下长大的。

因此，即使只是小学生，也可以持有特质固定且天生的观点。而一旦这么认为，他们就会给那个孩子的学习能力下结论，而无视其童年环境有多积极。

相反，那些相信特质可获得的儿童看到的不是那个孩子面对着什么不
84 可逾越的局限，而是父母能够如何鼓励儿童发展潜能的过程——这就带出了下一个问题。

一方面，一旦你相信某人智力较低，且它是天生不可改变的，那么你也就决定了他们能学什么不能学什么，进而会显著地影响你教他们什么以及如何教（Brown et al.，1984；Howard，1995；Rosenthal & Jacobson，1968）。

而另一方面，如果你认为某人只是缺乏技能和知识，就不会对其学习潜能做出评判，你只会认为也许需要大量时间和精力去帮助他们走上正轨。在增长论的思维框架下，当前较低的技能水平并不会妨碍人们在未来获取更高的技能水平。

那么，是否有直接证据表明，尽管人们现在的表现或行为不尽如人意，增长论者仍对他们的学习或成长潜能保持强烈信心呢？

❖ 关于改变的潜能

虽然已知相信改变和成长的潜能是增长论的一部分，但增长论者能否在看到明显不佳的表现或行为时仍能坚持这一信念？我们很想知道答案。

我们在研究中请青少年学生给一个迷茫的同辈学生提一些关于如何提升学业成绩的建议（Heyman & Dweck，1998）。我们是这么说的：

> 想象一个你认识的孩子，他的作业错误百出，于是向你求助。你会说或者做什么呢？

如果你假设“他天生如此，否则不会这么糟”，就不会为他做很多，

因为根源在于他没能力也没潜力。的确如此，许多实体论者只提供了很少的建议，有些人甚至只是表达了一下同情。

然而，当成绩只是一个过程的结果时，就有很多建议可以提供了。此时，糟糕的表现是一个可以解决的问题。因此，关于这个学生可以怎么做，增长论者给出了明显更多的指导。这里有个例子：

> 你常常放弃吗？你是不是只简单想了想就停止了呢？如果是的话，你可以考虑想得再久一点——也许2分钟。如果还是没有办法，可以再把那道题目读一遍。如果还是不行，你可以举手，然后问老师。

如果能找到这样的同学求助，那些学生就实在太幸运了。

前面我们讲过一项研究，其中给学生看幻灯片，主角是一个刚转学过来的男孩约翰，他太渴望给大家留下好印象，于是做出了很多不好的行为（Erdley & Dweck，1993）。然后我们发现，比起增长论者，实体论者在整体上对这个男孩做出了更消极的评价（比如坏的、低劣的和令人生厌的）。

这里我们想知道的是：学生们会认为这个男孩有潜力改变吗？我们询 85
问他们认为约翰未来会怎样。首先是短期的未来："假设你在几个星期后又见到了约翰，你觉得他看起来会有变化吗？"几个星期理论上可以让一个人适应新班级，从而平静下来。但结果发现两组在这个问题上的看法存在显著的差异。增长论者认为约翰很可能在几周后有一些变化，而实体论者认为他还会和现在一样。

接着是更长远一些的未来："约翰未来表现会如何？你认为他到了八年级还会是一个麻烦制造者吗？"两组的回答再次出现了差异。增长论者的答案集中于"不会"或"可能不会"，而实体论者的答案集中于"会"或"可能会"。也就是说，增长论者认为男孩改变的可能性更大。请注意他们并非认为他一定会改变，因此他们并不是不切实际的乐观主义者。当然实体论者也不是说他一定**不会**改变，然而他们很显然对此持有更消极的预期。

这一发现也许并不让你意外，因为增长论的定义本身就包含人们具有自我改变的潜能这一信念，而实体论的定义则包含很难发生实质性改变这一信念。但我们尚无法推论的是，实体论者会多么快速地判断一个人并预测其未来。

❈ 一个做错了事的人会怎样？

我们继续来探讨人们关于改变的信念，接下来关注实体论者和增长论者认为应该如何对待一个做错了事的人。

对这个问题的回答可以反映出一个信念，即人是否具有学习、成长和改变的潜能。如果你相信成长的潜能，那么做错事就只是一个待解决的问题，需要做的是努力教育那些人。具体的教育方式视这件事的严重程度而定，从讲道理，到接受心理咨询，再到更高强度的惩戒。但是，如果你不相信存在什么改变的潜能，那么这些干预全都是误用且浪费的。相反，你也许只想让这个人为犯下的罪过付出代价，比如受到严厉的惩罚，以阻止未来重蹈覆辙（既然无法改变天性，就应该施以恐吓，以让他们控制好自己）。

我们预计增长论者更偏好走教育路线。原因并不仅仅因为改变的潜能
86 是增长论的基础，你应该还记得增长论者是如何解释人类行为的，与实体论者相比，他们更多地考虑人们的心理过程（Hong，1994）。他们认为人们之所以表现出某些行为，只是因为在那个特定情境中他们相信、觉得或者以为该这么做，而不是出于什么更深层次的特质。于是这些心理过程应该取决于教育或环境，而不是内在笼统的人格。换句话说，他们考虑的不是怎样将一个坏人变成好人，而是怎样改变这个人对这种情境下该怎么做的认识以及方法。

对此我们做了几个研究。在其中一个里，我们让学生们想象以下情境（Chiu，Dweck，Tong，& Fu，1997，研究4）：

> 在微积分导论的第一节课上，教授告诉你们，整门课会留 8 次小作业，每次占期末分数的 12.5%。教授承诺会把 80 分作为 A 等级的分界线。在第 7 次小作业获得反馈后，你发现你的成绩已经累积到了 81 分。于是你没有写第 8 次作业，而是把时间用在了准备其他课程的考试上。然而，最后由于 80 分以上的人太多了，教授把 A 等级的分

界线提高到了 85 分。于是你最终只得到了 B +。

接着我们让学生描述在这个情境中他们有什么感觉以及后续会做些什么。结果发现，实体论者和增长论者都说他们会采取一些行动（并且实体论者更可能表示如果初始行动不奏效，他们将继续坚持），但他们所谓的行动的性质差异很大。增长论者更可能尝试去教育那个做错了事的人：他们会试图说服教授，告诉他背弃诺言是错误的。举个例子，一个增长论者说道："我会与这位教授见面，提醒他承诺过不会提高 A 等级的临界值，他这样做不公平。"因此我们可以推断，增长论者认为这个教授具备理解自己做错了的能力，也具备修正自己不公正做法的能力。

然而，没有一个实体论者说他们会去尝试教育这个教授（与增长论者中的 35% 形成巨大反差）。实体论者当然会对不公平行为感到愤怒，并想要采取行动，但他们的计划完全不同。他们不相信这个教授会改变，于是打算去向他表达不满，令他付出代价，或者寻求权力更大的人来强迫他践行诺言。例如，实体论者说："这个教授就是个垃圾（原话如此），我会这样跟他说。"或者："让他见鬼去吧，我会在第二天早上 9 点出现在校长办公室。"然而没有一个增长论者计划采取这样的行动（这个比例在实体论者中是 21%）。因此尽管实体论者和增长论者都同意这个教授做错了，他们拟采取的行动却相当不同。

伊丝艾拉·洛布（Israela Loeb）和我做了另一项研究（Loeb & Dweck，1994）来探讨人们在被伤害后的反应。我们让大学生被试阅读三个对他们来说很重要的情境，在每个情境中，他们都被另一个人的行为伤害了。 87

在第一个情境中，学生想象在进大学一段时间后，他们终于找到了期待已久的美好恋情。两人度过了一段美好时光，甚至住在了一起，然而有一天自己在回家拿笔记的时候却发现伴侣不告而别了。

在第二个情境中，学生想象自己为一场重要的考试准备了很长时间。临近考试的一天，在图书馆学习时离开了一小会儿，回来之后发现所有笔记都被偷了。据图书管理员说，有一群学生刚才来到图书馆，然后很快嬉笑着跑出去了。

在第三个情境中，学生想象发现自己有一些奇怪的症状，然后去医生那里做检查。由于实验室的疏忽，过了很长时间才拿到检查结果，而此时身体已经出现了一些本来可以避免的永久性损伤。

在每个情境之后，我们询问学生将做何反应。我们提供了一些选项，让他们在5点量表上评价有多大可能采用这种方式。结果发现了和先前一致的差异：实体论者更关注惩罚和报复，而增长论者更关注理解、宽容和教育。

例如，实体论者比增长论者更可能仇视和攻击那些做了错事的人，他们会说："我会诅咒伴侣变得悲惨。""我会希望那些作恶者倒霉。""老实讲，如果有机会的话，我会去报复那个人。"而让他们概括自己的行动目标时，他们也比增长论者更多地表达其主要目标是"让他们为我承受的痛苦和损失付出代价"，而这是增长论者最不赞同的目标。

相较而言，增长论者更多说："我会试着去理解那个人为什么会这么做并努力原谅他们。"**他们**的主要目标是教育作恶者，告诉他们为什么他们的行为是错误的以及应如何改善。而这是实体论者最不赞同的目标。

在另一项研究里（Gervey，Chiu，Hong，& Dweck，1999），我们要求被试回答，在他们看来，监禁的主要目的是什么。实体论者和增长论者都同意监禁违法犯罪者的主要目的是保护社会，但此后他们就出现了分歧。实体论者远比增长论者更多地认为，监禁的主要目的是惩罚犯罪者。增长论者则远比实体论者更多地认为，监禁的主要目的是（或者应该是）让犯罪者重
88 新做人——发展他们的潜能以过上道德且建设性的生活。

在先前的章节，我们看到了实体论者如何在失败的时候自我放弃。他们谴责自己，失去自尊，陷入抑郁，并对未来丧失信心。现在我们发现，他们也放弃了其他人。简而言之，实体论者并不认为人们（包括他们自己以及其他人）具有成长的潜力。

与之相对，增长论者将自己的失败视作可以解决的问题，且以同样的方式看待他人的失败。于他们而言，人会犯错，会误入歧途，会伤害他人，但同时也拥有改变的潜能，只要有合适的动机和指导，他们就可以克服这一切。那好，我们要继续发问：所有人，甚至包括罪犯，真的都拥有改变的能力吗？还是说这只是一个过于天真和乐观的想法？接下来我将论证，这是一个极具建设性的假设。

第十三章 持有与形成刻板印象

我们已经看到，实体论者认为可以通过一个人的行为表现快速并轻易地判断出他的稳固特质，这个“他”可以是自己也可以是别人。那么，他们也会以同样的方式评判一个群体吗？也就是说，实体论者会否认为某些群体比其他群体拥有更多或积极或消极的特质？

例如，假设某一群体比其他群体的平均学习成绩更好。这意味着什么？如果期待通过外在表现来推断潜在智力，那么结论很可能是这一群体拥有更高的智力水平。而如果还同时考虑环境、经验、学业基础、学校、同辈价值观、学习习惯、学习技巧等因素（更不用说还有智力理论），群体间的成绩差距所代表的东西就不好说了。

利维及其同事对来自不同族群和社会经济水平的学生（包括大学生和小学生）所持的刻板印象进行了大量研究。结果一致表明，持实体论的学生抱有更强烈的刻板印象（Levy，1998；Levy & Dweck，1998；Levy et al.，1998；Levy，Freitas，& Dweck，1998），且这一结论适用于积极或消极的刻板印象、已经存在的群体（如民族、种族、性别、职业）或虚拟的新群体（如告知给学生们的群体）。那么，这是否说明实体论者比增长论者更狭隘呢？在深入了解了刻板印象背后的机制后，就会发现并非如此。

我们知道实体论者相信可观察的外在表现能够反映其内在品质，他们这样评判自己，也这样评判他人，同时还这样评判群体。但这都不是说他们是偏狭的人，事实上，实体论者的刻板印象是由他们对人类的信念自然生发出来的，这些信念包括人是由什么构成的（固定的特质）以及可以通过什么来予以了解（很容易经由外在行为来判断）。

90 因此，实体论者看待人的方式将直接导致刻板印象，这听起来是个坏消息，但也可以看成好消息。因为如果刻板印象是（或部分是）由内隐理论导致的，那么就可以通过改变内隐理论来降低刻板印象。

接下来我将简单回顾发现实体论者持有高刻板印象的研究，然后介绍一些通过改变内隐理论来改变刻板印象的干预研究。

利维等（1998，研究 1）首先关注到这一问题。他们让大学生列出其能想到的关于种族、民族或宗教群体（如非裔美国人、亚裔美国人、犹太人和拉美裔人）的刻板印象词，然后回看这些词，评价在他们看来这些刻板印象到底在多大程度上代表了该群体的真实情况。也就是说，学生们一开始只是报告他们认为的社会刻板印象有哪些，之后报告的是自己的想法。结果发现，在所有词和所有群体上，实体论者都更认可这些社会刻板印象是真实存在的。

接下来，利维等（1998，研究 2）让学生评价人们对非裔美国人刻板印象的真实性。结果发现，无论是正面还是负面的刻板印象，实体论者都再次认为它们具有更高的真实性。在第三个研究中，利维等（1998，研究 3）向大学生介绍了一个他们不知道的新群体。其中一半学生被告知这个群体中有很多人（三分之二）曾经做出过负面行为（如在电影院插队），剩下的三分之一表现中性；另一半学生则被告知这个新群体里很多人曾经做出过正面行为（如把雨伞借给陌生人），而剩下的人表现中性。之后让学生对该群体在各个特质上进行评价，比如“好的-坏的”“不道德的-道德的”“粗鲁的-礼貌的”“体贴的-不体贴的”以及“邪恶的-善良的”。

结果发现，与增长论者相比，实体论者始终对正面行为组评价更积极，对负面行为组评价更消极。同时，他们也更认为这个群体是同质的，也就是说群体内成员间更相似，即使其中三分之一的人与其他人表现不同。不仅如此，实体论者还认为他们了解的信息（群体中个体的单个行为）足以帮助自己形成群体印象。换言之，在评价个体时，实体论者更倾向于用个体行为来代表整个群体的特征。

利维随后在年龄更小的学生样本中重复并拓展了以上发现（Levy，1998；Levy & Dweck，1998）。在以五年级学生为对象的一系列研究中，她证明了实体论者的刻板印象更为强烈，形成也更快。而在另一项和我合作的研究中，我们提供给学生某个群体在某一天的行为表现，让他们解释是什么原因令该群体的成员做出材料中的行为（Levy & Dweck，1998）。结果
发现，和以往结果类似，实体论者主要使用特质来解释行为，而增长论者 91
主要使用心理和情绪过程以及所处的社会环境来解释行为。

除此之外，学生们还被要求想象该群体中有一名儿童在材料描述的那一天没去学校，并评价他是一个怎样的学生。与增长论者显著不同，实体论者更坚定地认为这个儿童和他的同学们很相似。

接下来，这些刻板印象会影响行为吗？谢瑞·利维、安东尼奥·弗雷塔斯（Antonio Freitas）和我发现的确如此（Levy et al.，1999）。比如说，在一个合作-竞争游戏中，当对手是法学院学生时，实体论者比增长论者表现得更好胜。而当对手的专业不明时，两组被试表现出同等的竞争性或合作性。也就是说，当实体论者认为将要与自己竞争的是一名未来的律师时，他们会保护自己。增长论者则对这名法学生不抱有很强烈的刻板印象，于是认为没必要将其区别对待。那么，实体论者保护自己的做法有道理吗，还是增长论者不做预判的做法更正确？

在另一个研究中（Levy et al.，1999，研究 2），大学生们要给其他学生的作业评分，结果实体论者会根据学生的族群来给分，即给某些族群的学生更高的分数，即便所有人完成的是一样的作业。而增长论者不会这样做。

最后，在有关儿童对新群体形成印象的研究中（Levy，1998；Levy & Dweck，1998），虽然大多数学生表示他们更愿意认识和了解积极表现组（其中多数人做了好事）的孩子们，不愿意与消极表现组（其中多数人做了坏事）的孩子们交朋友，但比起增长论者，实体论者与积极组**结交**和与消极组**不相往来**的意愿均明显更强。

于是，好像真的是这样：实体论者不仅持有更牢固的刻板印象，同时也更愿意依照这些刻板印象行事。

❈ 实体论会引发刻板印象吗?

接着要问的问题是：持有实体论或增长论会直接**导致**刻板印象的形成吗？如果内隐理论改变了，刻板印象也会随之改变吗？

为了回答这个问题，谢瑞·利维及其同事（1998）让大学生在实验中暂时性地认同实体论或增长论。和前面用到的方法类似，他们让学生阅读一篇令人信服的科学文章（实则是杜撰的，来源于 Chiu et al.，1997），其中一半读到的文章通过回顾科学研究和生动个案论证了人的特质无法改变，即提供了实体论的支持性证据。

92 另一半学生则阅读了一篇为增长论提供支持性证据并同样有说服力的文章，文章表明人的特质是可塑的。

两组学生在实验前不存在差异，但阅读材料使一组转变为实体论者，另一组转变为增长论者。

支持实体论的文章强调人的特质“像石膏”一样，不会随时间而发生变化。文中提到，人的特征“十分稳定，只会随时间推移沿着既定的方向发展”，虽然人们“在成熟和发展……但本质上还是那些不变的特征和禀性”。

学生们阅读的文章中还描述了一个“充满野心且令人激动的”大型研究项目，旨在引导潜在的不良少年走向积极的职业生涯和人生。干预手段包括社会工作者广泛长期地介入家庭，辅导学业，提供医疗服务、精神关注及社会和娱乐资源。

接着支持实体论的文章会写道：

> 即使投入大量努力和金钱，干预的结果仍不尽如人意。经历了干预的青少年和那些没有参与项目的高危青少年在日后从事犯罪的可能性没有差别。他们中的许多人在成年期还继续犯罪，大概15%到20%的人犯下严重的暴力攻击或经济罪行，超过50%的人犯下轻微罪行。……其他一些干预项目也得到类似的结果。

接下来，实体论组的文章还叙述了一些著名历史人物从小就显现出核心特质的例子。比如特蕾莎修女：

> 据从小就认识她的人说……她经常照顾其他孩子，其中有些比她还大。比起和其他孩子一起玩耍，她更愿意在当地诊所里做志愿服务。虽然年纪还很小，她却已经展现出对他人感受的共情，宁愿牺牲自己也要帮助别人。所有这些特质引导她形成了自己的人生使命，即帮助苦难中的人们。

支持增长论的文章也写到很多相同的研究和事例，但提供了不同的结论。文章强调人的特质是可塑和可发展的，个人特质是“一些有待发展和培养的潜能”，还提供了证据证明个人特质在人生任何阶段都可以被塑造。

增长论文章也提到那个大型干预研究，但是，与令人失望的结果相反，文章写道：

> 努力取得了回报。与没有参与项目的高危青少年相比，经过干预
> 的青少年在成年期表现显著不同。没有参与项目的青少年中有23%犯 *93*
> 下严重的暴力攻击或经济罪行，超过三分之二的人至少犯下轻微罪行。而与此相反，在经过干预的青少年中，几乎没有人犯下重罪，犯下轻罪的人也不超过10%。他们大多顺利从高中毕业，找到了稳定的工作……其他类似干预项目也得到了同样的结果。

接着也举了历史人物的例子，文章写道：“很多历史人物的人格发展贯穿整个童年和青少年时期。”文章提到特蕾莎修女一开始并不是模范儿童，但随着经验累积，她发展出了对他人强烈的共情能力以及自我牺牲的品质。

在分别阅读了这两篇文章后，学生们还需要回答几个阅读理解问题以确保他们认真读了，之后完成一项号称无关其实有关的任务，实际上是对刻板印象的测量。我们呈现给学生们一些族群（非裔美国人、亚洲人、拉美人）和职业群体（律师、医生、政治家、老师），要求他们针对每个群体在一些特质上进行评分。最后我们分析了他们对于每个群体的刻板印象。

读文章这样的简单操作能够影响到复杂的刻板印象吗？风险很大但值得一试，所幸研究结果没有让我们失望。我们对内隐理论的操纵的确影响到了刻板印象。比起阅读了增长论文章的被试，阅读了实体论文章的学生

明显更认同那些刻板印象。

利维（1998）接着以五年级学生为对象做了一个类似的研究。在这项研究中，学生们通过听一段演讲来形成实体论或增长论，然后报告对于来自其他学校的一个新群体的印象。结果发现，那些被教授了实体论的学生比增长论的学生形成了更为强烈的刻板印象。

也就是说，与采择了增长论的学生相比，采择了实体论的学生开始将群体的行为差异作为性格就是根深蒂固的信念的证据。

在研究结束后，我们告知了学生真实的研究目的，以及两种理论的观点及其含义。这能使他们认识到自己所持的理论是怎样的，以及它会如何影响到他们看待人的方式。不幸的是，在日常生活中，多数人没有这个自觉，我们总是认为自己看到的就是事实。

刻板印象错了吗？

持有刻板印象是不对的吗？难道不同群体不是的确在某些方面存在不同吗？在我看来，承认各群体在某些方面确有差别并无大碍。有些时候，某个群体就是要比另一个群体整体上有更高的学业成就、更好的工作或更
94 低的犯罪率。但是，与此同时意识到可能存在诸多因素影响着这些表现也非常重要。另外，正如很多研究者强调的那样，我们需要记住，群体是由个体组成的，而个体之间本来就有很大的差异（例如，参见 Hamilton & Sherman，1996）。

一旦忽略潜在的复杂性，夸大地推断某些群体天生就比其他群体更优越或更劣等，又或者认定群体中的大多数人是一样的，就很危险了。同样，基于有限的证据对某一群体做出定论，同样很危险。而我们看到，持有实体论会提高这些危险。

相反，持有增长论不会妨碍人们看到事实。在上面提到的新群体研究中，增长论者一样会积极评价积极表现群体，消极评价消极表现群体，但更重要的是，他们在此情况下依然能够看到组内的差异，进而在解释负面行为时为成长和改变留出空间。

第十四章 95
一切的开端：幼儿关于好坏的理论

迄今为止，我们已经讨论了大一些的学生所持有的内隐理论如何影响他们的目标与行为。那么，这些结果适用于幼儿（学龄前儿童）吗？他们也有关于自我的内隐理论吗？也会受其影响吗？

一直以来，很多研究者给出的答案是否定的（参见 Dweck，1991，1998；Dweck & Elliott，1983）。他们认为幼儿受到了很好的保护，可以免除失败带来的消极效应。为什么这么说呢？首先，8 岁及以下的儿童似乎还理解不了智力是不是固定的这个问题（Nicholls，1984），更有甚者，对幼儿能否理解智力是什么都是存疑的。因此，当遇到失败时，他们应该不会质疑自己的（固定）智力，也就不会受到无助反应的负面影响。

其次，不少研究表明，当面对同样的失败时，幼儿不会像大一些的儿童一样表现出无助反应（如 Miller，1985），他们还能保持乐观并积极参与，而不是一蹶不振（Parsons & Ruble，1977；参见 Stipek，1984）。

综上所述，我们并不认为幼儿会以此前看到的导致消极自我评价与无助反应的方式来理解智力与失败。这一点可以理解。儿童在幼年时期以学习说话和走路为主要任务，这些技能对于人生来说至关重要，所以在掌握这些技能的过程中免除受到不良影响，对于一个物种来说是适应性的。想象一下：如果幼儿一开始遇到挫败就放弃这些基本技能的学习，会发生什么？如果他们认为自己遇到困难说明自己能力不足并决定不再付出努力，会发生什么？如果他们认为不断地犯错代表着自己很糟糕从而选择到此为 96
止，又会发生什么？谢天谢地，这些假设都不会发生。即便时不时遇到阻碍，儿童们依然在这些任务上不断向前。

此外，如果这种韧性能一直延续到小学，帮助儿童顺利开始他们的学业，不是更好吗？这样他们就能够以掌握定向的方式应对一系列新任务，例如阅读和书写。

然而不幸的是，这没能发生。更不幸的是，尽管以前不那么认为，但我们最近的研究显示，幼儿在面对失败时一样会表现出无助反应的**所有**方面：自我责备、消极感受、调低期待、低坚持性以及非建设性的策略使用（Cain & Dweck，1995；Hebert & Dweck，1985；Heyman，Dweck，& Cain，1992；Kamins & Dweck，1998；Smiley & Dweck，1994；参见 Heckhausen，1987；Lewis，Alessandri，& Sullivan，1992；Stipek，1995；Stipek，Recchia，& McClintic，1992）。这些无助反应可以发生在三岁半的儿童（我们研究过的年龄最小的儿童）身上，也会出现在相当大比例的幼儿身上。

幼儿也有无助反应，为什么其他研究者没能发现而我们发现了呢？首先，我们意识到若要测量幼儿对困难的真实反应，就必须使他们确认自己正在遭遇困难。也就是说，必须给予他们觉得有意义的任务，并且表现得好不好是可以识别的。例如，此前一些研究使用的任务是让儿童从一个场景中找出十张隐藏的图片（实际上只有两张）。对于幼儿来说，能找出两张图片就已经很高兴了，反正没找到的那些也看不到。因此，对于大孩子来说，没能达到某一标准就是失败，继而陷入无助反应；而对于幼儿来说，则需要更为可视化的证据来告诉他们失败了。

在另一项前人研究中，研究者用点亮不同颜色的彩灯来表示儿童给出的答案是对还是错（Harter，1975）。结果发现，当表示答案错误的灯点亮时，大点的孩子会表现出焦躁不安，但年幼的儿童则很开心，因为他们觉得灯亮了很有趣，而不关心亮起的灯是何种颜色及其代表什么含义。

因此我们意识到，之前研究中的幼儿之所以看起来能够免于困难的影响，是因为他们根本就没有意识到那些困难是困难。

不过，我们能有此发现更重要的原因还不是这个，而是我们开始相信幼儿的无助反应是由智力以外的因素引发的。虽然很多父母从孩子出生起就忧心他们聪不聪明，但我们发现智力并不是儿童早年最紧要的问题。

智力是在儿童正式入学后才变得重要的，这时候儿童开始追求学业上的成就，开始亲身经历成功与失败，同时观察到同伴的成功与失败，也观察到父母对自己学业成就的反应。

而对于幼儿来说，他们身处的是社会化的关键时期。这一阶段的重点是学习是非对错。他们学习复杂世界的规则和期望，学习做一个好孩子而不是一个坏孩子（例如，参见 Hoffman，1970；Kagan & Lamb，1987）。这几年他们听到的故事很多都是关于好人和坏人的，以及这些人最后遭遇了 *97*
什么（Paley，1988）。

我们认为，也许**这**才是他们面临的真正问题。幼儿正在努力地掌握什么是好、什么是坏，如果失败令他们自觉是坏孩子或没有价值，他们就很可能受到影响。于是，我们打算看看是不是真的是这样。

本章我会先展示幼儿表现出无助反应的一些证据，之后介绍一些将无助反应与儿童对坏的感知联系起来的研究。我们将会看到，容易受到影响的幼儿确实会在遭遇失败和批评时自觉是个坏孩子。而且和大一点的儿童关于智力的观念一样，他们也可能认为坏是一个稳定的特质。

❖ 有关幼儿无助反应的证据

最先探讨并发现幼儿无助反应的是查伦·赫伯特（Charlene Hebert）和我的一项研究（Hebert & Dweck，1985；参见 Dweck，1991）。我们让一些学龄前儿童（三岁半到五岁）解决四个拼图谜题。这些拼图很大且五颜六色，描画了儿童们最喜欢的卡通角色。在这样一个任务中，有没有完成是显而易见的。

前三张拼图非常难，儿童几乎没法在指定的时间内完成，第四张拼图则容易得多，以保证所有儿童都能成功拼出。（参与研究的儿童均受到了很好的安抚以确保离开时的情绪是积极的，且最后还会教他们如何拼出所有的拼图。）

我们感兴趣的第一个问题是，儿童会否在尝试解决有难度拼图的过程中表现出坚持性。因此，当他们进行完四个拼图任务（其中三个未完成，一个完成）后，我们问他们更希望重新尝试拼哪一张。我们会强调所有的选择都是合理的，以前参加实验的孩子选哪张的都有。

假如儿童选择了任何一张刚才没完成的拼图，我们就认为这是坚持性的表现，因为他们还想尝试完成这一任务；假如选择了那张刚才完成过的拼图，就视为非坚持性的表现。在这项研究中，37% 的儿童做出了非坚持性选择。有趣的是，这一年龄段的儿童并不会因为选了一个完成过的任务而感到不自在，而几年以后，即使那些很想避免挑战的儿童也会对此感到尴尬。

不过，这一结果会不会说明的只是低坚持性的儿童觉得那个已完成的拼图任务有难度，或者他们想在接受更大的挑战之前用完成过的任务做些练习呢？

为了检验这两种竞争性的解释，我们用类似方法又做了两项研究，分别由帕特·斯迈利（Pat Smiley）和我（Smiley & Dweck，1994）以及凯斯琳·凯恩（Kathleen Cain）和我（Cain & Dweck，1995）合作完成。这两项研究中，在选择完想重拼的拼图后，我们让儿童解释为什么这么选择：
98 “好样的！那你为什么要选这一个呢？”结果发现，**没有一个**选择重做已完成拼图的儿童说这么选是为了寻求挑战或想要练习。相反，他们中大多数说是因为这个拼图简单或不知道怎么完成其他的拼图。他们对“为什么要选这一个？”的回答包括“因为它最简单”以及“因为我已经知道怎么拼了”。

与之相对，多数做出坚持性选择的儿童在解释原因时明确指出是为了寻求挑战，比如强调他们希望看看能否完成刚才没完成的拼图或者想尝试一下更难的。他们的回答包括“因为我想再试试看我能不能做到”以及“因为我只做完了一个”。

我们还在其中一项研究里（Smiley & Dweck，1994）让儿童又做了一次选择，以探究那些未能坚持的儿童是否在过了一会儿后做好了应对挑战的准备。在第一次选择后，我们声称：“假定现在还有一些时间，你可以在完成这张拼图后再拼一张，你想选哪一张？”结果令我们惊讶，很多前一次未能坚持的儿童仍然选择了和第一次相同的完成过的拼图。这意味着，他们宁愿重复拼三次同样的拼图也不愿意冒险面对困难，这里也包括在前面有难度的拼图任务中做得很不错的孩子。

与之相反，在面临第二次选择时，几乎所有刚刚做出了坚持性选择的儿童都会再次选择去尝试另一张未完成的拼图。

然而，有没有可能仅仅是因为未能坚持的儿童比做出坚持性选择的儿童更不擅长拼图，才会对挑战裹足不前？为了检验这一可能性，我们让所有儿童在研究开始前完成与正式任务类似的拼图能力测试，记录他们需要花多长时间来完成。结果显示，在后来坚持和未能坚持的两类儿童在拼图能力上完全没有差异。这意味着，他们在之后的选择中是逃避困难还是面对挑战与他们是否擅长拼图没有任何关系。

那么，还有没有可能是那些未能坚持的儿童**认为**自己不擅长拼图，于是在完成拼图任务时不够自信呢？我们也检验了这一可能性：在呈现有难度的拼图之前，让儿童告诉我们他们觉得自己有多擅长拼图。然后我们再次看到两类儿童之间不存在差异，他们在困难来临之前均坚信自己非常擅长拼图。

现在我们区分出了坚持性和非坚持性的反应。那么下一个问题就是，那些表现出非坚持性的儿童是否也会表现出无助模式的其他特征，如消极自我评价、消极预期以及消极情绪。

同样在上述两项研究中（Hebert & Dweck，1985；Smiley & Dweck，1994），我们要求儿童在拼图过程中将所思所想大声说出来。之后我们分析了他们说的话，发现未能坚持的儿童相较于做出坚持性选择的儿童，显 99
著更多地动用消极言语来表述自身的表现和对完成拼图的预期。比如他们会这样说：

- 我做不到，它们太难了。
- 这拼图有太多块了，我肯定完不成。
- 我做得了简单的，但这个太难了。
- 我绝对做不出来。
- 你不应该把这些拼板打乱，搞得我不知道该怎么拼了。
- 你看过《星球大战》吗？那是我最喜欢的电影。（意在分散大人的

注意力）

此外我们也询问了儿童对未来成功的预期以及对自身失败的解释。在与查伦·赫伯特一同进行的那项研究中（Hebert & Dweck，1985），当提及未完成的拼图时，我们这么问儿童："如果你现在非常努力地尝试——我是说用尽你的全力——你觉得你能完成一些更困难的拼图吗？能还是不能？"同时我们还问他们："如果现在有很多时间，你认为你能完成这些拼图吗？还是说你就是不擅长拼图？"

同样，这里也出现了明显的差异。未能坚持的儿童对成功完成拼图抱有非常低的预期，并且与遭遇失败前不同，他们对自己拼图能力的看法也变得消极。大多数无助儿童报告说，即使有更多的时间、付出更多的努力，他们也无法完成任意一张有难度的拼图。而大多数掌握定向儿童确信，如果有足够的时间并付出足够的努力，他们能够完成那些困难的拼图。

最后，在所有研究中我们都测量了儿童的心理感受：要么是让他们在拼图过程中评定自己有多高兴或多难过，要么是对他们的面部表情进行情绪编码。不出所料，未能坚持的儿童相较于做出坚持性选择的儿童明显表达出更多的消极情绪。

因此，在坚持性、消极自我评价、消极预期以及消极情绪这些方面，幼儿都可能表现出明显的无助反应。不过，他们会因此将自己看成坏孩子吗？

❖ 无助与惩罚预期

为了确定幼儿是否因为失败视自己为坏孩子而表现出无助反应，查伦·赫伯特和我在研究中让他们扮演父母和老师，表演出他们觉得这些权威角色会对自己的失败做何反应（Hebert & Dweck，1985）。我们想知道：那些看上去更脆弱的儿童会否在角色扮演中对自己的失败给予更多的批评和惩罚？

我们给儿童四个玩偶，分别代表他们自己、老师、母亲和父亲。随后经历四个场景，在前三个里，三个代表成人的玩偶依次查看了他们没能完成的拼图。然后实验者对儿童说："这是你妈妈，她正在看你拼的拼图。你觉得她会说什么？做什么？"

儿童们回答后，再让代表他们自己的玩偶向成人玩偶发问："你对我 100 的表现满意吗？""你对我的表现不高兴吗？""你会惩罚我吗？"

在第四个场景中，我们引入了一个新道具——电话。这一次妈妈玩偶检查过所有拼图后打电话给爸爸玩偶，我们认为这个场景可以最大限度激起儿童丰富的反应。

我们将儿童做出的所有反应进行编码，接着发现了非常显著的差异。那些在拼图任务中展现出坚持和掌握定向的儿童在角色扮演中很少或根本没有表达批评和惩罚，相反，他们让成人玩偶说出大量的赞扬、鼓励之话和建设性意见。以下是一些例子：

- 她拼得很漂亮。
- 他非常努力，可惜没能完成。他一会儿还想再试试。
- 你已经尽力做到最好了。来，到我腿上来。
- 他还没尽全力。吃完饭可以再试一次。

很明显，掌握定向的儿童通过成人玩偶表达了更多积极反馈，但更让我们关注的是，他们还让成人玩偶给出建议以鼓励自己通过努力和坚持获得提高。他们是不是就是这么习得建设性的挫折应对方式的？

遗憾的是，那些在拼图任务中表现出无助反应的儿童在角色扮演中表达了数量惊人的严厉批评与惩罚之语。其中大多数在至少一个场景中如此，而高达一半的人（50%）在几乎每个场景中都这么做。以下是一些例子：

- 她没完成拼图。我打了她，但她一直躲。
- 你什么都不许做，就待在房间里。
- 他在其中一个拼图上表现不错，但其他三个太糟糕了。我已经罚过他了。
- 他不会做，也没做完，所以受罚了。
- 爸爸会气疯的，肯定要打她。

有些反应有点过激，他们的父母不太可能真的因为拼图失败就做此举动。但我们注意到，这些儿童似乎觉得自己的行为是应该受到责备的，也应该受到惩罚。

❈ 对批评的无助反应

在另一项研究中，我们不仅重复了上面的结果，还有了更多的发现。这次我们希望探究幼儿园儿童会否在受到**批评**后做出无助反应（Heyman，Dweck，& Cain，1992），以及表现出无助反应的儿童会否因此认为自己是坏孩子，而不仅仅在角色扮演中表达不快和惩罚。

101 由于不想直接批评儿童，我们同样通过角色扮演的方式来完成。我们会生动地描述一系列场景，然后让儿童用道具将其表演出来。

在每个场景中，儿童都要假装做一个礼物给老师惊喜。在第一个场景中，儿童画了一张全家福；第二个场景中用积木搭了一座小房子；第三个场景中写下从 1 到 10 的十个数字。随后，儿童要把礼物送给老师，但在她来之前他们发现自己犯了一个错误，比如在全家福中一个小朋友的脚没有画上，小房子忘了做窗户，数字漏了一个“8”。整个过程会大声念给儿童听，然后让他们使用合适的道具表演出来。以下是其中一个场景的例子：

> 你花了很长时间画了一幅全家福送给你的老师。你精心挑选了合适的颜色并认真画出了每一名家庭成员。然而，就在马上送给老师的时候，你突然发现：“呀，有一个小朋友的脚没画上！”可是你已经在这幅画上花了很大功夫，你很想把它送给老师。所以，你还是对老师说：“老师，这是送给您的画。”

读到这里时，我们停下来让孩子们评价他们的作品。几乎所有儿童都仍然认为这个作品很不错，尽管有点瑕疵。也许在一两年之后，孩子们就会提高他们的标准，更加严苛地评价自己，从而不再对不完美的表现感到满意，但对于幼儿园的孩子而言，这一点小毛病无伤大雅——除非它被批评了。

故事继续，老师发现了小瑕疵，并提出了批评：“什么？这个小朋友居然没有脚！我没法说它是一幅画，我很失望。”接着儿童要对自己的作品、当下的情绪和继续给老师做礼物的意愿进行评分，此外还要给这一场景添加一个结尾，以看看他们能否想到建设性的应对方案，这也可以考察儿童的无助反应。

此外，为了探究儿童是否有做错事的感觉，我们还让他们表演父母对这个瑕疵作品的反应。我们说：“如果你把它带回家给爸爸妈妈看，他们会说什么？”

最后，为了考察他们是否认为自己是坏的或有缺陷的，我们在每个场景后都额外问了一些问题。例如：

> 回想刚才那幅画的故事。整件事让你感觉自己是一个好孩子还是坏孩子？［儿童作答。］整件事让你觉得自己是友善的还是不那么友善的？整件事让你觉得你是聪明的还是不那么聪明的？

结果我们再次看到有相当比例的儿童表现出明确的无助反应。39% 的儿童在被批评后降低了对作品的评价：他们刚才还相当满意而现在明显不满意了。这些儿童也比其他儿童表达出更多的消极情绪，更不愿意继续这一任务，并给出了更少的建设性应对方案。也就是说，他们表现出了无助反应的所有特征。

对建设性应对的测量是很有趣的，我们让儿童扮演玩偶来完成故事。我们对他们说：“接下去会怎么样呢？用你的玩偶来表演吧！”

结果，掌握定向的儿童想出了很多方法来修正图画、房子或数列，以 102
让所有人都开心。他们给出的故事结尾大多涉及练习和努力的作用，比如下面这种：

> 老师：你真是个好孩子，但你漏掉了数字“8”。
> 儿童：没关系，是因为时间不够了。我会把它当成作业继续完成。

之后这个儿童还会表演自己把完成后的作品交给了老师，老师很高兴。

在另一个例子里，儿童表演的是老师给了她额外的时间，然后她完成了作品。接着她让代表老师的玩偶说：

> 我非常喜欢你的画，我也知道你付出了很多努力，我很高兴给了你更多的时间来完成它。即使刚才它还不完美，但依然很有趣，只是你需要花一些时间来修改它。即便如此，我还是喜欢你的画。

与此相反，无助的儿童似乎被这样的情境击垮了。他们无法给出任何有用的解决方案，并且倾向于让故事中的人物深陷消极情绪之中。在他们的角色扮演里，儿童玩偶常常不是拿起纸巾哭泣就是回家后立即扔掉自己的作品。

而更令我关注的是，其实他们不需要做什么了不得的事情就可以解决困境。比如，他们只要在空中晃动一下玩偶，声称自己已经改好了，所有人都很高兴，就可以了。这显然并不是一个需要调动大量资源来应对的真正意义上的挑战或困难。然而，无助儿童已然被批评击垮，从而将此看作不可能完成的任务，于是无法做出任何努力来改善现状。这就好像他们已经下了结论，并把其当作最终评判。

惩罚预期

在角色扮演中，无助儿童再次让家长和老师表达出了更多的批评和消极评价，这意味着他们认为自己的表现是应该受到责备的。比如：

- 你真差劲。
- 我讨厌这些数字。
- 你做得非常糟糕。
- 这幅画太糟了。
- 我们最好扔掉它。
- 你是怎么做的？这个房子不好看，我不喜欢！

103 而那些掌握定向的儿童让家长和老师说了什么呢？下面是两个例子：

- 是你写了这些了不起的数字吗？
- 这幅画太好看了。你何不再给那个小朋友画上脚呢？

这些发现同样说明，对于幼儿来说，最重要的事情是成为好孩子，因此只有从这个角度才能观察到他们对错误和失败的反应。这些孩子正在学习是什么让一个人好或坏。努力、良好的意图和对技能的部分掌握能使儿童成为好孩子吗？还是说有瑕疵、被批评的作品会让儿童成为坏孩子？我们在研究中把这两者对立了起来——儿童有着良好的意图和努力，事实上做得也不错，但他们的作品有瑕疵并遭到了批评。研究结果显示，无助和掌握定向的儿童应对这一两难困境的方式截然不同。

有一个男孩给我们留下了非常深刻的印象，他体验到了激烈的冲突，并在角色扮演中表现了出来。他扮演的父母完全站在不同的立场，一个关注努力，一个关注瑕疵，即分别是好孩子和坏孩子的指标：

妈妈：咦？你在伤心什么呢？

男孩：我给老师写了一串数字，但不小心漏掉了“8”，我好难过。

妈妈：有一件事情可以让你高兴起来。

男孩：是什么？

妈妈：如果你真诚地告诉老师你已经尽力了，我想她不会生气的。［转向爸爸说：］我们不生他的气，对吗？

爸爸：怎么可能不生气?! 儿子，你最好回房间去反思一下。

遗憾的是，这个男孩似乎更看重爸爸的反馈，于是他给了作品和他自己糟糕的评价。但是，至少他知道大人可能会对这件事持有两种观点，这和其他那些非常确信错误将招致责备的无助儿童还是有所不同的。

关于“坏”的自我评价

我们还用了一个新的测量方法，即直接询问儿童在发生了这一系列事之后对自身的感受。例如，我们会说：

> 回想一下刚才那幅画的故事。整件事让你感觉自己是一个好孩子还是坏孩子？［儿童作答。］整件事让你觉得自己是友善的还是不那么友善的？［儿童作答。］

结果发现，只有少数（少于10%）掌握定向儿童因为这件事而自觉不
104 是一个好孩子，原因是他们觉得自己受到的批评怪怪的。

与之相对，高达60%的无助儿童说，因为之前发生的事，他们感觉自己不是一个好孩子。更令人惊讶的是，还有40%的无助儿童甚至自觉不是一个友善的人。值得点出的是，他们努力的目的就是给老师制造一个友善的惊喜。但那些批评对他们如此具有伤害性，以至于很多人忘掉了美好的初衷，并自觉受到责备也是应该的。

另一件值得注意的事情是，这里的批评仅仅是通过玩偶做出的假装批评。那为什么还会产生那么大影响呢？正如我一直在说的，失败对于无助儿童具有某种意义——有关他们是否正确、是否胜任、是否好，所以才会出现上面的结果。因此，媒介是什么并不重要，传递出什么信息才最重要。

不过，是不是也有可能是因为儿童觉得成人永远是对的，成人的观点比自己的更有说服力，所以老师的批评才对他们有如此大的影响？

为了寻找答案，我们让儿童想象："你正开心地听喜欢的音乐。你跟爸爸说：'我好喜欢这首歌。'爸爸回答说：'我可一点都不喜欢。'你觉得谁说的对？"结果无助儿童与掌握定向儿童的回答没有显著的差异：76%的无助儿童和69%的掌握定向儿童认为自己的判断是对的而爸爸是错的。因此，无助儿童更容易受到批评的不利影响并不是因为他们更重视成人的意见，相反这一发现证明了失败和对错误的批评对于两类儿童来说有着不同的意义。在无助儿童看来，成人传达的是一个破坏性的信息；而在掌握定向儿童看来，成人传达的是一个激励性的信息。

以上研究提示我们，那些易于表现出无助反应的儿童确实认为失败和批评意味着他们是"坏孩子"。那么，他们是否也抱持相应的信念呢，一种关于"坏"的理论？

幼儿关于"坏"的理论

我们已经知道，大一些的儿童持有的一系列信念（如智力理论）令他

们更脆弱。那么幼儿是否也持有类似信念？我与盖尔·海曼一起通过研究探讨了两个可能导致幼儿无助反应的信念。

第一个信念是“犯错误不是好孩子”。我们刚才看到了，有些幼儿会在犯错和受到批评后感觉自己是“坏的”。但是，当时他们正处于一种紧张状态，可能相当情绪化。如果在一个更轻松的情境下回答这一问题，或者这个问题不专门针对他们自己，他们还会认为犯错误意味着一个小孩“坏”吗？是的，他们还会。

我们给儿童呈现若干情境，然后问他们一些问题，例如： 105

> 想象有一个新同学来到了你的班级。你看了他的作业，发现有好多好多错误。这代表着他是一个“坏孩子”吗？

只有极少数掌握定向的儿童认为这些错误说明这个新同学不好，而很多无助儿童将错误视为“坏”的标志。这说明并非只有明显的失败经验才会令无助儿童认为错误代表坏，看上去这是他们普遍持有的信念。

第二个信念是“坏是一种稳定的特质”。对于大一点的学生，我们可以直接询问他们是否认为一种特质是固定的或可变的。然而这对幼儿并不适用，他们还没有思考抽象的内在品质以及辨别这些品质属性的经验。于是我们给他们一些具体的事例，让他们判断事例中主人公的行为会否随时间而持续。例如：

> 想象你们班来了一个新同学。他偷走了你的蜡笔，在你的作业本上乱画，还弄洒了你的果汁。更可气的是，他还嘲笑和辱骂你。在你看来，这个新同学会否一直这么做呢？

和前面一样，只有极少数掌握定向儿童认为这种不良行为是稳定的。毕竟，这是一个新同学，你怎么知道他会一直这样呢？但这样的逻辑没能改变无助儿童的想法。他们中有 50% 自信地认为这个新同学会一直这样做。

在后续研究中，我们还确认了无助反应与“坏是稳定的”这一信念之间存在显著的关联（Heyman & Dweck，1998）。

这意味着，年幼的儿童和年长的学生有着一些相同的信念，即特质可以从失败中体现，且这些特质永远存在。

这些早年的观念和行为反应会持续多久？我们非正式地对两项研究中的幼儿进行了两年的追踪（Heyman et al.，1992；Smiley & Dweck，1994），发现他们关于“坏”的信念以及失败后的无助（或掌握定向）反应具有相当的稳定性。于是，我们更有必要去了解这些信念和模型从何而来，又受什么影响。

❖ 关于“坏”的思考

有一点请注意，绝大多数小朋友（不仅仅是脆弱的那些）会在他们的
106 年龄段参与、好奇甚至沉迷于好与坏的问题。这渗透在他们做游戏、讲故事、提问题的各种活动中（Paley，1988）。在进行角色扮演时，掌握定向的儿童也总是提到与好有关的内容。（有趣的是，这一年龄段的儿童几乎没人提到智力或能力。）

不管是在当下的儿童发展研究中（Damon，1996），还是在传统的人格发展理论中（如 Erikson，1950），善或好的主题均被认为对于幼儿的自我概念至关重要。此后，当他们进入学校并融入同伴后，学业与社交方面的成功才变得更为凸显。而在生命的早期，生活的主要目标是从父母那里获得关爱与尊重，此时“好”才是最重要的通行证。

既然无助和掌握定向的幼儿均关注好坏的主题，那么他们之间有什么区别呢？我们最近的研究（Kamins & Dweck，1998；另见 Heyman et al.，1992）表明，掌握定向的儿童有着“我是好孩子”的感觉，而挫折和批评都不会破坏这种“好”的感觉。在研究中，尽管犯了错，他们仍在角色扮演中让成人玩偶确认他们是“好”的。

多数无助儿童也拥有“我是好孩子”的感觉，但某些事情的发生破坏了这种感觉（Kamins & Dweck，1998）。失败告诉他们，他们是坏的、没有价值的，并且这是无法改变的。

换句话说，大多数小朋友自我感觉良好。而脆弱儿童与坚韧儿童的区别在于这种良好的自我感觉是不是有条件的，比如是不是取决于发生了什

么。坚韧的儿童即便做错了事，依然认为自己是好的和有价值的；相反，一旦事情出现差错，脆弱儿童就会丧失自己好和有价值的感觉。

为什么儿童会觉得“好”是有条件的？其中一种可能是，父母经常以评价性的方式回应他们的行为。无助儿童告诉我们，他们之所以让父母玩偶给出严厉的批评和惩罚，是因为他们在犯错时就会像这样受到父母的评判。

必须再次说明的是，我并不认为那些儿童的父母会真的仅仅因为拼图错误或画漏了一只脚就施以惩罚。但是，他们也许确实会因为某些过错而（在整体上）评判儿童的好坏，而儿童尚分辨不了什么是任务本身的错误、什么是具体行为的错误，于是将其全盘接受。

接下来的问题是：当以评判的方式对待儿童，如用行为来评价他们的特质和整体自我时，他们会否出现无助反应？这会不会就是他们学习基于失败来评判自我的途径？我们将在下一章回答这些问题。

至此，你也许会认为，无助儿童需要别人更多地赞扬他们的“好”和能力，以快速地消解消极评价并阻止他们自我怀疑。然而，如果你这样想，就大错特错了。

第十五章
表扬与批评：脆弱性的起源

上一章我们详细探讨了幼儿的脆弱性，并了解到即使是三岁半的孩子也会出现明显的无助反应，包括低坚持性、低期待、消极自我评价、负面情绪和自己是坏孩子的感觉。那么，这些反应从何而来？儿童的这些情绪、期望和反应是如何发展的？会否仅仅是因为一些儿童天生是掌握定向，而另一些容易产生无助反应？

有些儿童的确可能与生俱来具有某种气质，使得他们具有这样或那样的倾向，比如一部分儿童天生就是冒险者，而另一些则更谨慎和容易受挫（参见 Kagan & Snidman，1991）。但我们的研究清楚表明，无论儿童天生的倾向性如何，他们从成人那里得到的反馈可以直接导致反应模式的差异，即儿童的生长环境对其反应模式具有很强的塑造作用。在我和梅利莎·卡明斯（Melissa Kamins）、克劳迪娅·米勒（Kamins & Dweck，in press；Mueller & Dweck，1998）合作的系列实验中，我们发现来自成人的批评和表扬可以直接导致掌握定向式的坚韧和无助式的脆弱。以下是我们研究的步骤。

首先，我们确定了不同类型的批评与表扬。我们参考了儿童在角色扮演过程中让父母和老师对他们作品做出的反应，查阅了儿童教养方面的文献，也观察了父母与孩子的真实互动。从中挑选出父母和教师经常使用的，以及先前研究已证明可能对不同反应模式有影响的一些表扬和批评的类型。

接下来我们设计了一些实验，让儿童们完成任务然后得到不同种类的反馈。每名儿童只会接收到一种类型的反馈，接着我们将评估这些反馈如何影响他们应对后续挫折的能力。我们感兴趣的问题是：接受了不同种类反馈的儿童在后面困难出现时会否表现出有差异的反应模式？ 108

值得注意的是，每个组的儿童是被随机分配的，也就是说在一开始，每个组都既有无助也有掌握定向的儿童，且假设他们比例相当。接着我们观察了这些反馈的作用，即在应对挫折的过程中，其中一个组会不会在整体上比另一个组表现得更无助或更掌握定向。

这样的研究设计可以确保，无论儿童在进入情境之前有着怎样的倾向性，只要情境足够强，就可以塑造他们的反应模式，哪怕只是暂时的。

我们对**批评**作用的预测相当明了：那些针对某个特质或对儿童进行整体评判的批评，会使他们在遭遇挫折时更加脆弱，也会因此学习通过表现来评价自己，而一旦表现不好就得出消极结论；与之相反，我们认为聚焦于努力或策略的批评会促进儿童使用掌握定向的反应来应对后续的困难。

然而，我们认为**表扬**也可能引发脆弱性。毕竟，表扬也可以针对特质或进行整体性评判，比如告诉儿童他们很聪明，或者在他们表现好的时候称赞他们是好孩子。这不是同样在教育儿童他们可以通过行为和表现来衡量自己吗？

也就是说，在儿童表现出色的时候赞美他们的特质或整个人同样可能教会儿童，他们的基本属性可以很容易地从行为表现中判断出来。如果他们学会了，就会在遇到失败时也像这样评价自己。

人们普遍认为，在孩子表现好的时候，没有什么能比表扬他们很棒更能让他们受益。然而我们的研究却令我们开始怀疑这一传统观念。我们提出，这样的赞扬会导致脆弱而非坚韧。但在那之前，我们先来看看批评的影响。

❖ 批评与无助及掌握定向反应

在一项研究中（Kamins & Dweck，in press），我们让幼儿园儿童通过角色扮演去模拟完成老师布置的四个任务［类似于此前提到过的海曼等（Heyman et al.，1992）的研究］，但在完成每个任务的过程中都犯了错，被老师批评了。和之前一样，这些任务通过代表儿童和老师的玩偶来完成，且因为是模拟，所以并没有直接批评儿童自己。每个任务结束后，玩偶老师会指出儿童完成任务过程中的问题，然后给予玩偶儿童批评反馈。

109 例如，其中一个任务是让儿童假装完成一幅手指绘画，老师要求他们画完把周围和自己都清理干净。他们以为全都做好了，也把老师叫来了，却突然发现自己的手还很脏，桌子上也还剩有没被收起的颜料。接下来老师会指出这些问题，并给予反馈。

对于第一组的儿童，老师给出的反馈是希望他们换一种方法解决问题。他会说："你的手还很脏，桌子上也还有颜料，你要想想看怎么样才能做得更好。"这类反馈是基于我们的观察和发现总结出来的，此前研究中的掌握定向儿童在角色扮演时常让父母表达策略建议，他们自己在遭遇困难时也往往聚焦于策略。

对于第二组，老师的反馈聚焦于某个具体行为是不是恰当，如说："我觉得你做得不对。"或者："我觉得你没做好，因为到处都是颜料。"设置这组是为了检验一个常见的儿童教养建议，即我们应该批评儿童的行为而不是他们个人。

对于第三组，也是最后一组，儿童得到的是对他们做出整体评判的批评。我们知道即便在假设情境中，因为儿童做错了事就否定他们也是不合适的，虽然很多家长经常这样做。因此，在这个组里是让玩偶老师替代性地表达对于玩偶儿童的失望。

需要再次强调的是，在所有研究中我们都采用了大量措施来保证儿童在实验结束时感觉良好。比如这里我们会在反馈和测试故事之后再讲一个故事，其中儿童表现得很好，老师给予了表扬。除此之外，实验者还会引导儿童回顾每个反馈故事，帮助他们续写一个成功的结局，即老师对儿童很好纠正了错误而给予了积极评价。也就是说，最终每名儿童都接受了一次掌握定向的训练。

在四个反馈故事结束后，我们考察了反馈带来的影响（同样类似于Heyman et al.，1992）。所有儿童会听到第五个故事，想象自己建了一个房子，却忘记了装上窗户，老师查看房子并指出错误——"这个房子没有窗户”，但不做进一步的批评。

换言之，在最后这个任务里，每个组接受完全相同的处理，而我们想知道：基于先前从老师那里得到的反馈，他们会怎样应对最后一个错误呢？

即使各组儿童在最后一个故事中经历相同，鉴于他们在先前故事中得到的反馈不一，我们仍然预期他们将以不同的方式应对这次错误。在我们看来，先前的故事会让他们学习到错误到底意味着什么，以及应当如何解释错误产生的原因。错误意味着应该改变策略？还是自己的行为不恰当？还是从整体上反映出自己是怎样的一个人？

最终的研究结果清楚地表明，相对于其他组，接收到整体性批评的组 110
表现出最强的无助反应，而得到策略反馈的组表现出最多的掌握定向反应。让我们来仔细看看这些结果。

第一，来看看在最后的故事中不同组的儿童怎样评价他们的作品，即那个没有窗户的房子。得到策略反馈的儿童给了这个房子很高的评价，平均接近5分（6点量表，最大值是6分）。与之相反，得到针对个人的反馈的儿童只给了房子3分的评价。（另一组也完成了所有测量，他们的所有结果均处在另两组中间，因此后续讨论中略去这一组。）也就是说，即使大家评价的都是同一个房子，受到整体性批评的儿童也更将其视为失败。

第二，儿童要回答这个故事让他们感受如何。结果得到策略反馈的儿童比得到针对个人的否定意见的儿童表达了显著更多的积极情绪，即便两组在最后一个故事中的经历没有差别。

第三，儿童被要求续写这个故事，以考察他们能否提出建设性解决方案。结果发现，策略反馈组的儿童比整体反馈组更可能提出建设性的解决方案。事实上，策略反馈组中的多数儿童想到了修改作品和解决问题的方法，然而整体反馈组中的多数儿童没能想出一个圆满的结局。

即使每个组提出解决方案的能力大致相同，结果仍是如此。就像我在前一章提到的那样，使用玩偶来编造一个建设性的、令人满意的结局并不困难。但儿童一旦陷入无助反应模式，就连这件轻而易举的事情都做不到，他们似乎对自己解决问题的能力彻底失去了信心。

第四，儿童回想建造房子的过程中都发生了什么，然后告诉我们这一经历让他们觉得自己是一个聪明的孩子还是一个不聪明的孩子，是一个好孩子还是一个坏孩子，是一个友善的孩子还是一个不友善的孩子，每题分开询问。结果得到策略反馈的儿童的回答多数是积极的，但收到针对个人反馈的儿童的回答多数是消极的，两组之间差异非常显著。

第五，我们想看看不同类型的反馈是否影响儿童关于“坏”的看法。针对个人的反馈会否让儿童觉得犯错误就是一种“坏”，而且这种“坏”是稳定的特质？相反，策略反馈会否让他们认为犯错并不等于“坏”，且坏的行为不一定是永久的？

我们问了孩子们这些问题，类似于前面研究中问他们是否认为一个作业错漏百出的孩子是坏孩子、举止顽皮的孩子会不会一直这样顽皮一样。
111 但这次我们并没有做出明确的预期，然而研究结果还是表明，反馈类型确实会影响到儿童对“坏”的认知。

还是那样，得到针对个人反馈的儿童比得到策略反馈的儿童更认同可以从非常具体的行为中推断出“坏”，并且“坏”是一个稳定的特质。为什么？因为针对个人的否定意见会教会孩子们，成人可以通过他们的行为深入了解他们，并判断出他们恒定的品质。就这样，孩子们也学会了从自己的表现推断特质并认定它是不变的。就像他们在最后一个故事里所做的那样——通过所犯的错误来评判自身的能力、好坏和是否友善。

简而言之，整体性批评塑造了儿童的无助模式，包括自我责备、消极情绪、无法生成建设性解决方案，以及与之相伴的普遍信念（“坏”是稳定的）。而反过来，关注孩子所用策略的批评性反馈则可以发展出掌握定向模式。

对儿童特定行为的批评（如“我觉得你做得不对”）产生的效应居于二者之间。这些儿童比整体性反馈组表现得好，却不及策略反馈组。他们没有学到错误的消极含义，但同时也没有学到错误的积极含义。

这一研究表明，给予儿童特定种类的反馈将直接导致他们产生无助或掌握定向反应。由于分组是随机的，可以认为在得到不同反馈之前各组是同质的，而在反馈任务后，组与组之间在挫折的解释和应对方式上就出现了巨大差异，这就说明是不同的反馈类型起了作用。

研究同时表明，家长们通常使用的一些反馈可能会对儿童的应对能力产生很大影响。我们研究中的儿童仅仅接受了四种情境的反馈就做出了如此大的反应，而在现实生活中他们每天都在类似的不同情境中反复经历这些反馈，后果可想而知。

❈ 表扬与无助及掌握定向反应

看完了批评的结果，我们很好奇不同类型的表扬会否产生相似的影响。如果给予儿童深层次的特质以消极反馈会对他们的能力及后续的挫折应对产生负面影响，那么**表扬**他们的特质会带来怎样的结果呢？例如，在儿童表现出色时称赞他们很聪明或表扬他们是好孩子，这会否同样是在教导儿童从行为表现中判断特质？以及，即使在得到表扬时非常开心，但一 *112*
旦表现糟糕，会不会也会据此推断出自己的特质相当负面？

这一假设与我们文化中大多数人的直觉相悖。现代教育与育儿实践有一个普遍的观点，就是要抓住一切机会尽可能多地表扬孩子，**特别是**要对他们个人进行整体性的表扬，因为这样会让儿童对自己的能力更加自信，也可以增强他们的自尊，还能鼓励他们勇于挑战，在困难面前表现坚强。

已有很多出色的研究发现，在儿童成功时给予特质取向的表扬，如称赞他们的能力，确实能提高儿童的效能感和表现。但是，并没有研究探索这些儿童在遭遇困难后会有怎样的反应，也没有研究探索儿童在得到能力表扬后是愿意继续接受有挑战的学习任务，还是只想维持自己很聪明的形象。

于是我们的研究问题就出来了：在儿童成功时表扬他们好、聪明或优秀会否导致他们在后续失败时产生无助反应？需要说明，这一推断并不是出于常识，而是因为我们的研究结果发现从个人表现中推断自身能力和优点的孩子都非常脆弱。换言之，我们认为有些时候表扬会和批评产生同样的效应。

我们设计了一系列研究来检验这一假设是否正确。我们给予孩子不同类型的表扬，它们同样为家长和老师们所常用，然后考察它们对儿童无助或掌握定向反应的影响。

研究中（Kamins & Dweck，in press，研究 2），幼儿园儿童仍模拟完成老师布置的任务，也仍使用玩偶来表演。但与前面不同的是，所有儿童在前四个任务中均取得了成功，并获得了玩偶老师的表扬。

表扬的类型依然有针对个人的、针对结果的和针对策略/努力的，但具体形式得到了扩充。于是最后一共有六组儿童，其中三组接受针对个人或特质的表扬，一组接受针对结果的表扬，另外两组接受针对努力或策略的表扬。

具体来说，前三组儿童在每次成功完成任务后都会被夸奖他们很好地完成了任务，但内容略有差异，分别为“你真是个好男孩/女孩”（组 1）、“我为你骄傲”（组 2）和“你很擅长做这个”（组 3）。它们都是针对个人或特质的表扬，我们认为即使儿童会在获得表扬时很开心和自信，仍可能在后续失败时变得脆弱。

第 4 组得到了针对具体任务结果的表扬，如“你做得好”（组 4）。

113 最后两组得到的则是针对他们努力或所用策略的表扬，如“你真的很努力”（组 5）或“你找到了一个好方法，你还能想出其他好方法吗?”（组 6）。我们认为这两组会表现得最为掌握定向，因为它的特征就是对努力和策略的关注，这也正是成功的要素。

顺便一提，在三个任务后我们检查了各组的情况，发现他们对自己在任务中的表现、情绪以及自我评价同等积极。

在四次任务和表扬均完成后，我们开始考察各组儿童将如何应对挫折。

接下来所有儿童会在两个模拟场景中遭遇失败。其中一个场景依然是他们造了一个没有窗户的房子，老师发现并指出“这个房子没有窗户”，但并不做出批评。

两个场景呈现完之后，儿童回答一系列问题，以检测挫折如何影响他们的自我评估、情绪、坚持性以及关于“坏”的信念。

研究结果清晰表明，得到针对个人的表扬的组（“你真是个好男孩/女孩”“我为你骄傲”或“你很擅长做这个”）在遇到困难时的无助程度最高，且三组间差异不大。这说明，受到最热烈表扬的儿童反而会表现得最为脆弱。

与之相反，得到努力和策略表扬的组表现得最为掌握定向。得到结果反馈的组表现仍处于中间，在后续我们将不再关注这组。

再来详细看一下结果。首先，当要求儿童对挫折情境中他们获得的成果打分时，策略表扬组的儿童比个人表扬组的儿童评分显著更高。虽然房子没有窗户，策略表扬组依然给出了积极评价，但个人表扬组显然对这个房子感到挫败。

儿童如何评价自己呢？我们要求他们回想场景中都发生了什么，然后在多个维度上对自己进行评分。他们会认为自己是聪明的还是不聪明的，是好孩子还是坏孩子，是友善的还是不友善的？结果发现，得到策略表扬的儿童在这些问题上的评分显著更加积极。也就是说，在儿童成功时夸奖他们是好孩子或很有能力将使他们在失败时认为自己不够好且缺乏能力。

接下来，我们对儿童在最后一个场景中的情绪进行了分析，也发现了同样的模式。测量方法是让儿童在大哭到大笑的一系列表情中选一个最能代表他们心情的。结果发现努力和策略表扬组的儿童对挫折感觉良好，他 114
们选择了开心的表情；而个人和特质表扬组的儿童显著感觉更糟，他们倾向于选择悲伤的表情。

然后我们使用四种方法对坚持性进行了测量。我们询问儿童希望在明天以及后天做什么任务——是之前成功了的还是失败了的任务，旨在了解儿童是否想继续尝试努力直至成功。第三个问题是问他们再次尝试失败任务的意愿（一点，中等，非常）。第四个问题是让儿童续写故事，看他们能否提出一些建设性解决方案。最后将四个问题的分数平均后作为坚持性的指标。

结果同样发现，策略表扬组的儿童更为掌握定向：他们比个人表扬组儿童显著更具坚持性和建设性。也就是说，告诉儿童他们擅长这些任务或大人很为他们骄傲可能令他们在遭遇困难时难以坚持。

最后，我们询问儿童他们是否认为功课出很多错的孩子是坏孩子，以及顽皮的孩子会不会一直顽皮。结果同样发现接受了针对个人和特质的表扬的孩子比其他组更同意这些陈述。也就是说，那样的反馈令儿童相信，整体性的评价很容易得出，并且受到评价的特质是持久存在的。即使这一点是从对积极特质给予积极反馈的过程中学到的，也可以毫无障碍地迁移到消极特质上。

总之，看上去最能提升自我的表扬（“你真是个好男孩/女孩”“我为你骄傲”或“你很擅长做这个”）却令儿童在应对未来挫折时处于明显不利的位置。相反，给予儿童有关努力和策略的积极反馈最为有利。

除了消极情绪和低坚持性，受到针对个人的表扬的儿童在表现不佳时还会出现自我贬抑。也就是说，如果你从这种表扬中学习到成功意味着你是一个好人或有才干的人，那么你也可能同时学习到失败意味着你是一个不好且无能的人；如果你从赞赏中学到为好的表现而自豪，就可能同时也学到要为糟糕的表现而感到羞愧。

❖ 条件性自我价值

从某种意义上来说，针对个人的反馈似乎在培养一种“条件性自我价值”（contingent self-worth）。它指的是，人们感觉只有成功才能让自己有价值，而失败就意味着自己有缺陷或没有价值。这一概念是很多传统人格理论的核心，如卡尔·罗杰斯（1961）和卡伦·霍尼（1937，1945，1950）的理论。他们提到，父母对儿童的某些反应教会他们只有表现出特定的行
115 为或符合一定标准时才值得被爱，于是儿童会认为只有在这些情况下他们才是有价值的人。

在早期的研究中（Hebert & Dweck，1985；Heyman et al.，1992），我们已经注意到无助的幼儿会明确表现出条件性自我价值（参见 Baldwin & Sinclair，1996；Burhans & Dweck，1995；Covington，1992；Dykman，1998；Harter，1990）。他们在失败时立刻充满沮丧，就好像知道自己会被父母（或老师）严厉批评和否定一样。他们还说，在犯了错误或受到批评时，会觉得自己不再是个好孩子了。

现在我们知道，针对个人的表扬和批评都会导致这样的结果。它们使儿童只会在成功时感到骄傲和快乐，一旦犯错就陷入自我贬抑和自我责备。

梅利莎·卡明斯和我继续探索了条件性自我价值与无助感的共变关系。在一项以幼儿园儿童为对象的研究中（Kamins & Dweck，1998），我们通过一系列问题和情境测量了儿童的条件性自我价值感，旨在弄清儿童是始终觉得自己有价值，还是只在表现出特定行为时才觉得自己有价值。然后让儿童完成前面研究用过的拼图任务（Hebert & Dweck，1985），过程中他们会遇到困难，进而测查无助反应。结果和预期一致，条件性自我价值感更高的儿童与那些总是认为自己有价值的儿童相比，几乎在所有无助反应测量上都得分更高。

迈克尔·查菲茨-格廷（Michael Chafets-Gitin）、梅利莎·卡明斯和我以大学生为对象做了另一项研究，其中探讨了学生的智力内隐观、成就目标和条件性自我价值之间的关系。我们好奇于条件性自我价值会否与实体论（认为人的特质是固定的且可由此判断出人的价值）及成就目标偏好（证明智力水平的需要；想要通过表现良好来证明自我价值）相关联。结果表明三者之间确实存在显著的高相关。

虽然这是一项尚未发表的新研究，但我们仍对结果感到振奋。与此同时，我们也感兴趣于表扬和批评是否能影响到它们所有，这或许会成为我们下一步研究的主题。

总而言之，在这一章我们成功证明了，无论针对个人或特质的表扬让儿童在当时感觉有多好，它们都可能带来巨大的风险。

不过，这一结果的产生会否只是因为年幼的儿童更容易受到成人反馈信息的影响？又或者是因为特定的实验设置导致了这些有点奇怪的结果？考虑到这些发现与常识相悖，我们认为还需要使用其他方法继续验证我们的假设。

随后的研究将以更为年长的儿童作为对象，进一步拓展我们的发现。你将看到，这些研究再次证明了针对个人或特质的表扬将带来诸多负面效应，有些甚至在儿童遭遇失败前就已显现。

第十六章
称赞智力：过多的表扬适得其反

就在探讨表扬对幼儿作用的同时，克劳迪娅·米勒和我还研究了表扬对年长些的五年级儿童的影响（Mueller & Dweck，1998）。这次我们关心的是对学生智力的表扬，这是一种广受推崇的普遍做法，例如调查发现，85%的家长相信在孩子表现好时称赞他们的能力对自尊大有裨益（Mueller & Dweck，1996）。这是为什么？

一方面，这种观念乍一看就很吸引人。一个原因是，告诉孩子他们是聪明的应该会让他们自己也相信自己是聪明的，而相信自己是聪明的会令他们在迎接挑战和克服困难时更加自信。

这一信念广为流传的另一个原因源于罗森塔尔和雅各布森（Rosenthal & Jacobson，1968）关于“皮格马利翁效应”（Pygmalion effect）或称“教师-期望效应”（teacher-expectancy effect）的研究。在研究中，他们于学年初让小学老师对班级中某些儿童产生了积极期待。老师们被告知此前的权威测试显示这些儿童将在接下来的学年中大放异彩，而事实上他们是被随机而非基于什么测试结果选出来的。然而令人惊讶的是，一年后，这些学生确实比其他跟他们差不多只不过没有被老师抱有高期待的学生取得了更好的成绩。

这些发现被解释成，当老师认为某些儿童聪明并将这一想法传达给他们时，他们就会茁壮成长。从中我们得到启示，应该抓住一切机会告诉孩子们他们是聪明的，这能够增益他们的成绩。

然而值得注意的是，罗森塔尔和雅各布森并不是简单地告诉老师们这些学生很聪明或者智商高，他们还跟老师说这些学生很可能有所作为，换言之，这些儿童更乐于学习、更愿意成长并更能从教学中受益。这样一来，研究者传达的信息有可能引导教师与这些学生进行更高效的教学互动，而不仅是称赞他们的智力那么简单。 117

另一方面，人们开始越来越多地关注消极标签带来的负面影响。有可能传递给儿童他们智商不高的教育实践受到了严格的审查，教育者们也煞费苦心地预防儿童们产生被贴上标签的感觉，这样就更加强化了积极标签才是正确之道的观点。于是多数人不但不想把学生们从实体论框架（在该框架下智力被评价和标签化）中**解放出来**，反而相信促使儿童在此框架中形成对自身智力的积极感觉才是正确的做法。

也就是说，很多原因共同导致人们相信，在儿童取得成功时表扬他们的智力可以取得良好的效果。而你一定能猜到，我们不这么认为，我们预计这样的教育实践将在儿童遭遇阻碍时显现出消极一面，此外我们还预期称赞儿童的智力甚至还可能在他们遭遇阻碍之前就已经产生适得其反的效果。

我们推测，表扬智力可能使儿童想要逃离挑战性的和可能损害他们积极自我评价的任务。相反，他们会被更简单的任务吸引以证实自己是聪明的。设想一下，如果有人在看过你的表现后说你非常聪明，这样的称赞还会让你渴望接受可能暴露你缺陷的挑战吗？你会不会希望继续表现出色以维持自己身上的“聪明”标签？

在研究中，我们让学生们完成一个问题解决任务（Mueller & Dweck，1998）。在第一部分题目中，所有学生都做得非常好，然后得到反馈：“哇哦！你把这些题全做对了，这是一个非常高的分数！”

对于控制组的学生，他们收到的反馈到此为止。对于“智力表扬”组的学生，他们还会继续收到反馈说“你一定很聪明”，而“努力表扬”组的学生则会继续收到反馈说“你一定非常努力”。

在此之后，我们测量了学生们的目标。他们是希望完成一个可以继续展示自己很聪明的任务（表现目标任务），还是一个可以从中学到更多东西但可能导致他们看起来不那么聪明的任务（学习目标任务）？

结果发现，三组的目标选择完全不同。受到智力表扬的小组更愿意从事表现目标任务，三分之二的人选择了可以保证自己继续彰显聪明的任务。

118 与之相反，受到努力表扬的学生中有超过 90% 选择了学习目标任务。他们对保持成功不感兴趣，而更青睐于一个可能带来潜在收益的挑战性任务。（控制组学生的选择介于这两组之间。）

这意味着，甚至还没有发生真实的失败，学生们的目标就已然被收到的反馈所影响：大多数被称赞了智力的孩子不再感兴趣于挑战和学习。

第一部分结束后，学生们继续回答第二个部分的题目。这时他们的表现将相对较差，实验者会告知他们结果并询问一系列问题：（a）在答题过程中体验到的愉悦感（“你有多喜欢回答这些问题？”“总体而言你觉得解答这些问题有趣吗？”）；（b）继续尝试解决这些问题的意愿（“你有多愿意带一些题目回家继续做？”）；（c）对失败的解释（“我不够努力”或“我不擅长这些题”或“我不够聪明”）。

接下来继续解答第三部分的问题，用以观察第二阶段的失败对后续表现的作用。

与之前一样，各组之间差异非常显著。其中，智力表扬组在遭遇失败后报告了最低的愉悦感，而最高的是努力表扬组。

在继续尝试意愿上，被表扬了智力的学生最不愿意继续带题回家做。也许他们此时觉得这些题讨厌，于是不想再去碰它们；又或许他们认为任务表现取决于能力，即使继续努力也于事无补。

学生们如何解释他们的失败呢？首先，被表扬了智力的学生最不可能将失败归于努力不足，而这是另两组最认可的解释。也就是说，接受了智力方面赞扬的孩子不再认为努力可以解释他们取得的结果。

其次，那些被告知拥有高能力的学生恰恰是在失败时谴责自身能力的人，同时他们还是在失败后最容易说失败意味着他们**不**擅长（或不聪明）的人。换句话说，就像我们一直强调的，当你教儿童通过成功来评判自己时，他们也一样会通过失败评判自己。

最后，被表扬了智力的学生在第三部分题目上的表现最差。事实上，与第一部分表现相比，他们在这一阶段退步明显。第二阶段的失败对他们而言无疑是一次滑铁卢。相反，努力表扬组在这部分题目上的表现最好，甚至比第一阶段还好。失败不但没有阻碍这些学生，反而激励了他们。

总而言之，在儿童成功后对他们的智力进行夸赞，可能使他们变得脆 119
弱，这一结果可能即刻显现，也可能在后续碰到失败后表现出来。

这项研究还额外在另两拨学生中得到了部分重复和补充检验（Mueller & Dweck，1998，研究 2 和 4）。这些学生只完成第一部分任务（即成功任务），然后我们就给予他们和前面一样的三种反馈，并询问一系列有关愉悦感和坚持意愿的问题。结果发现，被表扬智力的学生和其他组的学生表达了同等程度的愉悦感和坚持意愿。也就是说，智力表扬组学生的动机在此时完全没有问题，而一旦遭遇失败，他们的愉悦感和坚持意愿就会骤然下降，能力自信和成绩表现也是如此。

这一结果实在令人惊讶，于是我们又用另一群学生做了重复，并再次得到了相同的结果。也就是说，我们总共完成了三次实验，对象分布在美国的不同地区，来自各个民族和种族，而得到的结果完全相同。

同时我们还发现了其他一些结果。首先，表扬智力会令学生非常关注表现目标，以至于在失败后说谎。例如，我们在研究中（Mueller & Dweck，1998，研究 3）对学生们说要在另一个学校进行相同的研究，而那所学校的学生想从已经做过这些题的人这里得知一点关于研究的信息。随后我们发给学生们一张表格，让他们把对于任务的想法写在上面。其中有一题询问他们在每个部分中答对了多少题。他们会如实报告还是会美化自己的表现？

我们发现，那些受到努力表扬的儿童几乎都如实报告了自己的表现，只有一个孩子为了获得更高的社会赞许而粉饰了自己的分数。与之相反，智力表扬组中有超过 40% 的儿童谎报了自己的分数，表现良好对于他们来说是如此重要，以至于他们不惜扭曲事实来给不认识的人留下好印象。

我们还想知道，表扬智力或努力会否影响到儿童的智力内隐理论。表扬智力会让学生们认为智力是一种反映于表现中的实体吗？表扬努力会引导学生们认识到能力可通过努力来塑造吗？在接下来两个研究中，我们探讨了它们的答案（Mueller & Dweck，1998，研究 4 和 5）。

虽然智力内隐理论相对稳定，但强有力的实验情境还是可以使某些观点相对凸显，从而在短时间内影响到学生的信念。而且我们也发现，如果学生反复经历这些情境，他们的内隐理论就可能被永久塑造。

120 的确如此，学生们受到什么样的表扬改变了他们对智力的看法。相较于被表扬努力的学生，被表扬智力的学生明显更认可智力实体论。无论在初次成功后就测量（研究4）还是在遭遇失败后再测量（研究5），结果都是如此。

这或许是因为，受到智力赞扬的学生在初次成功后非常渴望认同实体论。确实，他们刚刚成功过，并被告知很聪明。在这种情况下，有什么理由不相信那个声称智力是一个稳定实体的理论呢？但是，随后当他们感觉自己的表现或智力不佳时，他们仍比受到努力表扬的学生显著更多地持有实体论。

我们还想确定的一点是，如果我们在表扬后更换主试或者让学生完成另一个全新的任务，结果会不会发生变化。也就是说，我们想确认，学生会将表扬传递的信息迁移到一个新的人布置的新任务中，而不是仅认为某个特定的任务或某个特定的人会评估他们的智力。结果发现，即使在表扬后更换了全新的任务（研究6）或全新的主试（研究5），智力表扬仍然会导致学生们更脆弱，而努力表扬让学生们更坚韧。

到这里我们总共进行了六个关于智力表扬的研究，对象包括各种各样的学生，他们来自不同的族群和不同的地方（从纽约市区到印第安纳州的农村）。每一次我们都发现，在学生成功后表扬他们的智力将带来诸多弊端，使学生们过于追求表现，为了看起来优秀而牺牲学习的机会，甚至撒谎；使学生们更容易受到失败的困扰，在遭遇挫折时不那么坚持并兴趣索然，表现也变得更差，同时对于自身能力的信心也大幅下降。这意味着，那些智力受到赞扬的学生最终却成了对智力最不自信的学生。

最后，表扬智力还将助长智力固定的观念，而我们已知这种信念和个体的脆弱性有关。与其截然不同的是，表扬努力促成了一系列积极的结果。

当然，我并不是说表扬儿童的智力是最糟糕的教育方法，我也不否认还存在一些更差劲的做法，但正如这些研究所揭示的一样，我们明显还有更好的选择。

❖ 智力表扬与努力表扬的启示：赞赏努力就够了吗？

在日常经验里，面对一个表现出色的儿童，很多人都很难抑制自己的冲动去告诉他们在这件事情上表现得有多么优秀、多么天才或多么聪明。我们想不到其他方式来表达喜悦和赞美，也不觉得努力表扬会是一种更恰 121
当的方案。

然而事实上，以适当方式表扬儿童的努力和策略同样可以起到表达赞许的效果。如果一个儿童画了一张很可爱的画，我们可以询问并赞扬他是如何着色、构图和描画纹理的；如果一个儿童解答了一系列有难度的数学题，我们可以询问并赞美他使用的策略，也可以表扬他在做题时的专注；如果一个儿童写了一些精彩的故事，我们可以询问并赞美他是如何想出这些有趣的人物和故事的，我们还可以问他是如何决定故事走向的，甚至可以和他一起思考故事接下来会怎样发展。

我们已经看到，这种针对过程的讨论和表扬相较于针对个人的表扬在各个方面都更能真正实现赞赏的价值。后者实质上忽略了个体所做的事情的本质和真正的价值，而仅仅把成功作为能力的反映。

那么，如果没有努力可以表扬该怎么办？比如一个学生迅速、轻易且完美地做完了某个任务，我们极有可能忍不住夸赞他的智力，然而更好的做法是为让他浪费时间去做了毫无挑战性也学不到任何东西的事情而道歉。我们不应该将轻而易举的成功说成了不起的成功，也不应该教孩子们将仅付出很少努力而完成的作品当成值得骄傲的东西。我们应该引导他们去从事那些可以获益更多并让时间利用更高效的活动。

❖ 鼓励成就的启示

对于低成就者

很长时间以来，人们忧虑于负面标签带来的效应。例如，我们担心成绩不好的学生会被贴上低智力的标签，并因此受到进一步的伤害。这一担忧完全合理，因为负面标签确实有害。这一点已被很多研究证明，也可以在我们的研究中看到，如那些无助的学生会在失败和低落时给自己贴上负面的标签。

那么积极标签就一定积极吗？我们研究的重要启发之一就是，积极的标签并不能解决所有问题。即使是和智力有关的标签，无论好坏，也都存在潜在的破坏作用，因为它们都在引导学生认为深层的智力可以轻易从外在表现中判断出来。

换句话说，在成绩不好的学生取得成功时，通过表扬智力来激励他们取得更大成功并不是一个好主意，即使这对于增强自信来说极具诱惑性。相反，我们的研究显示，给予他们的关注和肯定应聚焦于努力或策略，因为这能教导他们努力和策略对于成功的重要性，并促使他们专注于努力和策略来战胜失败。

122 这对于那些学业有困难的学生来说尤为重要。他们并不需要过多的表扬，他们需要的是学会如何理解及应对挫折。他们将会遭遇一连串挑战，因此必须明白挑战是一件能促进他们学习而非责备他们能力不足的事情。

对于高成就者

我们的发现对于成绩好的学生也同样有启示，尤其是那些被贴上了“天才”标签的孩子（参见 Dweck，in press）。人们可能以为让孩子们自觉有天赋可以增进他们的自尊，但仅仅是“有天赋”这个词就会让人想起实体论。它暗示着学生们是被神奇地赋予了某种“实体”，也就是大量智力，从而变得与众不同。

因此，当学生被贴上诸如此类的标签后，他们可能过度关注如何证明这一标签是对的，而不关心寻求挑战和提高技能——正如我们研究中那些受到智力表扬的学生一样。他们可能还会在面对挫折时表现得更糟糕，因为担心这些错误、困惑以及失败意味着他们配不上这个诱人的标签。如果说“天才”使他们与众不同的话，那么失去这样的标签或许就意味着他们是“平庸”的，是才不配位的。

我一位朋友的弟弟是个数学天才。他刚上初中的时候就开始修读大学的课程了，而且每到暑假就会被送去向各个数学家学习。他的数学天赋是整个家庭的焦点。慢慢地，他的自我感觉越来越好，并开始取笑别人的智力。然而，随着挑战越来越大，他越来越恐惧无法取得好成绩，并开始逃避本可以解决的难题。现在，他做着一份相当普通的工作，并自苦于没那么天才的普通人取得了超越他的成就。简而言之，为了保护自己的天才身份，他在遭遇真正的挑战时屡屡退缩，以至于未能充分发挥出自己的潜能。

每年秋天，成百上千从未经历过失败的天才学生出现在大学里，他们都曾是所在中学的明星。身边突然一下充满了同样天赋异禀的人，会是什么感觉？对于一些学生来说，来到这样一个刺激的新环境非常兴奋，因为可以与如此多才华横溢的同侪交流学习。然而对于另一些学生来说则相当可怕，因为他们引以为傲的资本——比任何人都聪明——消失了。

于是在这些学生中，部分人会表现出强烈的无助反应。他们开始认为自己根本就不聪明，而不是努力学习以克服新环境中的挑战。他们甚至放弃学术志向，对自己每况愈下的成绩自暴自弃。

正如我在之前章节提到的，会落入此陷阱的学生不在少数。作为中学时的超级明星，他们的天分得到老师、同学的追捧，然而一旦进入新的大学环境，他们很快变得意志消沉。比如，在一项针对密歇根大学非裔美国学生的研究中（Steele，1997a），研究者发现他们中很多在大一时就选择 123
了退学。这是因为他们还没有准备好在严酷的顶级名校中学习吗？数据表明并不是这个原因。更令人吃惊的是，在入学时的学业水平考试中取得高分（平均超过 700 分）的非裔美国学生的退学率和分数较低（平均在 500 分左右）学生的退学率几乎是**一样**的。

如果将这个考试分数视为学业准备程度指标的话，就意味着准备充分和不充分的学生有同等可能性选择退学。这和我一直在说的不谋而合，即无助反应和学生的现有能力无关。无论学生的现有技能水平如何，他们一样可能在遭遇困难时抱怨自己能力不够或直接放弃。也就是我们始终强调的，某些教育实践——如给学生贴上“天才”的标签——可能会令很多能力不错的学生变得脆弱。

请注意我绝不是说应该无视学生的出色表现，或者不去识别那些成绩卓越的学生。我想说的是，我们对寻求挑战、付出努力以及寻找策略的强调更为重要（参见 Aronson & Fried，1998）。只有这样，在今后遭遇阻碍时，他们才不会被智力排名所压垮，他们才能知道应如何建设性地应对。

对于成绩好的女生

我们的发现还能帮助理解我们研究中最让人困惑的发现之一——聪明女孩悖论。之前提过，聪明女孩们是小学里表现最好的一个群体：她们成绩出色，在阅读方面胜过聪明的男孩，在数学方面也和聪明的男孩旗鼓相当。老师们对此毫无疑义，这些女孩是真正的明星。

尽管如此，我们和其他研究者却在研究中发现她们是最容易被无助反应困扰的群体。相较于男孩，她们更倾向于持有智力实体论（Leggett，1985），更可能追求确信能做好的任务（即低挑战性的表现目标）（Leggett，1985；Licht & Shapiro，1982），在遭遇困难时更可能抱怨自己的能力并因此受到伤害（Licht & Dweck，1984；Licht et al.，1984；Licht & Shapiro，1982；另见 Burgner & Hewstone，1993；Cramer & Oshima，1992；Seegers & Boekaerts，1996；Stipek & Gralinski，1991）。进入初中阶段，学业变得更具挑战性，这些女孩开始在成绩上落后于男孩，尤其在数学和科学方面（Astin，1974；Fox，1976）。

我们的研究结果已经清楚地说明，这种脆弱性可以经由对智力和特质的赞扬所塑造。在这些聪明女孩的例子中，她们长期得到大量有关自身特质很优秀的褒奖，例如比同龄的男孩举止更得体也更自律（参见 Dweck，Davidson，Nelson，& Enna，1978）。她们因此受到某种训练，学习到可以
124 从结果和反馈中度量自己（参见 Roberts，1991；Roberts & Nolen-Hoeksema，1994；另见 Pomerantz & Ruble，1998）。讽刺的是，也许正是女孩们更快的成熟懂事和更高的自律性造成了此后的脆弱性（参见 Maccoby，1998；Whiting & Whiting，1975）。

那么称赞她们的智力又会怎样呢？多年来我们一直抱有一种合理的担

忧，担心女孩们收到关于她们自身能力的**负面**信息。也就是说，我们知道社会中一直长期存在刻板印象，即女性不如男性有能力，尤其是在以数学为代表的某些特定领域。我们担心这样的刻板印象会阻碍她们取得成就。而我更担心的是，为了抵消这些刻板印象并让女孩们建立起自信，我们给予了她们大量的智力表扬。

正如在智力表扬研究中所看到的，这些经历会激发实体论、表现目标、挑战回避以及在困难面前的无助反应。也就是说，早年的成功经历与表扬令女孩们更相信实体论。

在小学，聪明的女孩们没有受到明显的阻碍，这个阶段的教学材料不会对她们构成挑战。但当我们在实验中让她们面对困难时，就会明显看到她们的脆弱反应（如 Licht & Dweck，1984a）。

小学之后，事态发生明显变化。此时那些寻求挑战、具有坚持性且能忍受短时不确定性的学生将更有优势。这是因为随着代数、几何等新科目的加入，学习难度加大，作业的要求也更加严格，这就意味着自我怀疑和表现出无助的情况会越来越多。

还有一个因素可能导致聪明女孩们出现成绩上的颓势。随着学业的进行，学生们的课程选择越来越多（Eccles，1984）。如果聪明女孩们想要选择那些确定可以做好的任务（这样可以保持高智商的感觉），那么她们只会修读较为简单的科目，而避免高等数学、科学等科目，因为挑战令她们觉得风险太大。

这就可以解释为什么这些小学里的明星没能在后来继续闪亮。必须说明的一点是，上述分析并没有假设女生们的成绩颓势是因为能力不足，而只是假设她们形成了某种动机模式，令她们不喜欢挑战且易于产生无助反应。我们的分析还进一步揭示了另一个形成这种动机模式的因素，即这些女孩早年的成功，它们引发了家长和老师对智力和特质的赞扬，这也可能促使她们习得一种将限制其后成就的思维框架。

过去，女孩们在成绩上的下滑经常被归因于其他因素。其中一个就是我们提到过的社会对于女性能力更差的刻板印象，另一个是社会对女性取得高成就的限制，这些都是女性面对的不利影响。我们绝不是否认它们对

125 女性的困扰，而是想要告诉大家，这些女孩的脆弱性早在小学阶段就出现了，而在这一阶段取得好成绩的恰恰是女孩而不是男孩。一般来说在这一时期老师们不会对女孩持有负面预期，而且她们的成绩也确实稳稳超过男孩。当然，我并不否认刻板印象对成绩的影响，只是把动机视为导致脆弱性的更重要因素，而我们关于早年高成就与后续无助反应有关联的发现也令这一观点更具可信性。

我曾经表达过我的担忧，那些旨在消除有害刻板印象并鼓励女孩取得成就的努力，或许正在引导人们更多地表扬女孩们的智力。我们的分析表明，称赞她们的挑战、努力以及策略对于女孩们来说更为重要。她们的成功确实需要被表扬，但是最好针对她们在其中付出的努力和应用的策略。她们应该被教导挑战是令人兴奋的，她们应该因接受挑战和持续努力而受到赞美。她们必须认识到，智力的标志并非即刻的完美表现，而是不断拓展能力并建构知识的习惯。

为什么聪明男孩们不会受到脆弱性的影响呢？一些人可能也会，但整体而言，聪明男孩们似乎是一个特别掌握定向的群体（Licht & Dweck，1984a；Licht & Shapiro，1982；Licht et al.，1984）。其中一部分略显荒谬的原因可能是，男孩在小学的表现没有女孩那么优秀。他们经常不用功、注意力不集中、调皮捣蛋。这使得老师们（也许还有家长们）更倾向于向男孩们强调努力（Dweck et al.，1978）。例如，老师们会勉励男孩集中注意力，并反复告诉他们如果付出努力就能做得更好。因此，虽然男孩们受到的批评和劝诫可能令他们不怎么喜欢小学，但他们会学到关于努力的宝贵一课，这对于他们的将来大有裨益。

智力表扬总是负面的吗?

我们已经看到智力表扬是如何助长实体论、表现目标以及无助反应的。那么如果在一个**增长论**框架下进行智力表扬又会如何呢？这样是否就可以了呢？

在增长论的框架中，智力具有很多不同含义并为很多不同行为所反映。例如，如果一个学生非常努力，并尝试以多种策略掌握一个新任务，他就可以被视作聪明的。我们并非想激发学生某种内在的潜藏特质，而是想让他们知道更多的努力和多种策略的运用才是一种聪明的行为。

就在不久之前，我犯了一个错误，我对我丈夫的行为进行了智力表扬。当时，我的丈夫刚刚完成了一件特别有独创性的事情，我情不自禁地脱口而出："你太有才了！"我的丈夫非常了解我关于智力表扬的研究，因此当他看到我反应过来以后脸上的表情时，安慰我说："我知道你是以一个纯粹增长论的方式来表达的，你想说的是你知道我在这上面付出了多少努力，尝试了多少办法。"

因而，在增长论框架下给予智力表扬就可以从这个角度进行解读。我 126
想甚至可以利用智力表扬来传授智力的增长论，即强调挑战、努力、策略、技能以及知识。但我们仍要小心，不要把自己作为智力的评判者，不要引导学生寻求我们对他们智力的赞赏。更好的办法还是坚持赞扬努力和策略，这也是我们一直在极力传达的。

我们的研究已然表明，成年人的表扬会向孩子们传递强有力的信息。一些时候我们的出发点是好的，我们想要传达给学生尊重和鼓励，以让他们更加自信、更好地融入社会和获得成功。但是这一良好的意愿在实践中却经常被不恰当的方法所扭曲，比如它们会建立在一些有关"自尊是什么""自尊如何运作"以及"如何建立自尊"的错误观念上。我们将在下一章讨论这个问题。

第十七章 对自尊的误解

现在回到该如何培养学生的掌握定向这个问题上。我分析过很多出于善意却导向消极结果的实践，它们有一个共同的基础，就是对自尊的错误理解。自尊经常被视为一个全或无的事物，有人有，有人没有，有会获得良好结果，没有则会变得很糟糕。

同时这些实践也源于对如何培育自尊的片面理解。孩子们的自尊常被认为可以由大人赋予，我们总会告诉他们，他们拥有诸多优秀品质，如很聪明等等。

这些关于自尊的信念鼓励成人向孩子们撒谎——夸大积极面、粉饰消极面或彻底隐藏消极信息，因为我们害怕这些负面信息与批评会损害孩子们的自尊。

这就好像我们已经接受实体论，即孩子们需要通过不断的成功来保持良好的自我感觉，而失败则传递了有关智力与价值的负面信息。事实上，当我们吹捧他们个人而不是鼓励他们努力时，当我们掩盖他们的缺点而不是帮助他们克服缺点时，当我们帮他们消除阻碍而不是教他们如何应对阻碍时，我们就已深深地陷在了实体论之中。

类似地，这些实践也向孩子们传递了智力实体论的观念。它们让孩子们相信，智力是最重要的，智力低下非常可耻，这也致使我们不得不向孩子们隐瞒他们的错误与缺陷。

这种方式或许会在某些方面起到作用。当告诉孩子们他们很聪明，同时给予他们连续的成功体验时，他们也许确实会感觉良好，但同时他们也会被植入一种价值，即所谓的“特权感”（entitlement）。他们可能会觉得，自己有权享受轻松成功的生活，有权因很少的努力而得到慷慨的赞扬（Damon，1995；Seligman et al.，1995）；他们可能理所当然地认为自己有资格接受社会提供的一切便利而不用努力争取。是啊，他们何曾被告知过需要付出努力呢？然而这种所谓的“自尊”，既不是学生需要的，也不是 128
社会需要的。

此外，当这个世界没有人再像父母与老师那样想办法让他们感觉良好，当世界不接受他们现在的样子，当世界在给予奖励前提出很多严苛的要求时，这些孩子就会变得愤怒、痛苦与自我怀疑（例如，参见 Bushman & Baumeister，1998）。一旦先于成功到来的是挫折、失败与拒绝，他们该如何是好？

最近，我在地铁上偶然听到三位女大学生的对话，她们全都很有魅力且口齿伶俐，但她们聊天的内容却着实让我吃惊。她们讨论的是该去谈恋爱，还是干脆选择周末待在家里和朋友们一起。

起初我不理解为什么她们会如此悲观，随后我意识到她们必然经历过某些不愉快的事情。如果有过努力很少就取得成功的经历，相信成功总会手到擒来，那么即便是小小的挫败也足以让人在生活的竞技场中怯懦退缩。

你或许会认为，每个人都应该知道，在那些非常重要的领域（如职业生涯或者人际关系）难免经历挫败。那么，我们隐瞒该事实真的是在帮助他们吗？我当然不主张用过早面对失败作为锻炼年轻人的方法，因为在实体论的框架中，失败会让人泄气；我真正的主张是教给学生们另一种框架，在其中努力是被期待与享受的事情，而挫败是有教育意义和挑战性的。

❖ 关于自尊的另一种观点

我们希望孩子们拥有基本的自我价值感，知道自己被尊重与爱护。但这并非我们能掌控的事情，我们能做的无非就是告诉他们该如何去生活，学会用积极的方式来体验自我。

在这种观点中，自尊并非你有或没有的东西，而是当你充分调动自身力量去征服挑战、学习知识、帮助他人时的一种体验自我的方式。

我们在增长论者回答他们什么时候觉得自己聪明时看到了这种观点。对于实体论者来说，在以零失误和超越他人的方式快速解决问题时感受到最高的智力自尊；而对于增长论者来说，令他们感到自己很聪明的是努力学习新东西、独立掌握技能和利用已有知识帮助其他人。

在增长论的框架内，自尊是全身心投入为有价值的东西奋斗时的感受，是充分运用自己的能力投身至深深珍视的事物时的体验。它并不是要
129 展现出过人的品质，或者炫耀自己比别人更优秀。此外，增长论还认为，通过努力来迎接挑战以及发挥能力去帮助他人，不仅可以培养自尊，还能创造出富有成效与建设性的生活。

那么，大人们应当如何促进这种类型的自尊呢？答案就是我一直在说的：强调学习、挑战、努力与策略。我们可以向孩子们展现如何在遇到困难时充满热情地迎接挑战，可以向孩子们讲述努力完成任务时的感觉有多棒，还可以示范在寻找到新策略时的兴奋，总结在失败策略中学到的教训。在孩子们完成任务的过程中，我们应该这样鼓励他们。

除此之外，我们也可以在增长论的框架下对学生们说实话。在他们还没学会某些知识或技能，或者落后于周遭同学时，告诉他们这不意味着什么严重的丢人的缺陷。这些信号仅仅表明他们需要更努力地学习，或去尝试新的学习策略。如果他们掌握知识的速度落后于其他同学，就说明如果想获得好成绩就需要更加努力。换句话说，我们可以坦诚地告诉学生他们缺少什么，以及应该怎么做才能实现目标。

在实体论的框架下，对于学习相对较慢的学生，我们会默默地给他们智力较低的评判，安排简单的内容让他们学习，尽量让他们觉得自己是聪明的，以此来保护他们的自尊，但这种方式只会让他们在未来落得越来越远。

而在增长论的框架下，我们诚实地让学生自己选择。如果想要取得成功，就必须努力付出，同时也要准备好帮助他们认识到到底需要付出些什么。

我非常惊讶于很多高智商的人甚至知识分子在读书时竟完全不知道学习意味着什么。他们只是从头到尾读一遍材料，也可能两遍，然后就去参

加考试。他们不知道概括知识，不知道自我测试，也不知道其他的学习技能。我在美国的顶尖大学授课，而那里真的有许多学生不知道该采用何种学习方法才能获得对知识最大限度的理解与记忆。

这就是我们帮助学生获得高自尊的方法。我们可以坦诚地说出他们现在有什么样的技能，告诉他们在追求学习与生活目标时还需要什么技能，告诉他们可以如何培养所需的技能。随后，我们还要为他们提供帮助，引导他们掌握所需的生活态度、工作习惯及学习策略。

总之，对自尊的不同看法带来不同的结果。一种观点认为自尊是成人可以赋予学生的东西，途径是确保他们取得成功和夸赞他们是聪明的。然而，这种观点只能在学生获得轻松与连续的成功时才会有效。

另一种更具建设性的观点则认为，自尊是一种体验，在学生们努力学习新事物及全心投入某件事的时候即可获得。我们无法轻易地把自尊赋予孩子们，却可以培养他们的自尊，这样将有助于他们相信挑战与努力可以提升自尊，而非对自我的威胁。

两种自尊观的启示 130

讲出实话

我注意到两种自尊观的重要差异之一在于，其中一种迫使我们曲解事实，而另一种则允许我们讲出实话。事实上，后一种观点认为我们**需要**告诉学生真相是什么，以便他们可以做出明智的选择。如果他们希望学到知识与获得成功，就必须努力付出去学习和掌握新的策略。而我们则需要提供适当的指导，同时还要示范和教导他们什么才是合适的态度与习惯，但之后主要还是要靠他们自己的行动。

在教育实践中有一个很大的争议，即“能力分组”（ability grouping）的问题，具体是根据学生当前的成绩水平进行分班，相对优秀的学生分到一个班，相对较差的学生分到另一个班。

支持者们主张，将不同水平的学生混在一起会阻碍高水平学生的发展，因为混编会迫使老师去讲授一些相对低级的知识，而这不是高水平学生所需要的。支持者们还认为这种教育模式也不利于低水平的学生，因为他们需要很努力地去学习那些同龄人已经了解的知识。简言之，支持者们认为，在各种能力水平都包含的混合班级中，任何学生的需要都没法被真正关注到。

反对者们的想法则很简单，他们认为按能力分班是对低水平学生的污名化，他们担心被划到低能力班的学生会被打上愚蠢的标签。事实上以实体论的框架来看，的确如此。

我不能算是教育实践领域的专家，所以很难说是支持还是反对。我只能说增长论并不认为落后是羞耻的事情。也许学生 A 当下的阅读不如学生 B 顺畅，学生 C 现在的数学能力没有学生 D 强，这仅仅是些事实而已。那我们该如何应对这些事实呢？

正如我之前讨论的那样，在实体论的框架下，人们会试图掩饰事实，尽管私下里已经认定学生 A 与 C 相对较差，且将持续较差。相反，在增长论的框架下，我们承认不同的学生目前表现出不同的能力水平（但并不是固有能力的体现），然后让他们专注于学习任务本身。正是在像这样需要努力和卷入的学习过程中，学生们才能真正地体验到自尊是什么。

因此，增长论及其自尊观允许并要求我们讲出实话。我们要如实告诉孩子们他们当前的技能与知识水平，而不是告诉他们能力是恒定不变的；此外，我们也可以诚实地告诉他们应当怎样去努力与奋斗才能掌握更高水平的技能和知识。

❖ 对待同伴的态度

在实体论的框架里，同伴通常是自尊的竞争者。当问学生他们什么时候觉得自己聪明时，实体论者表示会在比其他学生表现更好时感觉很棒，
131 比如他们某次考得很好而其他同学考砸了。某些大学生甚至还表示，当其他人做出愚蠢的行为时，他们会觉得自己很聪明。可见，他人的不幸滋长了学生的自尊。

确实，在评估诸如智力等不可见的内在特质时，一种好用的方法便是和其他人进行比较（Butler，1988，1992；Nicholls，1984）。如果你比其他人做得好，还没付出多少努力，你就肯定比他们更聪明。这就是为什么同伴会成为你的竞争对手。

然而，如果自尊来自你自己的努力与奋斗，来自你对自身能力的运用，那么它就与别人的自尊不冲突。你可能还记得，增长论者不仅在完成新任务时感觉自己聪明，而且在帮助同伴学习时也感觉自己聪明。因此在增长论的框架里，同伴间可以通过相互合作及促进对方学习来收获自尊，他们并非彼此自尊的竞争者。

因此我相信，实体论会严重损害到学生们的成绩以及他们对待同伴的态度。它导致许多青少年将“成绩不好”奉为交往准则，并排斥那些努力进步的同龄人（Covington，1992；Juvenon，1995；另见 Ogbu，1991）。

也就是说，实体论创造了一个存在优胜者与失败者的系统，其中只有少数优胜者位于顶端，多数是在他们之下的失败者。由此可以理解，许多青少年通过创建自身的规则系统来反抗这一点，在他们的规则中，工作努力与成绩优异是受到否定和惩罚的。

学生们凭借这种方式来合谋削弱实体论所创造的指定优胜者与失败者的系统。他们企图通过同伴压力来贬抑优胜者，使失败者们团结在一起。同时，将“低努力”视作行动标准也进一步保护了学生们关于智力的信念（参见第六章）：如果没有付出，成绩差就不意味着不聪明。

就这样，很遗憾，通过创造“低努力”与“低成就”的规则体系，学生们逐渐消弭了自我价值并限制了未来的可能性。

相反，这种同伴交往规则很少出现在增长论的体系中。因为在增长论的框架内，努力是核心价值，充分发挥能力是自尊的基础，同伴也不是为了捍卫智力和自尊而竞争的对手。

❖ 总结

在本章，我提出了两种有关自尊的观点。其中一种认为，很少的努力、轻易获得的成功与他人的失败可以让学生们感觉良好，如果你不觉得这样有问题，就看一看学生们是如何不惜自我挫败来逃脱这个系统的。

相反，另一种观点认为，直面挑战、努力工作、拓展能力以及充分利用知识技能去帮助他人，才会让学生感觉良好。

你可以思考到底哪种观点对学生及社会最有利。

第十八章 132
人格、动机、发展与自我：理论反思

每个人都拥有一套信念系统来建构世界和解释经验。如果缺失，就会迷茫。

在这些信念中，有的指向一个动态的自我、动态的世界以及成长的可能。正如我们看到的，这些信念帮助人们坚定地生活：寻找方法来弥补自身不足和解决问题。它们还鼓励人们去发现他人的潜能。

而另一些信念则描画出一个仅包含内在和固定特质的、静止的自我和世界。它们也可能带来好处，因为这是一个简单易懂的世界，身处其中将获得很高的安全感。正如乔治·凯利（George Kelly，1955）所说，信念系统的主要功能之一是让人感到未来发生的事是可预测的。但是，就像之前章节所说，实体论的信念也会让人做出更刻板的判断，阻碍人们看到自身的能力，限制前行的道路，还促使人们将人简单分类：聪明的和不聪明的，有品格的和没品格的，有价值的和没价值的。

这并不是说某个系统更合理、更有逻辑、更先进或更成熟。它们都可以做到逻辑自洽，并广泛出现在各行各业和各种教育水平的人身上。

对这些信念系统的研究可以告诉我们哪些有关动机和人格的信息呢？首先，如前所述，这些信念在人群（幼儿和大学生）中相当稳定，至少在研究追踪的2～4年内变动不大。这就意味着它们是真实的人格部分，是与认同、自我概念、自尊等缠绕在一起的（参照 Epstein，1990）。

这些信念也是动机系统的组成部分，强烈地影响到人们追求什么目标、动机倾向于内在还是外在、兴趣能维持多长时间、完成任务的动力以 133

及其他很多事情。

但是，这些信念也是可以被影响或改变的。它们可以被外显的信息直接影响（Aronson & Fried，1998；Bergen，1992；Chiu et al.，1997；Levy，1998；Levy et al.，1998），也可以通过他人反馈中包含的信息被间接改变（如针对个人或特质的表扬，详见 Kamins & Dweck，in press；Mueller & Dweck，1998）。有些改变的只是一种“思维定势”，要想维持必须一直处在相关信息的情境中，而一些特别有说服力的信息如果反复出现则可实现长期的改变（参见 Aronson & Fried，1998；Jones，1990）。

也就是说，尽管这些信念是相对稳定的个体差异，它们也可能发生动态变化。尽管大多数人会在实体论和增长论中有所偏好，但同时也可以理解对立的观点，甚至表现出与对立观点一致的行为。

在我看来，这就是人格运作的方式。我们在进入情境时持有某些相对稳定的倾向，但是情境本身也会塑造这些倾向。多数时候这种塑造是短期的，但有时也可能带来持久的改变（参见 Mischel & Shoda，1995）。

这些发现如何与现有的人格和动机理论相结合？本章将围绕这个问题展开讨论。

我们无法对所有的人格和动机理论进行全面阐述，只能摘取片段，旨在突出我们模型的关键特征。我也不认为这个模型是一个完整的动机或人格理论，它只是一种取向的示例。

❖ 关于人格与动机的理论

特质理论

很多有影响力的人格理论将人格形容为一系列特质的集合（Costa & McCrae 1994b；Goldberg，1990；McCrae & John，1992）。这些理论认为，每个人都有一套自己的特质。例如，某个人也许具有很高的宜人性和开放性，但尽责性较低。

这些特质可以描述行为，却不能回答行为背后的**原因**。这些特质没有告诉人们什么样的情境会触发什么样的行为，或者什么才是这些行为的心理原因（参见 Mischel，1990；Pervin，1994a，b；另见 Block，1995）。而我们整本书都在谈论行为的心理原因——人们在进入情境时持有的目标和信念如何导致他们以某种方式行动。

由于特质理论并未涉及行为背后的心理，故而也无从得知该如何获得改变。事实上，许多特质理论家并不相信人格是可以改变的，他们倾向于认为人的基本特质根植于生理特征（Eysenck，1982；Loehlin，1992；另见 Costa & McCrae，1994a，b）。而事实上，虽然一些情绪和气质倾向性确实具有生理基础（参见 Buss，1989），但很多强有力的证据表明它们及其表现方式也会受到后天经验的极大影响（Bronfenbrenner & Ceci，1994；Ka- *134*
gan & Snidman，1991；另见 Higley & Suomi，1996；Suomi，1977）。我们也在研究中清楚地发现，人们持有的信念和目标而非固定的特质对行为具有重大影响。

因此，特质理论或许很好地描述、概括了行为，但并没有解释行为。它无法告诉我们人是如何运转的，又可以如何改变。

动机理论

最早的相关理论发展了“动机”（motive）这一概念，即存在一些特定的动机，它们是人类机能的基础，且人们或多或少都拥有这些动机（Murray，1938）。在麦克利兰和阿特金森的开创性工作中，动机被认为是通过经验塑造的情感性和驱动式的力量，他们标识出了一些动机（如成就需要和关系需要）并阐述了它们是如何发起、推动和指导行为的（McClelland，1961；McClelland，Atkinson，Clark，& Lowell，1953）。

在我看来，这是令人钦佩的理论，但没能将目标和认知（如信念和归因）整合起来，也不够精确（参见 Dweck & Elliott，1983；Molden & Dweck，待发表；另见 Dweck，1986）。首先，不包含目标，就无法理解指向成就的奋斗可以服务于很多不同的目的。比如，它没法说明一个人是在努力证明自己聪明，还是在通过挑战自我而学习新知。正如我们所看到的，不同的目标取向具有不同的特征，也将带来不同的结果。

其次，没有包含认知（如归因）的理论不能充分解释坚持性的机制问题。不仅如此，不包含信念（如自我理论）的理论也无法解释人们从经验中获得了什么，又如何将其带入新情境中。在麦克利兰-阿特金森的理论中，一个重要的因素是对失败的恐惧。但是一个人为什么要恐惧失败呢？失败对于他们来说意味着什么呢？自我又意味着什么呢？是他人的尊重还是未来的成功？

因此，在我看来，这种动机理论对发展和改变的回应并不令人满意。一个人动机的强弱会影响到其改变吗？如果没能搞清楚具体的机制或中介因素，又从何而知该如何改变呢？

此外，动机理论也难以回应成就模式的动态性和领域特异性。一个包含一大堆泛泛动机的理论显然要比一个更聚焦的认知-目标理论更难解释成就行为的情境敏感性（回忆一下我们在不同研究中诱发出的不同模式），也更难解释人们为什么会在一个领域表现出掌握定向却在另一个领域变成了无助。

最近，安德鲁·艾略特（Andrew Elliot）出色地将动机理论和目标理论整合到了一起（Elliot，1997）。他认为成就动机是潜在的人格因素，会
135 引导人们走向不同的成就目标。在他非凡的研究中，我们可以看到“成就动机”的测量如何用于预测成就目标取向。我相信这会是一个令人兴奋且很有价值的贡献。但同时，我仍然认为我们必须纳入认知因素以更加充分地理解其中的机制、发展和变化。

人格的生物学理论

人格有多少是由生理决定的？一些心理学家认为，人格大部分编码在基因中（如 Eysenck，1982；Loehlin，1992）。他们指出父母之所以对孩子产生巨大影响，是因为基因的传承，而不是后天的相处。

大量证据表明，儿童生来就具有不同的气质，即不同的情绪性人格（Kagan & Snidman，1991）。然而，也有大量证据表明环境和父母会对气质的表达方式产生巨大影响（Bronfenbrenner & Ceci，1994；Higley & Suomi，1996；Kagan & Snidman，1991）。美国国立精神卫生研究院（NIH）的史

蒂芬·苏奥米（Steven Suomi）在一项以猴子为对象的杰出研究中证实了这一点（Suomi，1977）。一些猴子生来具有极度害羞拘束的气质，它们在正常环境中生存得很艰难。它们非常容易受惊吓，容易被别的猴子欺负，在猴群中处于非常低的地位。但是，当这些猴子的母亲是高能力的母猴时，它们也会变得很具竞争性，甚至最终站到金字塔**顶端**，即它们可以表现得比同为强势母亲抚养但不带这种先天气质的“普通”猴子更优秀。也就是说，在合适的环境里，它们高度的社会敏感性反而成了一种优势，而不再是劣势。

还有研究者通过回顾大量文献，揭示了猴子的这种情况也同样发生在人类身上（Bronfenbrenner & Ceci，1994）。我们天生具有某种气质，但我们的父母、老师、兄弟姐妹和同伴对待我们的方式决定了这种气质在生活中的表现方式。有一些气质可能是一种优势，比如开朗的性情；而一些气质可能是一种负担，比如易怒的性情。但这项研究清楚地表明，气质并不意味着命运。那么，为什么一些研究者仍然坚持认为人格主要是由遗传决定的，而环境并不重要呢？

这是因为他们关注的多是气质类的特征，比如外向的人倾向于怎么样，共享基因的人更相似，等等。他们没有关注这些气质特征是如何在人们的生活中发挥作用的，这些适应性功能被忽略了。

如果基本的气质就是人格的全部，那我们**可能**会满足于用基因来解释人格的来源。然而如果我们关心的是人们如何生活——他们的生活是否具有建设性，在问题出现时他们能否有效应对，他们能否实现自己的目标，他们如何对待他人——那么基因的故事就远远不够了。进一步地，如果我们还关注人们能否维持成功的人际关系、在学校里取得成功、做有意义的工作，那么环境就变得非常重要。这些均取决于我们学习到的东西（Bolger， *136*
Caspi，Downey，& Moorehouse，1988；Coyne & Downey，1991；Downey & Walker，1992；Lewis & Feinman，1991；Maccoby，1992）。一些气质可能有助于适应性技能的习得，但只要处于适宜的环境，几乎每个人都能做到。因此，更重要的是我们如何理解这些环境。

本书一再证明，人们拥有的信念是人格的重要组成部分，具有相当的适应性功能，而且，这些信念是可以习得的。

弗洛伊德的理论

弗洛伊德的经典理论的基础是人们具有趋乐避苦的欲望（Freud，1923/1960，1940/1949）。快乐聚焦于生理的愉悦（本能的快感），而痛苦聚焦于避免惩罚和由于渴望与寻求快乐而产生的焦虑。为了尽可能地获得快乐逃避痛苦，人们内化了社会准则，同时还发展出一套防御机制来帮助自己抵御焦虑并将冲动投入社会认可的活动中。

我们的理论并不否认快乐和痛苦对于生活的重要性，但有别于弗洛伊德的观点。首先，弗洛伊德的理论中不存在指向成长的内在动力，所有的发展，包括思维发展，都发生在趋乐避苦的过程中。然而，我们知道探索和学习是人类与生俱来的重要动力（Berlyne，1978；Hunt，1961；White，1959），于是学习目标在我们的模型中占据了重要位置。

其次，在弗洛伊德的理论中，个体并不具有与自我直接相关的目标，也就是没有哪个人的所思所虑直接与其自我的建立、确认和扩展有关。然而，在儿童发展出自我意识后，涉及自我的动机就开始发挥作用了，例如，人们想要从某些角度（如有竞争力的、好的、有价值的）来评价自己，同时也想被别人这样评价。自我及相关信念本身就很重要，而不仅仅是获得奖励和避免惩罚的手段。因此我们的模型非常关注自我，所谓内隐理论就是有关一个人自我和目标本质以及验证及拓展自我的理论，同时还涉及自尊的维持。我们也讨论过特定的反馈模式如何塑造了条件性的自我价值，进而引发了持续证明自我的需求。

最后，在弗洛伊德的理论中，所有的成就都来源于防御：人们**真正**想要的是满足基本驱力（主要是性冲动），但社会和良知不允许，于是防御机制让人采取一种妥协的方案以某些方式宣泄出强烈的本能。比如伟大的发现和艺术作品都是妥协的产物，是本能力量受社会赞许的表达方式。而在我们的模型中，驱动成就的是两个强有力的目标：证明自我能力的欲望和学习掌握新事物的欲望。

由于对弗洛伊德理论中某些观点的不满，一些弗洛伊德的追随者在其基础上进行了拓展，他们将成长和发展的内在倾向纳入理论中（Erikson，1950，1959；Horney，1937，1945，1950；Jung，1933），并更加强调自我的重要性（如 Erikson，1950，1959；Horney，1937；Kohut，1971，1977）。 137

成长导向的人格理论

这些后继者不再执迷于将性驱力作为人格及其发展的基础。他们相信人的本性不只是满足生理本能，相信成就并不只是不被接受的本能欲望的替代品。

他们指出，人类还具有其他奋斗目标，这些也是本性的体现。例如，埃里克森（1950，1959）、荣格（1933）和霍尼（1938），以及人本取向的罗杰斯（1961）和马斯洛（1955，1962），他们都提到了对成长和自我发展的追求是不可或缺的人类本性。

其中一些理论（埃里克森、霍尼和罗杰斯）还认为，过于严厉、不尊重的或拒绝式的父母教养方式可能阻碍成长和自我发展的本能。这种教养方式会让孩子感到羞耻和愧疚（埃里克森），让孩子更关注赢得父母的肯定而不是个人成长或自我表达（霍尼和罗杰斯）。

我们的模型同样认为自我发展在人格、动机和发展中扮演着核心角色，但我们的目标不是构建一个有关成长和自我发展的无所不包的宏大动机，也不假设这一动机可以主宰所有情境和自我领域中的行为，而希望探讨一些更为具体的目标。孩子与父母、老师、兄弟姐妹或同伴的相处确实可以让他们从学习目标转向过度关注他人赞许和自我验证，但这可能只局限在自我的某个特定领域内（如智力或人格），或只局限于某个具体的社会情境中（如涉及家庭、同伴或老师的环境）。

另外，我们的理论允许个人对新的情境保持响应，而不只是重复展现相同的人格倾向。正如我们所观察到的，当情境给出强烈的学习或表现目标线索时，个体就会对这些线索有所反应。因此，我们的理论就为行为提供了更加具体和更具动态性的解释，也为如何促成行为和人格改变提供了更加清晰的指导，如从改变信念和目标入手。

此外，这个模型为现有的动机和人格理论增加了新的维度。例如，我们已经展示了内隐理论不仅会影响人们如何看待自己、评价自己以及对与自我有关的事件的反应，还会影响人们如何看待他人、评价他人和对待他人。人格或动机理论通常不会涉及这些问题，但是我们对他人的评价和反应却是日常生活的重要组成部分。

最后，大多数过往理论解释了他人的消极对待将如何对孩子造成伤害，而我们的研究在没有否定消极对待产生负面影响的同时，也表明某些
138 形式的积极对待也可能造成负面结果。例如，针对个人整体或某些特质（如智力）的赞扬虽然出于好意并发自内心，却可能使孩子们在面对困难时出现自我贬低和无助反应。这说明只有理解了行为背后的具体信念和目标，才能理解社会化实践是如何影响到这些信念和目标的，这一过程并不总像我们直觉以为的那样。

关于自我的理论

在弗洛伊德之后，许多理论——无论是否从弗洛伊德体系发展而来——都认为“自我”在动机、人格和发展中扮演着核心角色。这些理论（埃里克森、霍尼、罗杰斯、科胡特和马斯洛）以各自的方式说明了个体如何塑造他们的身份认同。

这些理论认可人和动物一样都关心快乐和痛苦，但不同的是人发展出了关于自我的表征和观念。这些表征和观念具有巨大的驱动力，它们是如此强劲，以至于有时候人们把它们看得比生命更重要。想想那些在受辱后自杀的人，他们宁愿一死也不愿带着对自己的鄙夷活下去（Baumeister，1990）；再想想那些患有神经性厌食症的年轻女性，为了达成心目中的完美自我，她们甚至节食到濒死。

我们的模型也是围绕自我建构起来的，但我们没有把自我描绘成一个单一的整体，而是关注人们发展出的自我概念及与自我相关的目标。而这些，正如我所强调的，是具有领域特殊性、情境敏感性且会随时间而发生改变的（现有的自我和认同理论参见 Ashmore & Jussim，1997；Deaux，1993；Epstein，1990；Greenwald & Pratkanis，1984；Markus & Cross，1990；另见 Brown，1998）。

另外，我们的理论还强调了人们在日常生活中追求自我相关目标的**过程**（参照 Breckler & Greenwald，1986；Cantor，Markus，Niedenthal，& Nurius，1986；Deci & Ryan，1991；Epstein，1990；Gollwitzer & Wicklund，1985）。换句话说，我们的理论能识别出人们在努力验证或者拓展他们的人格和能力时所做出的具体的认知、情感和行为过程。

我们的理论还从过程的角度描绘了自我。我们并不将自尊视为一种人们要么有要么没有的东西，而是人们所普遍追求并努力去获得和维系的东西（参照 Cantor，1990；Maslow，1962）。此外，我们还尝试区分了人们在追求自尊时的具体目标，以找出最有效和最具建设性同时还持久的自尊寻求方式。

社会认知理论："意义系统"视角

我们的理论有一部分是从"社会认知"（social-cognitive）的视角来解释动机、人格和自我的。社会认知理论中有一支从非常精细的角度解释了人们如何加工社会信息，而另一支，也是我主要持有的，则解释了人们的
信念、价值和目标是如何建立起一个意义系统的，人们依赖这个系统来运 139
转和定义自己（Cantor & Zirkel，1984，1990；Downey & Feldman，1996；Epstein，1990；Higgins，1989；Markus，1977；Markus & Cross，1990；Markus & Ruvolo，1989；Mischel，1973；Mischel & Shoda，1995；Pervin，1983）。

社会认知理论对认知的强调并不意味着我们否认情绪的重要性，而是说我们认为多数重要的情绪与认知紧密相关。也就是说，人们会出于他们赋予事情的意义而感受到积极或消极情绪（Lazarus，1991；Weiner，1984）。这些意义甚至可能不会被意识到，比如我们讨论过的那些信念、归因、期望、希望、恐惧、目标都并不一定是为人们所察觉的有意识的想法（Andersen，Reznik，& Chen，1997；Bargh，1997；Greenwald，1992；Greenwald & Banaji，1995；Kihlstrom，1987；Nisbett & Wilson，1977；Stern，1987；Uleman & Bargh，1989；参见 Dweck & Leggett，1988）。当然它们也可以被**逐渐**意识到，但人们依然很难随时认识到它们的存在，也不

大知道他们将如何产生影响。

社会认知理论的“意义系统”分支可以追溯到乔治·凯利。他的《个人建构心理学》（*The Psychology of Personal Constructs*）一书令心理学界关注到“人们为自己创造出意义系统”这一事实。他提出，人们通过自己获得的概念来理解世界，并由此预测和解释自己身上发生的事。沃尔特·米歇尔（Walter Mischel，1973）在凯利工作的基础上撰写了一篇里程碑式的论文，定义了社会认知理论，并使它成为主流。他列举了诸多调节和指导行为的社会认知变量，比如人们对情境和事件的解释、预期和目标。他也在这一过程中重新定义了人格，并促使更多心理学家参与到关注过程的人格研究当中。

但是，尽管凯利的个人建构理论广受好评并影响深远，却很少有人真正去识别那些核心的个人建构，即人们共有的，会对思考、感受和行动产生重要影响的建构（参见 Dweck et al.，1995；Epstein，1990；Janoff-Bulman，1992；Lerner，1980；Rotter，1966）。而我们通过探讨人们所持有的内隐理论及其带来的各种结果，尝试着去做了这项工作。

总之，社会认知理论完成了经典人格理论试图捕捉的心理过程，但是以一种不同的、更具体也更严谨的方式进行的。

归因理论、习得性无助和习得性乐观

还有一个密切相关并极具影响力的理论是“归因理论”（Heider，1958；Jones，Kanouse，Kelley，Nisbett，Valins，& Weiner，1972）。归因理论也讨论了人们如何理解世界，特别是解释他们观察到和经历过的事件。这个领域最重要的工作是由韦纳开创的。他发现，人们对自己成功和
140 失败的归因（解释方式）会决定这些成败所带来的影响（Weiner，1984；Weiner，Heckhausen，& Meyer，1972；Weiner & Kukla，1970）。比如说，用一个更加可变的因素（如运气或努力）来解释失败，会让你对未来的成功更乐观；而用一个更稳定的因素（如任务难度或自身能力）来解释失败，会让你对未来的成功更加悲观。也就是说，有些解释会让你对成功抱有更大的希望。

韦纳的见解非常重要。他为动机领域注入了新的生命，并且开启了一个可以以严谨而精确的方式研究深层且重要的动机过程的时代。这让研究者们得以系统性地探究人们的信念是如何塑造其动机的。

韦纳在归因方面的工作也为我关于无助反应的研究奠定了基础（如 Dweck，1975；Dweck & Reppucci，1973），同时也为塞利格曼及其同事在**解释风格**（explanatory styles）、**习得性无助**（learned helplessness）和**习得性乐观**（learned optimism）方面的研究提供了支撑（Abramson，Garber，& Seligman，1980；Abramson，Seligman，& Teasdale，1978；Seligman，Kamen，& Nolen-Hoeksema，1988；Seligman et al.，1995）。具体来说，塞利格曼及其同事关注人们在对生活中消极事件做出各种因果解释时的个体差异，称为"解释风格"。一些人倾向于对消极事件做出悲观解释，归因于一些普遍而稳定的因素；而另一些人则倾向于做出乐观解释，归因于相对具体和暂时性的因素。此后他们有力证明了无助和悲观解释风格对抑郁等的强大预测力，以及乐观解释风格对精神和身体健康强有力的预测作用（Abramson，Metalsky，& Alloy，1989；Nolen-Hoeksema et al.，1992；Peterson & Seligman，1984；Seligman & Nolen-Hoeksema，1987；参照 Scheier & Carver，1987）。

那么，我们的模型与归因理论、习得性无助和习得性乐观有什么关系呢？无助、掌握定向的归因以及归因的结果为我们的理论提供了重要的基础，它们是我们模型的一部分。我始终认为归因是基础的动机变量，也是坚韧性的重要推动因素。但是，我们的模型在几个重要方面对归因理论进行了扩展。首先也可能是最重要的一点，我们的模型描绘了一个意义系统，在其中存在多种归因和解释风格。也就是说，它阐明了塑造出不同解释风格的个人理论和目标。

在归因和习得性乐观理论中，人们的不同解释是习得的，只会在某个结果发生后才被调取，也就是说在那之前大家基本一样。然而我们的研究表明，人们在此之前就已经不同。他们有不同的自我理论和不同的目标，于是对事物有不同的解释。例如，实体论者强调对固定特征的评判，从而建立了一种对行为和结果进行普遍且稳定的特质归因的倾向；相反，持有增长论让人们更关注动态的（具体而不稳定的）过程，并以此作为行为和 141

结果的解释。

我们的模型与其他理论的第二个不同点在于，在归因和习得性乐观理论中，直到人们遇到一个结果、需要一个解释时，动机才开始发挥作用。但是在那之前，是什么让人们遇到了这些情境呢？人们又想从这些情境中得到什么呢？人们是怎样去追求这一目标的呢？一个完整的动机理论必须回答，在明确结果出现之前是什么动机驱使了人们产生行为，又是什么决定了这一行为的方向、特征和强度。在我们的模型中，发挥上述作用的是人们的目标。是这些目标引导个体做出某种行为，是这些目标决定了行为的性质，以及人们在从事这些行为时的所思所感。

我们与归因理论的另一个不同之处在于，归因理论将一些变量视为稳定的（如能力），而将另一些变量视作不稳定的（如运气）。但是，对于一个人的动机来说，最重要的是这个人怎样看待这些变量。如果一个人在失败时责怪自己能力不足，却认为能力是可以轻易获得的，那么这个人依然可以很乐观。我们知道，很多人都认为能力是可以获得的。因此，一个增长论者的能力归因可能与实体论者的能力归因非常不同（Stone，1998）。类似地，我们也在研究中发现一些人对自己的运气持有实体论的观点，也就是说他们相信命数或命运（Zhao et al.，1998）。因此，当发生了一些事而他们将其归因于运气时，他们可能并不会认为这只是暂时的、可以克服的事情。这就意味着人们的内隐理论不仅会影响归因本身，也会影响其对归因含义的解释。

简而言之，归因和归因风格仍然是我们理论的核心，但是我们把它置于自我理论和目标的框架之下。

人格的目标理论

过去二十年出现了一些围绕目标建立的人格和社会行为理论（Cantor & Zirkel，1990；Emmons，1986；Frese & Sabini，1985；Geen，1995；Klinger，1977；Little，1989；Read & Miller，1989；参见 Dweck，1996a；Grant & Dweck，in press；Pervin，1989）。总的来说，这些理论解释了人们的目标和关切如何塑造他们的想法、感受和行为，进而影响他们的成就、社会关

系和幸福体验。毫无疑问，我从这些理论中发现了许多共通之处，特别是人格的动态性以及动机对于改变的重要性。在此基础之上，我们确定了一些被认为在智力和社会生活运作中具有重要作用的目标。我们的研究也将这些目标与信念联系起来，以说明特定的内隐理论如何增强了一类目标相对另一类目标的重要性。最后，我们的研究还将目标与促进这些目标的具体经验联系了起来。

对发展的启示 142

动机研究者们过去常认为脆弱反应不会发生在幼儿身上（参见 Dweck & Elliott，1983；Stipek，1984）。这种观点部分来自皮亚杰的认知发展理论。该理论认为，儿童在可以理解在成人看来很简单的事情之前，需要花很长时间培养许多认知技能。例如，皮亚杰相信，如果儿童在一岁时不能直接在物理环境中探索和活动，相应的心理表征就无法形成。而也是从那之后，他们才能意识到自己视野以外的东西（如玩具或妈妈）依然是存在的。

这种观点在很长一段时间内被奉若圭臬，直到勒妮·巴亚尔容（Renee Baillargeon）等婴儿研究者发现，3～4 个月的婴儿就能清楚地知道视野外的物体也是存在的（Baillargeon，1995；Baillargeon & DeVos，1991）。皮亚杰对婴儿知道隐藏物体存在的标准是让婴儿表现出某种行为（如从藏匿处取回物品）。事实表明，一岁前的婴儿并不是不知道被隐藏的物体依然存在，而是不知道该如何执行相关的行为。

过去的动机发展研究者们深受皮亚杰理论的影响，他们（包括我自己）曾认为儿童要理解个人特征和与智力相关的观点就必须拥有这些认知技能。因此，无助反应需要儿童能够理解失败是对其智力的反映，而这些至少要到小学才能出现。

很多自我研究者也受到皮亚杰传统的熏陶。基于对不同年龄段儿童的访谈，他们得出的结论是，幼儿具有“物理”而非“心理”的自我意识。这是因为，在要求孩子形容自己时，幼儿的回答往往描述了具体的事物，比如他们长什么样，兄弟姐妹是谁，或者他们又有了什么新玩具，等等。因此研究者们认为，自我概念的心理层面，如关于个人属性的观念，要到后面才会出现。

然而过去 10～15 年的很多发展研究表明，孩子能够完成某些事的时间点要比我们先前以为的早得多。之所以这样，有时是因为研究者在最初测量孩子的认知能力时使用了错误的任务，有时是因为孩子们并不需要完全具备我们所认为的必要技能就能够完成那些事。

在我们的理论中，二者都是对的。一方面，一些任务和测量方式低估了孩子们掌握的知识技能（参见 Cain & Heyman，1993）；而另一方面，就像我们在研究中所展示的，孩子们不需要对智力有很多了解，也会在失败时对自己产生不好的感觉。那么现在，关于孩子的发展，我们能说些什么呢？

我们可以说关于自我的重要概念是适用于儿童早期的，即便他们还不能切实地理解和谈论这些概念。事实上对于任何一个了解精神分析传统的
143 人来说，早期自我概念的存在并不新奇，因为在精神分析中，自我表征就是在生命的头几年发展起来的。

我们的研究表明，儿童早在学龄前就已经对自己的好与坏有了明确的概念，包括这些好坏是不是稳定的特质。他们有判断自己好坏的标准，并且清楚地知道自己是好是坏将带来怎样的结果。我们也看到，那些掌握定向的孩子和无助的孩子持有两套不同的有关好坏的信念。这些说明，关于自我的信念从幼年开始就是儿童人格的重要组成部分，并且在动机中处于核心地位。

那这些信念是如何产生的呢？我们在批评和表扬的研究中发现，反馈方式可以塑造这些信念（Kamins & Dweck，in press）。具体而言，针对个人还是关注过程的赞扬与批评将教给孩子们不同的好坏信念，进而导致他们对挫折的不同反应。但是，还有很多问题需要回答。

例如，人们为什么要在生命早年就学习和自我有关的东西？早期的自我概念对后来的自我概念发展有何影响？我们知道，等到了小学，孩子们会明确区分不同领域的成功与失败，比如社交和智力领域（Benenson &

Dweck, 1986; Ruble & Dweck, 1995)。那么，他们早年关于好与坏的观念对后来关于智力和社交能力的观念会有什么影响？我们也知道，随着孩子长大，同伴对他们来说越来越重要。那么，同伴又在自我理论的塑造中起着怎样的作用？

再例如，儿童早期的观念会不会比后来的观念有更强的可塑性？在后续的人生中，人们会因为投入了更多的精力从而建立起更完备的信念系统吗？此外我们已经发现，大学生和儿童关于自我的内隐理论都是可以被影响的。但是，如果想要发生更广泛和持久的改变是不是很难？

在我们的研究中，有一个现象反复令我震撼，那就是人们（包括成人和儿童）对自我信息的适应性调整和接纳。仅仅实验中的一个处理就可以教给人们关于自我的全新观点，进而影响他们的动机和行为（参见 Jones, 1990)。虽然短期经历的后效有限且短暂，但这说明人们对此类信息是高度敏感的。

有鉴于此，我很惊讶很少有研究去探究关于自我和他人的信念系统在生命早期是如何出现和发展的。人格理论家们对此倒是关注颇多，但是基础研究者们，除了少数特例（Lewis, 1990, 1992; Lewis & Brooks-Gunn, 1979; Main, Kaplan, & Cassidy, 1985; 参见 Rochat, 1995)，对此并不关心。

从发展心理学的研究中可以了解到，儿童在几个月大时就建立了一个精细的关于物理世界的信念系统，关于语言的信念系统也在最初的几年里建立起来。当然，关于自我和社会世界的知识同样重要，儿童**必须**尽早建
构起一个有关自己和社会世界的信念系统。而社会性发展面临的最大挑战 144
就是去弄清楚这些信念是什么、它们有哪些适应性功能，以及如何随着后天经验而改变。

尽管这是一项异常艰巨的任务，但回报同样可观。我们得以更精确地理解重要的人格个体差异的来源，包括引发各种脆弱反应的条件，同时也能更深入地了解是什么信念让人们以最佳方式去解决各个发展节点上遇到的困难，帮助他们一往无前。

对心理健康的启示

心理健康的认知理论

过去几十年里，认知取向的心理健康和心理治疗理论取得了巨大成功。其中，亚伦·贝克有关抑郁和焦虑障碍的开创性认知理论（Beck，1976；另见 Beck，1993，1996）和阿尔伯特·艾利斯极具影响力的理性情绪疗法（Ellis，1962，1995）均建立在“错误信念会让人陷入困境”这一理念的基础之上。二者都指出了一系列让个体容易感到情绪压力的信念。除此之外，以归因为基础的、将抑郁与消极解释方式联系起来的理论也可以被看作解读脆弱性的认知模型（如 Nolen-Hoeksema，et al.，1992；Peterson & Seligman，1992；关于脆弱性的认知归因模型另见 Dodge，1993）。

这一传统下的研究和疗法并未否认情绪障碍的生理基础，但提供了大量证据证实许多抑郁症或焦虑症患者为适应不良的信念所累，并在成功转变信念后获得好转（Beck，1993，1996；Chambless & Gillis，1993；Hollon，DeRubeis，& Evans，1996；Robins & Hays，1993）。事实上，认知疗法已成为药物疗法的有力辅助（Hollon，DeRubeis，& Evans，1996），也是疗效最好和最持久的心理疗法（Chambless & Gillis，1993；Robins & Hayes，1993；参见 Beck，1993）。

我们的工作与此有何关联？尽管宣称我们的模型为解释抑郁提供了新视角还为时尚早，但几项研究表明，实体论（Zhao et al.，1998）或牢固且普遍的表现目标（Dykman，1998）与类似抑郁的失败反应紧密相关（参见 Robins & Pals，1998）。此外也有研究表明，持有实体论可以预测更高程度的抑郁和压力水平（Zhao et al.，1998，研究 2）。

这些发现意味着，关于自我的观念可以创造出一个意义系统来引导人们采择目标并解释事件，但有时会以一种伤害性的方式进行。这就使我们
145 的模型与过往认知理论在一致的同时又有一些不同。一个不同之处是，比起寻找一系列可能影响脆弱性的孤立信念，我们的模型表明这些信念可以

组织起一个基于某种内隐理论的信念网络（另见 Beck，1996）。例如，实体论的框架会让人将某段经历过度泛化，以自贬的方式来评价自我，并给自我价值增设条件，夸大失败，不相信自己有能力去做一些简单的事，低估努力的作用等等，而所有这些都与抑郁有关。

另一个不同之处在于，我们的模型引入了动机成分［正如戴克曼（Dykman，1998）所指出的那样］。脆弱的人不仅仅在思考和反应方式上有别于不脆弱的人，他们的目标也是不同的。比起不脆弱的同龄人，他们更加专注于证明自己，而不关心成长和自我发展。正如我之前说过的，这种差异可以帮助我们理解这一群体的特点，即便他们尚未表现出脆弱反应。

这两处理论间的不同——信念网络和动机成分——让我们的模型有了另一个特性。它可以让我们理解关于个人冲突的新内容，即不同系统之间会产生什么冲突，以及一个系统的多个平行目标之间如何产生冲突。这一点很重要，因为很多人认为冲突可能是许多神经症性行为的核心（Shapiro，1965）。

每个信念系统中最具代表性的冲突是哪一种？为了讨论这个问题，让我们思考一下那些拥有普遍性实体论或增长论的人。

在一个增长论信念系统中，个人属性是可塑的，努力是有效的，那么冲突就最可能发生在“应该朝哪里努力”的问题上，因为花更多时间来学习这个就意味着不得不花更少时间学习那个。这时如果人们还抱有强烈的信念认为自己**应当**无所不能，且这种信念与自我价值紧紧挂钩，就很可能出问题。否则就只是单纯的选择困难，不至于导致神经症性冲突。

增长论系统中另一个可能经常出现的冲突是个体与社会之间的冲突。在某种程度上，增长论会使人们显得特立独行，他们也许会因不受欢迎的想法而遭到怀疑、否定或拒绝。这又会回过头来导致选择的困难和痛苦，即需要非常仔细地评估不同行动可能带来的成本和收益。

另一边，实体论框架下则可能产生更多不可调和的内部矛盾，以及尝试解决这些矛盾的方案之间的矛盾。例如，持有实体论的人更关注通过表现目标的成功来证明自己的能力，但与此同时他们也相信高度努力暗示着低能力。这意味着，在面临困难任务时，他们会遇到一个冲突：是应该努 146
力工作从而显得缺乏能力，还是应该不努力从而面临更高的失败风险（但是给自己留了个挽回颜面的理由)?

这就是自我挫败的防御行为所包含的内容。前面提到过，实体论者比增长论者更可能做出自我设障行为（Rhodewalt; 1994)，即令失败风险增加但能挽回能力评价的行为（如将期末论文留到最后一刻写，或者在考前一晚上不睡觉)。最近研究还发现，习惯性的自我设障将导致真实的挫败，包括成绩下降和适应不良（Zuckerman, Kieffer, & Knee, 1998)，甚至还包括自尊受损，而这正是自我设障意在保护的东西。

我们还看到，实体论者的学习目标和表现目标之间也存在矛盾。如果一个任务很难，存在很大的失败风险，这时实体论者就很可能牺牲这个重要的学习机会。我在前面详述了这种情况为何是自我挫败的：实体论者会选择那些确定能做好的任务和课程，回避有挑战的任务，这样一来他们的选项会受限，可能取得的成就也受到影响。

最后，实体论者在面对应把时间投注哪里的冲突时会比增长论者更头痛。对于实体论者来说，一次失败、某个技能的缺失、他人的否定都反映着自己身上某些重要而恒定的特质存在缺陷。因此，无论是社会性和智力性要求之间的冲突、职业要求和个人要求之间的冲突，还是同伴要求和成人要求之间的冲突，都会引发实体论者严重的焦虑，因为他们对自己的评价在这些冲突中岌岌可危（参见 Dykman, 1998)。总之，实体论框架下的冲突可能引发更多的压力和适应不良行为。

因此，我们在模型中加入了这样一个观点：核心理论可以创建一个连贯的信念网络，而这个信念网络又可能反过来引发适应不良的动机模式和神经症性冲突。

心理健康的应对理论

心理健康领域另一个重点是关于应对的研究。过去几十年中，多位卓越的研究者根据人们如何应对生活中的重要挑战来定义心理健康（Carver et al., 1989; Lazarus & Folkman, 1984; Nolen-Hoeksema, 1998; Scheier, Weintraub, & Carver, 1986)。虽然他们多数把应对视为一种过程，拒绝从特质和模式的角度来思考，但还是区分出了诸多应对策略，其中一些更为掌握定向、更积极且富有成效，而且一些人对这些策略的使用要比其他人更频繁。

然而，我们仍不清楚为何不同的人会偏爱不同的应对策略。当然，我们所有人都会混合使用不同的策略，但是正如赵等（Zhao et al.，1998）的研究所揭示的，增长论者倾向于采取直接的问题解决策略，而实体论者倾向于迷失在消极感受中，或者远离问题以让自己感觉好一点。洛布和我（Loeb & Dweck，1994）的研究也有类似发现：即便自己被描绘为受害者，增长论者也会采取更多积极的问题解决策略；而实体论者则更多表现出被 147
动接受的态度，但同时又承认自己心怀恨意想要报复。

因此，在某种程度上，应对的个体差异可能来自意义系统的差异。一些信念和目标可以帮助我们构建自己想要的生活并保持弹性，以便在出现问题时重建意义系统。

发展和心理健康

不同年龄的人要处理不同的事，因此最佳的应对方式也要随之变化。对孩子们来说，成功的应对涉及处理好与父母的关系，比如如何在不放弃自由的同时获得爱与支持。最近，我的表弟说我曾在 6 岁时给当时 5 岁的他讲了一番至理名言。当时我们坐在门前的台阶上，他和他妈妈刚刚就什么时候可以吃糖这件事大吵了一架。我怜悯又轻蔑地摇了摇头，告诉他：“你不知道吗？大人们就喜欢什么都管。你就跟他们说‘好的’，然后该干吗干吗。”表弟告诉我，这个建议改变了他整个童年。

接下来，随着读书、工作，我们越来越多地与同伴或恋人交往，必须学习新的方法来适应新的情境并取得成功。例如，与同伴和恋人一起时我们需要学会新的合作和互惠方式。

这既是好事也是坏事。一方面，它意味着在发展的各个节点我们都有新的机会来获取成功，如即使与父母相处不好，也可能和同伴相处好。但另一方面，它也意味着我们可能会不断地犯下新错误，毕竟即便能和父母很好地相处，同样的策略也不一定适用于结交朋友。

以信念和目标为基础的理论非常适合用来理解不同发展节点上的适应。在新的阶段，人们必须建立关于自己、他人和人际关系的新信念。他们必须选择新的目标，学习达到目标所需的新的策略。他们的适应成功与否取决于以上这些完成得有多好。

前文谈到的聪明女孩们就是一个很好的例子。她们在小学阶段适应得非常好，此时想要完美之类的事情尚未成为阻碍，取悦父母、老师和同伴这几件事之间也不存在明显的冲突。然而，当这些女孩进入初中或高中后，同样的愿望就成为问题了。学业（特别是数学）突然变难，无法立即掌握；要搞好同伴关系可能需要做父母不赞同的事；好成绩可能威胁到在同伴中的受欢迎程度。你不再可能对于任何人来说都是完美的了。也是在这个时期，我们看到，女孩的抑郁急剧增加，特别是聪明的女孩（Nolen-Hoeksema，1994；Ruble et al.，1993）。就这样，儿童时期闪耀的明星在后来成为牺牲品。

对于男孩来说，情况则可能相反。在儿童时期，他们往往不太能适应大人所构建的世界（Dweck et al.，1978；Dweck，Goetz，& Strauss，1980）。一
148 直坐着去做让他们感到无聊的事并不是男孩们的强项。然而，在随后的生命阶段，更大的挑战和同伴导向的文化会让男孩们找到自己的主场。

在不同的发展节点面对不同的问题和任务，这是埃里克森心理发展理论的支撑点（Erikson，1950）。但是，在他看来，每一个阶段都有一个核心主题（比如自主、主动和勤奋），而在经历完一个阶段后会获得一个结果（如相对强或弱的自主性、主动性和勤奋性）。我们的理论则可以对促成这些改变的要求以及什么是成功的适应进行更全面和具体的分析。它也可以让我们更准确地理解为什么一些信念、目标和策略能在这个阶段适应良好，却在另一个阶段适应不良。

总而言之，基于人们发展出的信念系统，我建构了一个关于人格、动机、心理健康和发展的理论。这些信念系统相对稳定，同时又动态可变。我们的人格通常较为稳定，但也对情境相当敏感，并且可随时间发生改变。正是这些令这个领域如此振奋人心并富于挑战。一想到人们身上的潜力，以及能够帮助他们意识到这些潜力的因素，我就充满力量。然而，怎样以清晰、精确而简洁的方式捕捉到这种动态过程，对于研究者来说仍是一项艰巨的挑战。

第十九章 对争议的最后讨论

纵观全书，我重点关注了增长论、学习目标与掌握定向的优势，但仍有些棘手的问题尚待进一步的研究。

❖ 过度努力不可取吗?

我曾经指出，在实体论框架里，努力是应当避免的，因为它传递了关于能力的负面信息；而相反，在增长论体系中，努力是获得成就与自尊的关键。

然而，我们都听说过这样的故事，一些父母从孩子很小的时候起就要求他们付出巨大的努力，导致他们几乎丧失了童年。这些孩子从出生开始就生活在极其丰富的学习环境里，摇篮里恨不得都是书，小学之前家庭教师没断过，到了青少年阶段甚至没时间睡觉，因为有太多太多学习任务要完成了。

我不赞成给孩子施加像这样的压力，这也并不符合我们说的增长论框架。

首先，在增长论框架里，努力是为了学习与成长，这才是真正重要的事情。而在那些家长（也许也包括孩子）看来，学习与成长只是次要的东西，取得优异成绩进入顶尖名校才是重点。

其次，在增长论框架里，自尊是充分运用自身力量时的体验。然而，对于那些孩子来说，自尊多半建立在以成功取悦父母的基础之上。这些父母创造了一个成绩取向的评价体系，并要求孩子动用大量努力去追求成就。

这就是我犹豫要不要毫无保留地称赞一些亚洲国家的教育实践的原因。当然，毫无疑问，我们可以从这些文化及其教育孩子的方式上学到很
150 多东西。它们的课堂教学令人印象深刻（Stigler，Lee，& Stevenson，1987），它们对努力以及智力可塑性的强调亦是如此（Stevenson et al.，1990），它们的教育成果也着实令人羡慕。

然而，强调努力与智力可塑性并不总意味着强调学习与享受挑战；相反，很多学生对成绩和考试分数感到焦虑，他们承受着不能让家人丢脸的巨大压力，一旦表现不佳便会陷入沮丧。这对于学生来说是一个很大的负担，因此并非我所描述的增长论和学习目标框架。不过，我们的学生似乎也有着同等程度的焦虑、压力、抑郁或羞愧（Crystal，Chen，Fu et al.，1994），然而却没有取得同等的成就！从这个意义上来说，我们完全可以尝试吸收其他文化的精华（教学方法以及对努力与智力可塑性的强调）并将其整合进一个更关注掌握定向的理论框架中。与此同时，我们也完全可以在追求教育成果的同时尽可能地鼓励学生们热爱挑战与学习。

❈ 坚持总是好的吗?

我认为坚持是非常可取的品质，但它也会在某些时候不合时宜吗？比如，如果某项任务真的超出了学生当前的能力范围，再多的努力与策略都不会奏效，那么此时增长论会否因为鼓励坚持反倒成了一种阻碍？

我想未必。虽然增长论鼓励坚持，但从不强迫必须坚持。增长论并不会阻碍学生认清自己当下技能有所缺失的事实。实际上它反而会允许学生选择放弃，同时又不会让他们觉得这会暴露某种缺陷，因而感到羞愧或担忧。

在我们的一些研究中，即便实体论者意识到问题非常困难，他们还是会在失败后责备自己不够聪明。他们拒绝放弃，因为那可能暴露出自己才智不足。增长论则强调学习会随时间而累积，因此允许学生们先搁置某些

问题，直到拥有了相应的知识和技能后再去着手解决。

自信在增长论框架中是不必要的吗?

此前提过，智力自信在实体论框架内是脆弱的，而在增长论框架内则不是必需的。但是为了鼓励学生追求学习挑战，是否还是需要**某种**类型的自信呢？没错，但仅限于“我的知识技能可以慢慢增进”的信心。

在实体论框架里，学生们需要相信自己智力很高，需要相信自己比别人表现得更好，需要相信自己很擅长某项任务，这样他们才会愿意去从事 *151*
那些看起来具有挑战性的任务。并且，如果要他们一直坚持下去不放弃，就必须始终保有这种良好的自我感觉。

我曾无数次地听说，有些人在尝试一次后就认定自己做不到，或者在坚持一会儿后就认为自己并不擅长而选择放弃，这真的让我非常震惊。我听到人们在闲聊时这样说，比如试用一种新的健身器材时，甚至也听到他们在谈论梦想之事业时这样说。

这并不是说学生们应该欺骗自己已经具备成功所需的条件或者已经拥有当下并不拥有的技能，绝非如此。要想擅长某项工作就必须付出一段时间的努力。在增长论框架里，唯一必要的自信是相信持续不断的努力最终会让你有所成就。

既然实体论是非适应性的，为什么还有那么多人这么想?

我一直在强调实体论带来的脆弱性，但还是必须要问：为什么依然有那么多人持有实体论？或许可以用如下几点来解释。

首先，实体论或许可以给予人们面对复杂世界时的安全感。在一些人格心理学家看来（Kelly，1955），人们有预测事物的需要并寻求能够预见未来事件的感觉。这么看来，实体论确实能让人感觉这个世界是高度可预测的（参见 Kruglanski，1996；Kruglanski & Webster，1996）。如果可以轻松地了解包括自己在内的任何人，进而知道该如何期待他们未来的行为，这的确令人感觉欣慰。

此外，之所以有那么多人持有实体论，还因为它的传递与习得都非常容易。我们看到了仅仅通过称赞智力就可以传达“智力是固定的”这种观点（Kamins & Dweck，in press；Mueller & Dweck，1998）。

总之，实体论让人感觉轻松与安逸，但正如我们看到的，这些好处也必然伴随某些代价。

❈ 我们的社会不需要表现目标吗?

很多时候，学生们必须要证明自己的能力水平，必须要跨越能力障碍才能进入下一阶段。他们需要面对那些大大小小的考试，如课堂测验、州内联考、全国成绩测验、学业能力测试以及大学入学考试等。虽然我始终强调学习目标的优势，但表现目标就一无是处吗?

表现目标当然也有必要。我在介绍学习目标与表现目标的概念时，就强调了它们都是自然、适宜与必要的。很多时候，学生们需要去完成新任
152 务与获得新技能；同样很多时候，他们也需要展示与检验自身已有的能力水平。表现目标一样是获取成就的关键部分之一。

只有在证明能力的渴望变得异常突出以至于学生忽视了学习目标时，表现目标的问题才会浮现。此外学生认为当前的能力是固定智力水平的反映，也是问题所在，因为在表现目标上的失败会让他们陷入无助之中。

然而，在增长论框架里，这些问题就很少出现。在增长论者追求成绩时，他们想要证明的能力并非自身固定的智力，而是当下所拥有的知识与技能。某次考试没考好，仅仅意味着他们现在的知识技能水平还有待加强，并不表示他们的能力存在什么永久性的缺陷。因此，这些学生会为了下次的成功付出建设性的努力，并不断寻找学习的机会。

于是讽刺的是，实体论非常强调表现目标对于学生的重要性，但恰恰是它阻碍了表现目标的实现。实体论令学生们在遇到困难时更容易受到无助反应的困扰，同时还令他们在最需要努力的时候不愿付出。

相比之下，增长论不但强调学习目标的重要性，还能让学生们更好地

实现表现目标。增长论者在面对障碍时更可能采用掌握定向的应对方式，与此同时他们也更愿意付出必要的努力。

简而言之，表现目标在取得成就的过程中起到了重要的作用。但是，持有实体论的学生会把表现目标视作自尊的基础，致使他们在追求表现目标时反而处于劣势。

◈ 学习目标意味着更低的标准吗？

有时候学习目标会被误解成在宠惯学生：既然孩子已经尽力了，那不管他们做得怎么样都很好。尽管在某些学习情境中可能的确如此，但这并不是学习目标的真正内涵。

事实上，学习目标允许老师设定非常严格的标准。在增长论框架里，批评性的反馈反映的不是学生们的智力，而是他们在当前任务中暴露出来的问题以及可以改善的方法。鉴于此，在学生们努力达到更高标准时，老师们可以给以坦诚且详尽的反馈。

除此以外，在增长论框架内，学生们知道自己是在被教导，而不是被整体性地评价。也正因此，他们乐于接受各种各样有助于自己学习的反馈。

◈ 凡事都要充实愉快吗？

前面我曾详细探讨了追求挑战与寻求知识的重要性。但在我们的生活中，还是充斥着许多单调烦琐却不得不做的事情。比如对于我来说，文书工作尤其让我恐惧，那些没完没了的表格和报告现在想到我都觉得恐怖。153
不论喜欢与否，人们难免要去学习做这些事情吧？

确实如此，但这并不意味着我们可以打着这个旗号冠冕堂皇地把一堆无聊的材料交给学生。无论是为了我们自己还是其他人，都应该尽可能让每项任务有趣起来。例如在我教书的时候，我不仅会尝试选择那些对于学生而言有趣的东西，还会注意它们是不是也同样吸引我，然后再以我认为最有收获的方式来讲授它们。也就是说，要时不时地问一问自己：是否还有更有趣的方法去做这件事呢？

但有些时候，答案或许是否定的。这就需要我们在满心痛苦毫无兴趣地完成某项工作时，学会让自我去适应，这就是所谓的自我调节。有了自我调节技能的帮忙，我们在面对冗长、繁杂且无趣的任务时将会好受一些。而这些技能是可以教授的，掌握这些技能的学生也往往远比没有掌握的学生表现得好，这一优势在短期和长期都可以观察到（参见 Mischel，1974；Mischel，Shoda，& Rodriguez，1989；另见 Bandura，1986；Schunk & Zimmerman，1994）。

❖ 条件性自我价值错在哪里？

在某些方面，条件性自我价值难道不是可取的吗？难道人们**不该**在做了糟糕的事情后对自己感觉不好吗？琼・坦尼（June Tangney；1995）曾做过一项有趣的研究，她发现相对于那些只是觉得自己做了坏事的人，那些在做错了事后还感觉自己很差劲的人，往往**更不**可能补救他们的行为或补偿他人。感觉自己很坏或无用的人可能只想逃离那个情境，甚至恼怒于或攻击被他们伤害的人，以此来逃避自我唾弃的感觉。而相比之下，那些只是对自己做的事感觉不好的人，仍然能够反思他们为什么会这样做、还能怎么补救，以及未来怎样才能表现得更好。

这些结论在成就情境中也适用。正如我们所见，相对于只关注自己做错什么以及还要做什么的学生，那些在受挫后认为自己没有价值的学生更不可能有效地应对挫折（Zhao et al.，1998；另见 Dykman，1998）。

简而言之，自我感觉糟糕会助长反社会与自我挫败行为，而不是如期待般带来建设性的应对。

❖ 很多行为难道不是基因导致的吗？

我们不是在遗传上有所不同吗？这难道不就是行为差异的主要原因吗？

我在前面章节讨论过这个问题，但因为它实在重要，在这里我需要再次表达我的观点。的确如此，人们拥有不同的基因，基因也确实影响行为与发展。但是，如果我们关心的是人们如何生活——他们活得是否有建设性，在问题出现时能否有效应对，能否实现目标，又是如何对待 154
他人的——基因就无法告诉我们答案。同样，如果我们关注人们能否维持成功的人际关系、取得学业成就、从事有意义的工作，那么环境就非常重要。这些都取决于我们所学习的东西。一些基因可能有助于适应性技能的习得，但只要环境适宜，每个人都能做到。因此更有必要去了解这些环境。

在本书中，我们一再说明，人们所持有的信念是人格的重要组成部分，并会在适应过程中发挥重要作用，与此同时，这些信念是可以传授的。

相信每个人都有改变的潜能会不会太天真？

虽然我论述了增长论的诸多优点，但认为每个人都具有成长与改变的潜能真的合理吗？如果是屡教不改的罪犯呢？如果是冥顽不灵的学生呢？请注意，我并没有说每个人都可以成为爱因斯坦或特蕾莎修女，我主张的是我们不能以现在的行为去推断未来的潜力。如果一个人拥有恰当程度的动机与承诺，如果环境能提供相对适合的支持与帮助，那他的未来就有无限可能，而在当下我们无从得知。

此外，增长论并不意味着人们一定**会**改变。很多时候，相信一个一直生活在同一个环境里且没有接受任何心理或教育帮助的人发生巨大改变，是荒谬的。因此，增长论不代表人们只靠自己就能慢慢变好，完全不可能！事实上，增长论仅仅表明每个人都有能力去改变。

而实体论的危害不在于它主张人的局限性，而在于它认为可以迅速地发现每个人的局限，然后认定几乎没有成长的可能。如果我们致力于帮助人们去实现自身潜能，而非在他们做得不好时给予惩罚或贴上标签，相信社会与我们都将获益良多。

❈ 我们的一生：表现目标还是学习目标？

我们都看过这样的电影，片中主角经历了生活的巨变，他（这些电影的通病是主角往往是男性）突然意识到自己曾经的生活是多么空虚和无意义，原来他一直忽视了生命中真正有价值的东西。诚然这种桥段是老生常谈，但众多相似的老生常谈总能揭示一定的道理。

在设想一种被实体论与表现目标支配的人生时，我能想到的就是人们一次又一次地证实了自身的能力。而这又能怎么样呢？无非是成千上万次的能力证明而已，这些远远不够。

155 再或者我还能想到的是，在这种生活中，人们需要一次又一次地逃避风险，以维持良好的自我形象。这最后构成了一个坚固的堡垒，里面放着“他们是什么”以及“他们能做什么”。

而当设想一种被增长论与学习目标驱动的生活时，我想到的是随着时间推移，人们逐渐积累各种有益的知识与技能，并将它们应用到自己与他人身上。而且，不论事情是否如愿以偿，它都将给生活注入坚定的承诺与热切的努力。

几年前，在我到达某个具有重要意义的年纪的时候，我曾这样问自己：如果有一天走到了生命的尽头，我想说些什么？我希望那个时候可以说：我悉心地观察过这个世界，勇敢地面对过我的生活，全心全意地致力于过种种珍视之物。我不愿在离开世界时满是耿耿于怀的遗憾，也不愿生命终结时仍怀抱诸多从未实现的潜能。

作为这个社会的成年人，我们的使命是教导和帮助下一代过上不断成长和有贡献的生活。我们是否可以做出承诺，去帮助他们成为比我们更了不起的人？

参考文献

Abramson, L. Y., Garber, J., & Seligman, M. E. (1980). Learned helplessness in humans: An attributional analysis. In J. Garber & M. E. Seligman (Eds)., *Human helplessness* (pp. 3-37). New York: Academic Press.

Abramson, L. Y., Metalsky, G. I., & Alloy, L. B. (1989). Hopelessness depression: A theory-based subtype of depression. *Psychological Review*, 96, 358-372.

Abramson, L. Y., Seligman, M. E., & Teasdale, J. D. (1978). Learned helplessness in humans: Critique and reformulation. *Journal of Abnormal Psychology, 87,* 49-74.

Ames, C. (1984). Achievement attributions and self-instructions under competitive and individualistic goal structures. *Journal of Educational Psychology, 76,* 478-487.

Ames, C. (1992). Classrooms: Goals, structures, and student motivation. *Journal of Educational Psychology, 84,* 261-271.

Ames, C., & Archer, J. (1988) Achievement goals in the classroom: Students' learning strategies and motivational processes. *Journal of Educational Psychology, 80,* 260-267.

Andersen, S. (1997). The self in relation to others: Motivational and cognitive underpinnings. In J. G. Snodgrass & R. L. Thompson (Eds.), *The self across psychology: Self-recognition, self-awareness, and the self-concept* (pp. 233-275). New York: New York Academy of Sciences.

Andersen, S. M., Reznick, I., & Chen, S. (1997). The self in relation to others: Motivational and cognitive underpinnings. In J. G. Snodgrass (Ed). *The self across psychology: Self-recognition, self-awareness, and the self concept. Annals of the New York Academy of Sciences, Vol. 818* (pp. 233-275). New York: New York Academy of Sciences.

Anderson, C. (1983). Motivation and performance deficits in interpersonal settings: The effect of attributional style. *Journal of Personality and Social Psychology, 45,* 1136-1147.

Anderson, C., & Jennings, D. L. (1980). When experiences of failure promote expectations of success: The ineffective strategies. *Journal of Personality, 48,* 393-407.

Andrews, G. R., & Debus, R. L. (1978). Persistence and the causal perception of failure: Modifying cognitive attributions. *Journal of Educational Psychology, 70,* 154-166.

Aronson, J. (1998). *The effects of conceiving ability as fixed or improvable on responses to stereotype threat.* Unpublished manuscript.

Aronson, J., & Fried, C. (1998). *Reducing stereotype threat and boosting academic achievement of African Americans: The role of conceptions of intelligence.* Unpublished manuscript.

158 Aronson, J., Quinn, D., & Spencer, S. (1998). Stereotype threat and the academic underperformance of minority men and women. In J. Swim & C. Stangor (Eds.), *Stigma: The target's perspective.* New York: Academic Press.

Ashmore, R. D., & Jussim, L. J. (Eds.). (1997). *Self and identity: Fundamental issues.* New York: Oxford University Press.

Astin, H. (1974). Sex differences in scientific and mathematical precocity. In J. C. Stanley, D. P. Keating, & L. H. Fox (Eds.), *Mathematical talent: Discovery, description, and development.* Baltimore, MD: Johns Hopkins University Press.

Baillargeon, R. (1995). Physical reasoning in infancy. In M. S. Gazzaniga (Ed.), *The cognitive neurosciences* (pp. 181-204). Cambridge, MA: MIT Press.

Baillargeon, R., & DeVos, J. (1991). Object permanence in young infants: Further evidence. *Child Development, 62,* 1227-1246.

Baldwin, M. A., & Sinclair, L. (1996). Self-esteem and "if. . . then" contingencies of interpersonal acceptance. *Journal of Personality and Social Psychology, 71,* 1130-1141.

Bandura, A. (1986). *Social foundations of thought and action: A social cognitive theory.* Englewood Cliffs, NJ: Prentice-Hall.

Bandura, M., & Dweck, C. S. (1985). *The relationship of conceptions of intelligence and achievement goals to achievement-related cognition, affect, and behavior.* Unpublished manuscript, Harvard University.

Bargh, J. A. (1997). The automaticity of everyday life. In R. S. Wyer (Ed.), *Advances in social cognition,* (Vol. 10, pp. 1-61). Mahwah, NJ: Erlbaum.

Baron, J. B., & Sternberg, R. J. (Eds.). (1987). *Teaching thinking skills: Theory and practice*. New York: Freeman.

Baron, R. M., & Misovich, S. J. (1993). Dispositional knowing from an ecological perspective. *Personality and Social Psychology Bulletin, 19,* 541-552.

Baumeister, R. F. (1990). Suicide as an escape from self. *Psychological Review, 97,* 90-113.

Beck, A. T. (1976). *Cognitive therapy and the emotional disorders*. New York: International Universities Press.

Beck, A. T. (1993). Cognitive therapy: Past, present, and future. *Journal of Consulting and Clinical Psychology, 61,* 194-198.

Beck, A. T. (1996). Beyond beliefs: A theory of modes, personality, and psychopathology. In P. M. Salkovskis (Ed.), *Frontiers of cognitive therapy* (pp. 1-25). New York: Guilford.

Beck, A. T., Ward, C. H., Mendelson, M., Mock, J., & Erbaugh, J. (1961). An inventory for measuring depression. *Archives of General Psychiatry, 4,* 561-571.

Benenson, J., & Dweck, C. S. (1986). The development of trait explanations and self-evaluations in the academic and social domains. *Child Development, 57,* 1179-1189.

Bergen, R. (1992). *Beliefs about intelligence and achievment-related behaviors.* Unpublished doctoral dissertation, University of Illinois at Urbana-Champaign.

Bergen, R., & Dweck, C. S. (1989). The functions of a personality theory. In R. Wyer & T. Srull (Eds.), *Advances in social cognition* (Vol. II, pp. 81-92). Hillsdale, NJ: Erlbaum.

Berglas, S. (1990). Self-handicapping: Etiological and diagnostic considerations. In R. L. Higgins (Ed.), *Self-handicapping: The paradox that isn't* (pp. 151-186). New York: Plenum.

Berglas, S., & Jones, E. E. (1978). Drug choice as a self-handicapping strategy in response to noncontingent success. *Jou rnal of Personality and Social Psychology, 36,* 405-417.

Berlyne, D. E. (1978). Curiosity and learning. *Motivation and Emotion, 2,* 97-175.

Binet, A. (1909/1973). *Les idees modernes sur les enfants* [Modern ideas on children], Paris: Flamarion.

Blatt, S. J. (1995). The destructiveness of perfectionism: Implications for the treatment of depression. *American Psychologist, 50,* 1003-1020.

Block, J. (1995). A contrarian view of the five-factor approach to personality. *Psychological Bulletin, 117,* 187-215.

159 Bolger, N., Caspi, A., Downey, G., & Moorehouse, A. (Eds.). (1988). *Persons in context: Developmental processes.* New York: Cambridge University Press.

Breckler, S. J., & Greenwald, A. G. (1986). Motivational facets of the self. In R. M. Sorrentino & E. T. Higgins (Eds.), *Handbook of motivation and cognition* (pp. 145-164). New York: Guilford Press.

Bronfenbrenner, U., & Ceci, S. J. (1994). Nature-nurture concenceptualized in developmental perspective: A bioecological model. *Psychological Review, 101,* 568-586.

Brown, A. L. (1997). Transforming schools in to communities of thinking and learning about serious matters. *American Psychologist, 52,* 399-413.

Brown, A. L., & Campione, J. C. (1996). Psychological theory and the design of innovative learning environments: On procedures, principles, and systems. In L. Schauble & R. Glaser (Eds.), *Innovations in learning: New environments for education* (pp. 289-325). Mahwah, NJ: Erlbaum.

Brown, A. L., Palincsar, A. S., & Pureed, L. (1984). Poor readers: Teach don't label. In U. Neisser (Ed.), *The academic performance of minority children: A new perspective.* Hillsdale, NJ: Erlbaum.

Brown, J. D. (1998). *The self.* New York: McGraw Hill.

Burhans, K., and Dweck, C. S. (1995). Helplessness in early childhood: The role of contingent worth. *Child Development, 66,* 1719-1738.

Burgner, D., & Hewstone, M. (1993). Young children's causal attributions for success and failure: "Self-enhancing" boys and "self-derogating" girls. *British Journal of Developmental Psychology, 11,* 125-129.

Bushman, B. J., & Baumeister, R. F. (1998). Threatened egotism, narcissism, self-esteem, and direct and displaced aggression: Does self-love or self-hate lead to violence? *Journal of Personality and Social Psychology, 75,* 219-29.

Buss, A. (1989). Temperaments as personality traits. In G. A. Kobnstamm, J. E. Bates, & M. K. Rothbart (Eds.), *Temperament in childhood* (pp. 49-58). New York: Wiley.

Butler, R. (1987). Task-involving and ego-involving properties of evaluation: Effects of different feedback conditions on motivational perceptions, interest, and performance. *Journal of Educational Psychology, 79,* 474-482.

Butler, R. (1988) Enhancing and undermining intrinsic motivation: The effects of task-involving evaluation on interest and performance. *British Journal of Educational Psychology, 58,* 1-14.

Butler, R. (1992). What young people want to know when: Effects of mastery and ability goals on interest in different kinds of social comparison. *Journal of Personality and Social Psychology, 62,* 934-943.

Button, S. B., & Mathieu, J. E. (1996). Goal orientation in organizational research: A conceptual and empirical foundation. *Organizational Behavior and Human Decision Processes, 67,* 26-48.

Cain, K. M., & Dweck, C. S. (1995). The development of children's achievement motivation patterns and conceptions of intelligence. *Merrill-Palmer Quarterly, 41,* 25-52.

Cain, K. M., & Heyman, G. D. (1993, March). *Can Cinderella solve puzzles? Preschoolers' ability to make dispositional predictions within and across domains.* Paper presented at the Meeting of the Society for Research in Child Development, New Orleans, LA.

Cantor, N. (1990). From thought to behavior: "Having" and "doing" in the study of personality and cognition. *American Psychologist, 45,* 735-750.

Cantor, N., & Fleeson, W. (1994). Social intelligence and intelligent goal pursuit: A cognitive slice of motivation. In W. D. Spaulding (Ed.), *Nebraska symposium on motivation* (Vol. 41, pp. 125-179). Lincoln, NE: University of Nebraska Press.

Cantor, N., Markus, H. R., Niedenthal, P., & Nurius, P. (1986). On motivation and the self-concept. In R. M. Sorrentino & E. T. Higgins (Eds.), *Handbook of motivation and cognition* (pp. 96-121). New York: Guilford Press.

Cantor, N., & Zirkel, S. (1990). Personality, cognition, and purposive behavior. *160*
In L. Pervin (Ed.), *Handbook of personality: Theory and research* (pp. 135-164). New York: Guilford Press.

Carey, S. (1996). Cognitive domains as modes of thought. In D. R. Olson & N. Torrance (Eds.), *Modes of thought: Explorations in culture and cognition.* New York: Cambridge University Press.

Carugati, F. F. (1990). From social cognition to social representations in the study of intelligence. In G. Duveen & B. Loyd (Eds.), *Social representations and the development of knowledge.* Cambridge, UK: Cambridge University Press.

Carver, C. S., Scheier, M. F., & Weintraub, J. K. (1989). Assessing coping strategies: A theoretically based approach. *Journal of Personality and Social Psychology, 56,* 267-283.

Ceci, S. J. (1990). *On intelligence—more or less: A bio-ecological treatise on intellectual development.* Englewood Cliffs, NJ: Prentice Hall.

Ceci, S. J., & Williams, W. M. (1997). Schooling, intelligence, and income. *American Psychologist, 52,* 1051-1058.

Chambless, D. L., & Gillis, M. M. (1993). Cognitive therapy of anxiety disorders. *Journal of Consulting and Clinical Psychology, 61,* 248-260.

Chapin, M., & Dyck, D. G. (1976). Persistence in children's reading as a function of N length and attribution retraining. *Journal of Abnormal Psychology, 85,* 511-515.

Chiu, C., Dweck, C. S., Tong, J. Y., & Fu, J. H. (1997). Implicit theories and conceptions of morality. *Journal of Personality and Social Psychology, 73,* 923-940.

Chiu, C., Hong, Y., & Dweck, C. S. (1997). Lay dispositionism and implicit theories of personality. *Journal of Personality and Social Psychology, 73,* 19-30.

Cordova, D. I., & Lepper, M. R. (1996). Intrinsic motivation and the process of learning: Beneficial effects of contextualization, personalization, and choice. *Journal of Educational Psychology, 88,* 715-730.

Costa, P. T., & McCrae, R. R. (1994a). Depression as an enduring disposition. In L. Schneider, C. Reynolds, B. Lebowitz, & A. Friedhoff (Eds.), *Diagnosis and treatment of depression in late life: Results of the NIH consensus development conference.* Washington, DC: American Psychiatric Press.

Costa, P. T., & McCrae, R. R. (1994b). "Set like plaster?" Evidence for the stability of adult personality. In T. Heatherton & J. Weinberger (Eds.), *Can personality change?* Washington, DC: American Psychological Association.

Covington, M. V. (1992). *Making the grade: A self-worth perspective on motivation and school reform.* New York: Cambridge University Press.

Covington, M. V., & Omelich, C. L. (1979). Effort: The double-edged sword in school achievement. *Journal of Educational Psychology, 77,* 446-459.

Coyne, J. C., & Downey, G. (1991). Social factors and psychopathology: Stress, social support, and coping. In M. R. Rosenzweig & L. W. Porter (Eds.), *Annual Review of Psychology,* (Vol.42, pp. 401-425). Palo Alto, CA: Annual Reviews.

Cramer, J., & Oshima, T. C. (1992). Do gifted females attribute their math performance differently than other students? *Journal for the Education of the Gifted, 16,* 18-35.

Crandall, V. C., Katkovsky, W., & Crandall, V. J. (1965). Children's beliefs in their own control of reinforcement in intellectual-academic situations. *Child Development, 36,* 91-109.

Crystal, D. S., Chen, C., Fuligni, A. J., Stevenson, H, W., Hsu, C. C., Ko, H. J., Kitamura, S., & Kimura, S. (1994). Psychological maladjustment and academic achievement: A cross-cultural study of Japanese, Chinese and American high school students. *Child Development, 65,* 738-753.

Csikszentmihalyi, M. (1988). *Optimal experience: Psychological studies of flow in consciousness.* New York: Cambridge.

Damon, W. (1995). *Greater expectations: Overcoming the culture of indulgence* 161
in America's homes and schools. New York: Free Press.

Damon, W. (1996). The lifelong transformation of moral goals through social influence. In P. B. Baltes & U. M. Staudinger (Eds.), *Interactive minds: Life-span perspectives on the social foundation of cognition* (pp. 198-220). New York: Cambridge University Press.

Deaux, K. (1993). Reconstructing social identity. *Personality and Social Psychology Bulletin, 19,* 4-12.

Deci, E. L., & Ryan, R. M. (1985). *Intrinsic motivation and self-determination in human behavior.* New York: Plenum.

Deci, E. L., & Ryan, R. M. (1991). A motivational approach to self: Integration in personality. In R. Dienstbier (Ed.), *Nebraska symposium on motivation* (pp. 237-288). Lincoln, NE: University of Nebraska Press.

Diener, C. I., & Dweck, C. S. (1978). An analysis of learned helplessness: Continuous changes in performance, strategy and achievement cognitions following failure. *Journal of Personality and Social Psychology, 36,* 451-

462.

Diener, C. I., & Dweck, C. S. (1980). An analysis of learned helplessness: (II) The processing of success. *Journal of Personality and Social Psychology, 39,* 940-952.

Dodge, K. A. (1993). Social-cognitive mechanisms in the development of conduct disorders and depression. *Annual Review of Psychology, 44,* 559-584.

Dodge, K. A., Asher, S. R., & Parkhurst, J. T. (1989). Social life as a goal coordination task. In C. Ames & R. Ames (Eds.), *Research on motivation in education* (Vol. 3) (pp. 107-135). New York: Academic Press.

Downey, G., & Feldman, S. (1996). Implications of rejection sensitivity for intimate relationships. *Journal of Personality and Social Psychology, 70,* 1327-1343.

Downey, G., & Walker, E. (1992). Distinguishing family-level and child-level influences in the development of depression and aggression in children at risk. *Development and Psychopathology, 41,* 81-95.

Duda, J. L. (1992). Goal orientations and beliefs about the causes of sport success among elite skiers. *Sports Psychologist, 6,* 334-343.

Dweck, C. S. (1975). The role of expectations and attributions in the alleviation of learned helplessness. *Journal of Personality and Social Psychology, 31,* 674-685.

Dweck, C. S. (1986). Motivational processes affecting learning. *American Psychologist, 41,* 1040-1048.

Dweck, C. S. (1990). Motivation. In R. Glaser and A. Lesgold (Eds.), *Foundations for a cognitive psychology of education.* Hillsdale, NJ: Erlbaum.

Dweck, C. S. (1991). Self-theories and goals: Their role in motivation, personality, and development. InR. Dienstbier (Ed.), *Nebraska symposium on motivation* (pp. 199-235). Lincoln, NE: University of Nebraska Press.

Dweck, C. S. (1996a). Capturing the dynamic nature of personality. *Journal of Research in Personality, 30,* 348-362.

Dweck, C. S. (1996b). Implicit theories as organizers of goals and behavior. In P. Gollwitzer and J. Bargh (Eds.), *The psychology of action: Linking cognition and motivation to behavior* (pp. 69-90). New York: Guilford.

Dweck, C. S. (1996c). Social motivation: Goals and social-cognitive processes. In J. Juvonen and K. Wentzel (Eds.), *Social Motivation* (pp. 181-195). New York: Cambridge University Press.

Dweck, C. S. (1998). The development of early self-conceptions: Their relevance for motivational processes. In J. Heckhausen & C. S. Dweck (Eds.), *Motivation and self-regulation across the life span* (pp. 257-280). Cambridge: Cambridge University Press.

Dweck, C. S. (in press). Students' theories about their inteliigence: Implications *162*
for talent and achievement. In R. Friedman (Ed.), *The development of the gifted child: The emotional price of excellence.* Washington, DC: American Psychological Association.

Dweck, C. S., & Bempechat, J. (1983). Children's theories of intelligence. In S. Paris, G. Olsen, & H. Stevenson (Eds.), *Learning and motivation in the classroom* (pp. 239-256). Hillsdale, NJ: Erlbaum.

Dweck, C. S., Chiu, C., & Hong, Y. (1995). Implicit theories and their role in judgments and reactions: A world from two perspectives. *Psychological Inquiry, 6,* 267-285.

Dweck, C. S., Davidson, W., Nelson, S., & Enna, B. (1978). Sex differences in learned helplessness: (II) The contingencies of evaluative feedback in the classroom and (III) An experimental analysis. *Developmental Psychology, 14,* 268-276.

Dweck, C. S., & Elliott, E. S. (1983). Achievement motivation. In P. Mussen and E. M. Hetherington (Eds.), *Handbook of child psychology* (pp. 643-692). New York: Wiley.

Dweck, C. S., Goetz, T. E., & Strauss, N. (1980). Sex differences in learned helplessness: (IV) An experimental and naturalistic study of failure generalization and its mediators. *Journal of Personality and Social Psychology, 38,* 441-52.

Dweck, C. S., & Leggett, E. L. (1988). A social-cognitive approach to motivation and personality. *Psychological Review, 95,* 256-273.

Dweck, C. S., & Reppucci, N. D. (1973). Learned helplessness and reinforcement responsibility in children. *Journal of Personality and Social Psychology, 25,* 109-116.

Dykman, B. M. (1998) Integrating cognitive and motivational factors in depression: Initial tests of a goal-orientation approach. *Journal of Personality and Social Psychology, 74*, 139-158.

Eccles, I. S. (1984). Sex differences in achievement patterns. *Nebraska Symposium on Motivation, 32,* 97-132.

Eccles, J., & Midgley, C. (1989). Stage-environment fit: Developmentally appropriate classrooms for young adolescents. In C. Ames & R. Ames (Eds.), *Research on motivation in education* (Vol. 3, pp. 139-186). New York: Academic Press.

Elliot, A. J. (1997). Integrating the "classic" and "contemporary" approaches to achievement motivation: A hierarchical model of approach and avoidance achievement motivation. In M. L. Maehr & P. R. Pintrich (Eds.), *Advances in motivation and achievement* (Vol. 10, pp. 143-179). Greenwich, CT: JAI Press.

Elliot, A. J., & Church, M. (1997). A hierarchical model of approach and avoidance achievement motivation. *Journal of Personality and Social Psychology, 72*, 218-232.

Elliot, A. J., & Harackiewicz, J. (1996). Approach and avoidance goals and intrinsic motivation: Amediational analysis. *Journal of Personality and Social Psychology, 70,* 461-475.

Elliott, E. S., & Dweck, C. S. (1988) Goals: An approach to motivation and achievement. *Journal of Personality and Social Psychology, 54,* 5-12.

Ellis, A. (1962). *Reason and emotion in psychotherapy.* Secaucus, NJ: Lyle Stuart.

Ellis, A. (1995). Rational-emotive therapy and beyond: Current status, recent revisions, and research questions. *Clinical Psychology Review, 15,* 169-185.

Emmons, R. A. (1986). Personal strivings: An approach to personality and subjective wellbeing. *Journal of Personality and Social Psychology, 51,* 1058-1068.

Emmons, R. A., & King, L. A. (1988). Conflict among personal strivings: Immediate and long-term implications for psychological and physical well-being. *Journal of Personality and Social Psychology, 54,* 1040-1048.

Epstein, S. (1990). Cognitive-experiential self-theory. In L. Pervin (Ed.), *Handbook of personality: Theory and research* (pp. 165-192). New York: Guilford.

Erdley, C. A. (1996). Motivational approaches to aggression within the context of peer relationships. In J. Juvonen and K. Wentzel (Eds.), *Social motivation* (pp. 98-125). New York: Cambridge University Press.
Erdley, C., Cain, K., Loomis, C., Dumas-Hines, F., & Dweck, C. S, (1997). The relations among children's social goals, implicit personality theories and response to social failure. *Developmental Psychology, 33*, 263-272. *163*
Erdley, C. S., & Dweck, C. S. (1993). Children's implicit theories as predictors of their social judgments. *Child Development, 64,* 863-878.
Erikson, E. H. (1950). *Childhood and society.* New York: Norton.
Erikson, E. H. (1959). *Identity and the life cycle.* New York: International University Press.
Eysenck, H. J. (1982). *Personality, genetics and behavior.* New York: Praeger.
Faria, L. (1996). Personal conceptions of intelligence: A developmental study in Portugal. *Psychological Reports, 79,* 1299-1305.
Farrell, E. (1990). *Hanging in and dropping out: Voices of at-risk high school students.* New York: Teachers College Press.
Farrell, E., & Dweck, C. S. (1985). *The role of motivational processes in transfer of learning.* Unpublished manuscript.
Fowler, J. W., & Petersen, P. L. (1981). Increasing reading persistence and altering attributional styles of learned helpless children. *Journal of Educational Psychology, 73*, 251-260.
Fox, L. (1976). Sex differences in mathematical precocity: Bridging the gap. In D. P. Keating (Ed.), *Intellectual talent: Research and development.* Baltimore, MD: Johns Hopkins University Press.
Frese, M., & Sabini, J. (Eds.). (1985). *Goal-directed behavior: The concept of action in psychology.* Hillsdale, NJ: Erlbaum.
Freud, S. (1923/1960). *The ego and the id* (J. Riviere, Trans.). New York: Norton.
Freud, S. (1940/1949). *An outline of psychoanalysis* (J. Strachey, Trans.). New York: Norton.
Geen, R. G. (1995). *Human motivation: A social psychological approach.* Pacific Grove, CA: Brooks/Cole.
Gervey, B., Chiu, C., Hong, Y., & Dweck, C. S. (1999). Differential use of person information in decision-making about guilt vs. innocence: The role of

implicit theories. *Personality and Social Psychology Bulletin, 25,* 17-27.

Goetz, T. E., & Dweck, C. S. (1980). Learned helplessness in social situations. *Journal of Personality and Social Psychology, 39,* 246-255.

Goldberg, L. R. (1990). An alternative "description" of personality: The big-five factor structure. *Journal of Personality and Social Psychology, 59,* 1216-1229.

Gollwitzer, P. M., & Wicklund, R. A. (1985). The pursuit of self-defining goals. In J. Kuhl & J. Beckmann (Eds.), *Action control: From cognition to behavior.* Heidelberg: Springer-Verlag.

Goodnow, J. J. (1980). Everyday concepts of intelligence and its development. In N. Warren (Ed.), *Studies in cross-cultural psychology* (Vol. 2, pp. 191-219). Oxford, UK: Perga mon Press.

Goodnow, J.J., & Collins, W. A. (1990). *Development according to parents: The nature, sources, and consequences of parents' ideas.* Hillsdale, NJ: Erlbaum.

Gould, S. J. (1981). *The mismeasure of man.* New York: Norton.

Graham, S., & Golon, S. (1991). Motivational influences on cognition: Task involvement, ego involvement, and depth of information processing. *Journal of Educational Psychology, 83,* 187-194.

Grant, H., & Dweck, C. S. (in press). A goal analysis of personality and personality coherence. In D. Cervone and U. Shoda (Eds.), *Social-cognitive approaches to personality coherence.* New York: Guilford Press.

Greenberg, L. S., & Pascuale-Leone, J. (1997). Emotion in the creation of personal meaning. In M. J. Power & C. R. Brewin (Eds.), *The transformation of meaning in psychological therapies: Integrating theory and practice* (pp. 157-173). Chichester, UK: Wiley.

Greenwald, A. G. (1992). New Look 3: Unconscious cognition reclaimed. *American Psychologists, 47,* 766-779.

164 Greenwald, A. G., & Banaji, M. R. (1995). Implicit social cognition: Attitudes, self-esteem, and stereotypes. *Psychological Review, 102,* 4-27.

Greenwald, A. G., & Pratkanis, A. R. (1984). The self. In R. Wyer & T. Srull (Eds.), *Handbook of social cognition* (Vol. 3, pp. 129-178). Hillsdale, NJ: Erlbaum.

Hamilton, D. L., & Sherman, S. J. (1996). Perceiving persons and groups. *Psychological Review, 103,* 336-355.

Harackiewicz, J. M., Barron, K. E., Carter, S. M., Lehto, A. T., & Elliot, A. J. (1997). Predictors and consequences of achievement goals in the college classroom: Maintaining interest and making the grade. *Journal of Personality and Social Psychology, 73,* 1284—1295.

Harter, S. (1975). Developmental differences in the manifestation of mastery motivation on problem-solving tasks. *Child Development, 46,* 370-378.

Harter, S. (1990). Causes, correlates, and the functional role of global self-worth: A lifespan perspective. In R. Sternberg & J. Kolligian (Eds.), *Competence considered* (pp. 67-97). New Haven, CT: Yale University Press.

Hebert, C., & Dweck, C. S. (1985). *Mediators of persistence in preschoolers.* Unpublished manuscript.

Heckhausen, H. (1987). Emotional components of action: Their ontogeny as reflected in achievement behavior. In D. Gorlitz & J. F. Wohlwill (Eds.), *Curiosity, imagination, and play: On the development of spontaneous motivational processes* (pp. 326-348). Hillsdale, NJ: Erlbaum.

Heckhausen, J., & Dweck, C. S. (Eds.). (1998). *Motivation and self-regulation across the life span.* Cambridge: Cambridge University Press.

Heckhausen,J., & Schulz, R. (1995). A life-span theory of control. *Psychological Review, 102,* 284-304.

Heider, F. (1958). *The psychology of interpersonal relations.* New York: Wiley.

Henderson, V., & Dweck, C. S. (1990), Achievement and motivation in adolescence: A new model and data. In S. Feldman and G. Elliott (Eds.), *At the threshold: The developing adolescent.* Cambridge, MA: Harvard University Press.

Herrnstein, R. J., & Murray, C. (1994). *The bell curve: Intelligence and class structure in American life.* New York: Free Press.

Heyman, G. D., & Dweck, C. S. (1992). Achievement goals and intrinsic motivation: Their relation and their role in adaptive motivation. *Motivation and Emotion, 16,* 231-247.

Heyman, G. D., & Dweck, C. S. (1998). Children's thinking about traits: Implications for judgments of the self and others. *Child Development, 64,* 391-403.

Heyman, G. D., Dweck, C. S., & Cain, K. (1992) Young children's vulnerability to self-blame and helplessness. *Child Development, 63,* 401-415.

Heyman, G. D., & Gelman, S. A. (1997, April). Thinking about the origins of human dispositions. Paper presented at the biennial meeting of the Society for Research in Child Development, Washington, DC.

Higgins, E. T. (1987). Self-discrepancy: A theory relating self and affect. *Psychological Review, 94,* 319-340.

Higley, J., & Suomi, S. J. (1996). Effects of reactivity and social competence on individual responses to severe stress in children: Investigations using nonhuman primates. In C. R. Pfeffer (Ed.), *Severe stress and mental disturbance in children* (pp. 3-57). Washington, DC: American Psychiatric Press.

Hirschfeld, L. A. (1995). Do children have a theory of race? *Cognition, 54,* 209-252.

Hoffman, M. L. (1970). Conscience, personality, and socialization techniques. *Human Development, 13,* 90-126.

Hollon, S. D., DeRubeis, R. J., & Evans, M, D. (1996). Cognitive therapy in the treatment and prevention of depression. In P. M. Salkovskis (Ed.), *Frontiers of cognitive therapy* (pp. 293-317). New York: Guilford Press.

165 Hong, Y. (1994). Predicting trait versus process inferences: The role of implicit theories. Doctoral dissertation, Columbia University, New York.

Hong, Y. Y., Chiu, C., & Dweck, C. S. (1995). Implicit theories of intelligence: Reconsidering the role of confidence in achievement motivation. In M. Kernis (Ed.), *Efficacy, agency, and self-esteem.* New York: Plenum.

Hong, Y., Chiu, C., Dweck, C. S., & Lin, D. (1998). *A test of implicit theories and self-confidence as predictors of responses to achievement challenges.* Unpublished manuscript.

Hong, Y., Chiu, C., Sacks, R., & Dweck, C. S. (1997). Implicit theories and evaluative encoding of information. *Journal of Experimental Social Psychology, 33,* 296-323.

Horney, K. (1937). *Neurotic personality of our times.* New York: Norton.

Horney, K. (1945). *Our inner conflicts.* New York: Norton.

Horney, K. (1950). *Neurosis and human growth.* New York: Norton.

Howard, J. (1995). You can't get there from here: The need for a new logic in education reform. *Proceedings of the American Academy of Arts and Sciences, 124,* 85-92.

Hudley, C., & Graham, S. (1993). An attributional intervention to reduce peer-directed aggression among African-American boys. *Child Development, 64,* 124-138.

Hunt, J. McV. (1961). *Intelligence and experience.* New York: Ronald Press.

Hunt, J. McV. (1972). Heredity, environment, and class or ethnic differences. *Assessment in a pluralistic society.* Princeton, NJ: Educational Testing Service.

Hunt, J. McV. (1979). Psychological development: Early experience. In M. R. Rosenzweig & L. W. Porter (Eds.), *Annual Review of Psychology* (Vol. 30, pp. 103-143). Palo Alto, CA: Annual Reviews.

Janoff-Bulman, R. (1979). Characterological versus behavioral self-blame. *Journal of Personality and Social Psychology, 37,* 1798-1809.

Janoff-Bulman, R.(1992). *Shattered assumptions.* New York: Free Press.

Janoff-Bulman, R., & Brickman, P. (1981). Expectations and what people learn from failure. In N. T. Feather (Ed.), *Expectancy, incentive, and action* (pp. 207-237).

Jensen, A. R. (1969). How much can we boost IQ and scholastic achievement? *Harvard Educational Review, 39,* 1-123.

Jones, E. E. (1990). Constrained behavior and self-concept change. In J. M. Olson & M. P. Zanna (Eds.), *Self-inference processes: The Ontario symposium* (pp. 69-86). Hillsdale, NJ: Erlbaum.

Jones, E. E., & Berglas, S. (1978). Control of attributions about the self through self-handicapping strategies: The appeal of alcohol and the role of underachievement. *Personality and Social Psychology Bulletin, 4,* 200-206.

Jones, E. E., Kanouse, D. E., Kelley, H. H., Nisbett, R. E., Valins, S., & Weiner, B. (Eds.). (1972). *Attribution: Perceiving the causes of behavior.* Hillsdale, NJ: Erlbaum.

Jung, C. G. (1933). *Modern man in search of a soul.* New York: Harcourt, Brace & World.

Juvonen, J. (1995). Grade-level differences in the social value of effort: Implications for the self-presentational tactics of early adolescents. *Child Development, 66,* 1694-1705.

Jussim, L. (1989). Teacher expectations: Self-fulfilling prophecies, perceptual biases, and accuracy. *Journal of Personality and Social Psychology, 57,* 469-

480.

Kagan, J., & Lamb, S. (Eds.). (1987). *The emergence of morality in young children.* Chicago: University of Chicago Press.

Kagan, J., & Snidman, N. (1991). Temperamental factors in human development. *American Psychologist, 46,* 856-862.

Kamins, M. L., & Dweck, C. S. (1998). *Contingent self-worth and its effects on young children's coping with setbacks.* Unpublished data.

Kamins, M., & Dweck, C. S. (in press). Person vs. process praise and criticism: Implications for contingent self-worth and coping. *Developmental Psychology.*

166 Kamins, M. L., Morris, S. M., & Dweck, C. S. (1996). Implicit theories as predictors of goals in dating relationships. Paper presented at the conference of the Eastern Psychological Association, Washington, DC.

Kelly, G. A. (1955). *The psychology of personal constructs.* New York: Norton.

Kihlstrom, J. F. (1987). The cognitive unconscious. *Science, 237,* 1445-1452.

Klinger, E. (1977). *Meaning and void: Inner experience and the incentives in people's lives.* Minneapolis: University of Minnesota Press.

Knee, C. R. (1998). Implicit theories of relationships: Assessment and prediction of romantic relationship initiation, coping, and longevity. *Journal of Personality and Social Psychology, 74,* 360-370.

Kohut, H. (1971). *The analysis of the self.* New York: International Universities Press.

Kohut, H. (1977). *The restoration of the self.* New York: International Universities Press.

Kruglanski, A. W. (1989). *Lay epistemics and human knowledge: Cognitive and motivational bases.* New York: Plenum.

Kruglanski, A. W. (1996). A motivated gatekeeper of our minds: Need-for-closure effects on interpersonal and group processes. In R. R. Sorrentino & E. T. Higgins (Eds.), *Handbook of motivation and cognitions* (Vol. 3) (pp. 465-496). New York: Guilford.

Kruglanski, A. W., & Webster, D. M. (1996). Motivated closing of the mind: "Seizing" and "freezing." *Psychological Review, 103,* 263-283.

Kunda, Z., & Nisbett, R. E. (1986). The psychometrics of everyday life. *Cognitive Psychology, 18,* 195-224.

Langer, E. L. (1989). *Mindfulness*. Reading, MA: Addison-Wesley.

Langer, S. K. (1967). *Mind: An essay on human feeling*. Baltimore, MD: Johns Hopkins Press.

Lazarus, R. S. (1991). *Emotion and adaptation*. New York: Oxford University Press.

Lazarus, R. S., & Folkman, S. (1984). *Stress, appraisal, and coping*. New York: Springer-Verlag.

Lee, S., Graham, T., & Stevenson, H. W. (1996). Teachers and teaching: Elementary school in japan and the United States. In T. Rohlen & G. LeTendre (Eds.), *Teaching and learning in Japan* (pp. 157-189). New York: Cambridge University Press.

Leggett, E. L. (1985, March). Children's entity and incremental theories of intelligence: Relationships to achievement behavior. Paper presented at the annual meeting of the Eastern Psychological Association, Boston.

Leggett, E. L., & Dweck, C. S. (1986). *Individual differences in goals and inference rules: Sources of causal judgments*. Unpublished manuscript.

Lepper, M. R., Aspinwall, L. G., Mumme, D. L., & Chabay, R. W. (1990). Self-perception and social-perception processes in tutoring: Subtle social control strategies of experts. In J. M. Olson & M. P. Zanna (Eds.), *Self-inference processes: The Ontario symposium* (Vol. 6, pp. 217-237). Hillsdale, NJ: Erlbaum.

Lerner, M. J. (1980). *The belief in a just world: A fundamental delusion*. New York: Plenum Press.

Levy, S. R., (1998). *Children's static versus dynamic, conceptions of people: Their impact on intergroup attitudes*. Doctoral dissertation, Columbia University, New York.

Levy, S. R., & Dweck, C. S. (1996, June). The relation between implicit person theories and beliefs in stereotypes. Paper presented at the Annual Convention of the American Psychological Society, San Francisco, CA.

Levy, S. R., & Dweck, C. S. (1998). Trait-focused and process-focused social judgment. *Social Cognition, 16*, 151-172.

Levy, S. R., & Dweck, C. S. (in press). Children's static vs. dynamic person conceptions as predictors of their stereotype formation. *Child Development*.

Levy, S. R., Freitas, A., & Dweck, C. S. (1998). *Acting on Stereotypes*.

Unpublished manuscript.
167 Levy, S., Stroessner, S., and Dweck, C. S. (1998). Stereotype formation and endorsement: The role of implicit theories. *Journal of Personality and Social Psychology, 74,* 1421-1436.

Lewis, M. (1990). Self-knowledge and social development in early life. In L. A. Pervin (Ed.), *Handbook of personality: Theory and research* (pp. 277-300). New York: Guilford Press.

Lewis, M. (1992). *Shame, the exposed self.* New York: Free Press.

Lewis, M. (1997). *Altering fate: Why the past does not predict the future.* New York: Guilford Press.

Lewis, M. Alessandri, S. M., & Sullivan, M. W. (1992). Differences in shame and pride as a function of children's gender and task difficulty. *Child Development, 63,* 630-638.

Lewis, M., & Brooks-Gunn, J. (1979). *Social cognition and the acquisition of self.* New York: Plenum.

Lewis, M., & Feinman, S. (Eds.). (1991). *Social influences and socialization in infancy.* New York: Plenum.

Licht, B. G., & Dweck, C. S. (1984a). Determinants of academic achievement: The interaction of children's achievement orientations with skill area. *Developmental Psychology, 20,* 628-636.

Licht, B. G., & Dweck, C. S. (1984b). Sex differences in achievement orientations: Consequences for academic choices and attainments. In M. Marland (Ed.), *Sex differentiation and schooling.* London: Heinemann.

Licht, B. G., Linden, T. A., Brown, D. A., & Sexton, M. A. (1984, August). *Sex differences in achievement orientation: An "A" student phenomenon?* Paper presented at the meeting of the American Psychological Association, Toronto, Canada.

Licht, B. G., & Shapiro, S. H. (1982, August). *Sex differences in attributions among high achievers.* Paper presented at the meeting of the American Psychological Association, Washington, DC.

Little, B. R. (1989). Personal projects analysis: Trivial pursuits, magnificent obsessions, and the search for coherence. In D. Buss & N. Cantor (Eds.), *Personality psychology: Recent trends and emerging directions* (pp. 15-31). New York: Springer-Verlag.

Loeb, I. S., & Dweck, C. S. (1994, June). *Beliefs about human nature as predictors of reactions to victimization,* Paper presented at the Annual Convention of the American Psychological Society, Washington, DC.

Loehlin, J. C. (1992). Genes and environment in personality development. Newbury Park, CA: Sage.

Maccoby, E. E. (1992). The role of parents in the socialization of children: An historical overview. *Developmental Psychology, 28,* 1006-1017.

Maccoby, E. E. (1998). *The two sexes: Growing up apart, coming together.* Cambridge, MA: Belknap Press/Harvard.

Maehr, M. L., & Midgley, C. (1996). *Transforming school cultures.* Boulder, CO: Westview Press.

MacGyvers, V. L. (1993). Implicit beliefs about the self and real-world outcomes in children and adolescents. Doctoral dissertation, University of Illinois at Urbana-Champaign.

Main, M., Kaplan, N., & Cassidy, J. (1985). Security in infancy, childhood, and adulthood: A move to the level of representation. *Monographs of the Society for Research in Child Development, 50,* 66-104.

Mandler, J. M. (1996). Preverbal representation and language. In P. Bloom, L. Nadel, & M. F. Garrett (Eds.), *Language and space: Language, speech, and communication* (pp. 365-384). Cambridge, MA: MIT Press.

Markus, H. (1977). Self schemata and processing information about the self. *Journal of Personality and Social Psychology, 35,* 63-78.

Markus, H., & Cross, S. (1990). The interpersonal self, in L. A. Pervin (Ed.), *168*
Handbook of personality: Theory and research (pp. 576-608). New York: Guilford Press.

Markus, H., & Ruvolo, A. (1989). Possible selves: Personalized representations of goals. In L. Pervin (Ed.), *Goal concepts in personality and social psychology* (pp. 211-241). Hillsdale, NJ: Erlbaum.

Maslow, A. H. (1955). Deficiency motivation and growth motivation. In M. R. Jones (Ed.), *Nebraska symposium on motivation.* Lincoln, NE: University of Nebraska Press.

Maslow, A. H. (1962). *Toivard a psychology of being.* Princeton, NJ: Van Nostrand.

McClelland, D. C. (1961). *The achieving society.* Princeton, NJ: Van Nostrand.

McClelland, D. C., Atkinson, J., Clark, R., & Lowell, E. (1953). *The achievement motive*. New York: Appleton, Century, Crofts.

McCrae, R. R., & John, O. P. (1992). An introduction to the five-factor and its applications. *Journal of Personality, 60,* 175-215.

Meyer, W. U. (1982). Indirect communications about perceived ability estimates. *Journal of Educational Psychology, 74,* 888-897.

Middleton, M. J., & Midgley, C. (1997). Avoiding a demonstration of lack of ability: An un-derexplored aspect of goal theory. *Journal of Educational Psychology, 89,* 710-718.

Midgley, C., Anderman, E., & Hicks, L. (1995). Differences between elementary and middle school teachers and students: A goal theory approach, *Journal of Early Adolescence, 15,* 90-113.

Midgley, C., Arunkumar, R., & Urdan, T. C. (1996). "If I don't do well tomorrow, there's a reason:" Predictors of adolescents' use of academic self-handicapping strategies. *Journal of Educational Psychology, 88,* 423-434.

Miller, A. T. (1985). A developmental study of the cognitive basis of performance impairment after failure. *Journal of Personality and Social Psychology, 49,* 529-538.

Mischel, W. (1973). Toward a cognitive social learning reconceptualization of personality. *Psychological Review, 80,* 252-283.

Mischel, W. (1974). Processes in delay of gratification. In L. Berkowitz (Ed.), *Advances in experimental social psychology* (Vol. 7). New York: Academic Press.

Mischel, W. (1990). Personality dispositions revisited and revised: A view after three decades. In L. Pervin (Ed.), *Handbook of personality: Theory and research* (pp. 111-134). New York: Guilford.

Mischel, W., & Shoda, Y. (1995). A cognitive-affective systems theory of personality: Reconceptualizing the invariances in personality and the role of situations. *Psychological Review, 102,* 246-268.

Mischel, W., Shoda, U., & Rodriguez, M. L. (1989). Delay of gratification in children. *Science, 244,* 933-938.

Molden, D., & Dweck, C. S. (in press). Meaning and motivation. InC. Sansone & J Harackiewicz (Eds.), *Intrinsic motivation.* New York: Academic Press.

Mueller, C. M., & Dweck, C. S. (1996). Implicit theories of intelligence:

Relation of parental beliefs to children's expectations. Paper presented at the Third National Research Convention of Head Start, Washington, DC.

Mueller, C. M., & Dweck, C. S. (1997). *Implicit theories of intelligence: Malleability beliefs, definitions, and judgments of intelligence.* Unpublished data.

Mueller, C. M., & Dweck, C. S. (1998). Intelligence praise can undermine motivation and performance. *Journal of Personality and Social Psychology, 75,* 33-52.

Murphy, G. L., & Medin, D. L. (1985). The role of theories in conceptual coherence. *Psychological Review, 92,* 289-316.

Murray, H. A. (1938). *Explorations in personality.* New York: Oxford University Press.

Nelson, K. (1996). *Language in cognitive development: Emergence of the mediated mind.* New York: Cambridge University Press.

Nicholls, J. (1984). Achievement motivation: Conceptions of ability, subjective *169*
experience, task choice, and performance. *Psychological Review, 91,* 328-346.

Nickerson, R. S., Perkins. D. N., & Smith, E. E. (1985). *Teaching thinking.* Hillsdale, NJ: Erlbaum.

Nisbett, R. E., & Wilson, T. D. (1977). Telling more than we can know: Verbal reports on mental processes. *Psychological Review, 84,* 231-259.

Nolen-Hoeksema, S. (1994). An interactive model for the emergence of gender differences in depression in adolescence. *Journal of Research on Adolescence, 4,* 519-534.

Nolen-Hoeksema, S. (1998). Ruminative coping with depression. In J. Heckhausen & C. S. Dweck (Eds.), *Motivation and self-regulation across the life-span* (pp. 237-256). New York: Cambridge University Press.

Nolen-Hoeksema, S., Girgus, J. S., & Seligman, M. E. (1992). Predictors and consequences of childhood depressive symptoms: A 5-year longitudinal study. *Journal of Abnormal Psychology, 101,* 405-422.

Ogbu, J. (1991). Minority coping and school experience. *Journal of Psychohistory, 84,* 433-456.

Overton, W. F. (1990). Competence and procedures: Constraints on the development of logical reasoning. In W. F. Overton (Ed.), *Reasoning, necessity and logic: Developmental perspectives* (pp. 1-32). Hillsdale, NJ: Erlbaum.

Paley, V. G. (1988). *Bad guys don't have birthdays: Fantasy play at four.* Chicago: University of Chicago Press.

Parsons, J. E., & Ruble, D. N. (1977). The development of achievement-related expectancies. *Child Development, 48,* 1075-1079.

Paulhus, D. L., (1984). Two-component models of socially desirable responding. *Journal of Personality and Social Psychology, 46,* 598-609.

Pepper, S. C. (1942). *World hypotheses.* Berkeley, CA: University of California Press.

Pervin, L. A. (1983). The stasis and flow of behavior: Toward a theory of goals. In M. M. Page (Ed.), *Personality: Current theory and research* (pp. 1-53). Lincoln, NE: University of Nebraska Press.

Pervin, L. A. (Ed.) (1989). *Goal concepts in personality and social psychology.* Hillsdale NJ: Erlbaum.

Pervin, L. A. (1994a). A critical analysis of current trait theory. *Psychological Inquiry, 5,* 103-113.

Pervin, L. A. (1994b). Personality stability, personal change, and the question of process. In T. Heatherton & J. Weinberger (Eds.), *Can personality change?* Washington, DC: American Psychological Association.

Peterson, C., & Seligman, M. E. P. (1984). Causal explanations as a risk factor for depression: Theory and evidence. *Psychological Review, 91,* 347-374.

Piaget, J., Garcia, R., Davidson, P., & Easley, J. (1991). *Toward a logic of meanings.* Hillsdale, NJ: Erlbaum.

Piaget, J., Garcia, R., and Feider, H. (1989). *Psychogenesis and the history of science.* New York: Columbia University Press.

Pintrich, P. R., & Garcia, T. (1991). Student goal orientation and self-regulation in the college classroom. In M. L. Maehr & P. R. Pintrich (Eds.), *Advances in motivation and achievement* (Vol. 7, pp. 371-402). Greenwich, CT: JAI Press.

Pintrich, P. R., & Garcia, T. (1994). Self-regulated learning in college students: Knowledge, strategies, and motivation. In P. R. Pintrich, D. R. Brown, C. E. Weinstein (Eds.), *Students' motivation, cognition, and learning: Essays in honor of Wilbert J. McKeachie.* Hillsdale, NJ: Erlbaum.

Pintrich, P. R., McKeachie, W. J., & Lin, Y. (1987). Teaching a course in learning to learn. *Teaching of Psychology, 14,* 81-86.

Plaks, J., & Dweck, C. S. (1997, May). Implicit person theories and attention to 170
counter-expectant social information. Paper presented at the Annual Convention of the American Psychological Society, Washington, DC.

Pomerantz, E. M., & Ruble, D. N. (1997). Distinguishing multiple dimensions of conceptions of ability: Implications for self-evaluation. *Child Development, 68,* 1165-1180.

Pomerantz, E. M., & Ruble, D. N. (1998). The multidimensional nature of control: Implications for the development of sex differences in self-evaluation. In J. Heckhausen & C. S. Dweck (Eds.), *Motivation and self-regulation across the life span* (pp. 159-184). New York: Cambridge University Press.

Rabiner, D. L., & Gordon, L. V. (1992) The coordination of conflicting social goals: Differences between rejected and nonrejected boys. *Child Development, 63,* 1344-1350.

Read, S. J., & Miller, L. C. (1989). Inter-personalism: Toward a goal-based theory of persons in relationships. In L. A. Pervin (Ed.), *Goal concepts in personality and social psychology* (pp. 413-472). Hillsdale, NJ: Erlbaum.

Renshaw, P. D., & Asher, S. R. (1983). Children's goals and strategies for social interaction. *Merrill-Palmer Quarterly, 29,* 553-574.

Resnick, L. B. (1983). Mathematics and science learning: A new conception. *Science,* 477-478.

Rhodewalt, F. (1994). Conceptions of ability, achievement goals, and individual differences in self-handicapping behavior: On the application of implicit theories. *Journal of Personality, 62,* 67-85.

Roberts, T. (1991). Gender and the influence of evaluations on self-assessments in achievement settings. *Psychological Bulletin, 109,* 297-308.

Roberts, T., & Nolen-Hoeksema, S. (1994). Gender comparisons in responsiveness to others' evaluations in achievement situations. *Psychology of Women Quarterly, 18,* 221-240.

Robins, C. J., & Hayes, A. M. (1993). An appraisal of cognitive therapy. *Journal of Consulting and Clinical Psychology, 61,* 205-214.

Robins, R. W., & Pals, J. (1998). *Implicit self-theories of ability in the academic domain: A test of Dweck's model.* Unpublished manuscript.

Rochat, P. (1995). *The self in infancy: Theory and research.* Amsterdam: North-Holland/Elsevier.

Roeser, R. W., Midgley, C., & Urdan, T. C. (1996). Perceptions of the school psychological environment and early adolescents' psychological and behavioral functioning in school: The mediating role of goals and belonging. *Journal of Educational Psychology, 88,* 408-422.

Rogers, C. R. (1961). *On becoming a person.* Boston: Houghton Mifflin.

Rosenthal, R., & Jacobson, L. (1968). *Pygmalion in the classroom: Teacher expectation and pupils' intellectual development.* New York: Holt, Rinehart, Winston.

Ross, L., & Nisbett, R. E. (1991). *The person and the situation.* New York: McGraw-Hill.

Rothbaum, F., Weisz, J. R., & Snyder, S. S. (1982). Changing the world and changing the self: A two-process model of perceived control. *Journal of Personality and Social Psychology, 42,* 5-37.

Rotter, J. B. (1954). *Social learning and clinical psychology.* New York: Prentice-Hall.

Rotter, J. B. (1966). Generalized expectancies for internal versus external control of reinforcement. *Psychological Monographs, 80,* 609.

Ruble, D. N., & Dweck, C. S. (1995). The development of self-conceptions and person conceptions. In N. Eisenberg (Ed.), *Review of personality and social psychology* (Vol. 15) (pp. 109-139). Thousand Oaks, CA: Sage.

Ruble, D. N., Greulich, F., Pomerantz, E. M., & Gochberg, B. (1993). The role of gender-related processes in the development of self-evaluation and depression. *Journal of Affective Disorders, 29,* 97-128.

171 Saarni, C. (1993). Socialization of emotions. In M. Lewis & J. M. Haviland (Eds.), *Handbook of emotions.* New York: Guilford Press.

Scheier, M. F., & Carver, C. S. (1987). Dispositional optimism and physical well-being: The influence of generalized expectancies on health. *Journal of Personality, 55,* 169-210.

Scheier, M. F, Weintraub, J. K., & Carver, C. S. (1986). Coping with stress: Divergent strategies of optimists and pessimists. *Journal of Personality and Social Psychology, 51,* 1257-1264.

Schunk, D. H. (1982). Effects of effort attributional feedback on children's perceived self-efficacy and achievement. *Journal of Educational Psychology, 74,* 548-556.

Schunk, D. H., & Zimmerman, B. J. (1994). *Self-regulation of learning and performance.* Hillsdale, NJ: Erlbaum.

Seegers, G., & Boekaerts, M. (1996). Gender-related differences in self-referenced cognitions in relation to mathematics. *Journal for Research in Mathematics Education, 27,* 215-240.

Seligman, M. E,., Kamen, L. P., & Nolen-Hoeksema. S. (1988). Explanatory styles across the life span: Achievement and health. In E. M. Hetherington, R. M. Lerner, & M. Perlmutter (Eds.), *Child Development in life-span perspective* (pp. 91-114). Hillsdale, NJ: Erlbaum.

Seligman, M. E., & Maier, S. F. (1967). Failure to escape traumatic shock. *Journal of Experimental Psychology, 74,* 1-9.

Seligman, M. E., & Nolen-Hoeksema, S. (1987). Explanatory style and depression. In D. Magnusson& A. Ohman (Eds.), *Psychopathology: An interactional perspective* (pp. 125-139). Orlando, FL: Academic Press.

Seligman, M. E., Reivich, K., Jaycox, L., & Gilham, J. (1995). *The optimistic child.* Boston: Houghton Mifflin.

Semin, G. R., & Gergen, K. J. (Eds.). (1990). *Everyday understanding.* London: Sage Publications.

Shapiro, D. (1965). *Neurotic styles.* New York: Basic Books.

Shoda, Y., Mischel, W., & Wright, J. C. (1994). Intraindividual stability in the organization and patterning of behavior: Incorporating psychological situations into the idiographic analysis of behavior. *Journal of Personality and Social Psychology, 667,* 674-687.

Shweder, R. A. (1993). The cultural meaning of emotions. In M. Lewis & J. M. Haviland (Eds.), *Handbook of emotions* (pp. 417-431). New York: Guilford Press.

Shweder, R. A., & LeVine, R. A. (Eds.). (1984). *Culture theory: Essays on mind, self, and emotion.* New York: Cambridge University Press.

Skinner, E. A. (1995). *Perceived control, motivation, and coping.* Thousand Oaks, CA: Sage.

Skinner, E. A., & Wellborn, J. G. (1994). Coping during childhood: A motivational perspective. In D. L. Featherman, R. M. Lerner, & M. Perlmutter (Eds.), *Life-span development and behavior* (Vol. 12, pp. 91-130). Hillsdale, NJ: Erlbaum.

Smiley, P. A., & Dweck, C. S. (1994). Individual differences in achievement goals among young children. *Child Development, 65,* 1723-1743.

Sorich, L., & Dweck, C. S. (1996). *Implicit theories and beliefs about the accuracy of rapid trait judgments.* Unpublished data.

Sorich, L., & Dweck, C. S. (in press). Mastery-oriented thinking. In C. R. Snyder (Ed.), *Coping.* New York: Oxford University Press.

Steele, C. M. (1997a). Race and the schooling of Black Americans. In L. A. Peplau & S. E. Taylor (Eds.), *Sociocultural perspectives in social psychology* (pp. 359-371). Upper Saddle River, NJ: Prentice Hall.

Steele, C. M. (1997b). A threat in the air: How stereotypes shape intellectual identity and performance. *American Psychologist, 52,* 613-629.

172 Steele, C. M., & Aronson, J. (1995). Stereotype threat and the intellectual test performance of African-Americans. *Journal of Personality and Social Psychology, 68,* 797-811.

Stern, R. (Ed.). (1987). *Theories of the unconscious and theories of the self.* Hillsdale, NJ: Erlbaum.

Sternberg, R. J. (1985). *Beyond IQ.* New York: Cambridge University Press.

Sternberg, R. J. (1990). *Metaphors of mind: Conceptions of the nature of intelligence.* New York: Cambridge University Press.

Sternberg, R. J. (1997). Intelligence and lifelong learning: What's new and how can we use it? *American Psychologist, 52,* 1134-1139.

Sternberg, R. J., Conway, B., Ketron, J., & Bernstein, M. (1981). People's conceptions of intelligence. *Journal of Personality and Social Psychology, 41,* 37-55.

Sternberg, R. J., & Jensen, A. R. (1992). Can intelligence be increased? In B. Slife & J. Rubenstein (Eds.), *Taking sides: Clashing views on controversial psychological issues* (pp.144-165). Guilford, CT: Dushkin Publishing Group.

Stevenson, H. W., Lee, S., Chen, C., & Stigler, J., Hsu, C. C., & Kitamura, S. (1990). Contexts of achievement: A study of American, Chinese, and Japanese children. *Monographs of the Society for Research in Child Development, 55,* (1-2).

Stigler, J. W., Lee, S., & Stevenson, H. W. (1987). Mathematics classrooms in Japan, Taiwan, and the United States. *Child Development, 58,* 1272-1285.

Stipek, D. J. (1984). Young children's performance expectations: Logical analysis or wishful thinking? In J. G. Nicholls (Ed.), *Advances in motivation and achievement* (Vol. 3). Greenwich, CT: JAI Press.

Stipek, D. J. (1995). The development of pride and shame in toddlers. In J. P. Tangney & K. W. Fischer (Eds.), *Self-conscious emotions: The psychology of shame, guilt, embarrassment, and pride* (pp. 237-252). New York: Guilford Press.

Stipek, D. J. (1996). Motivation and instruction. In D. C. Berliner & R. C. Calfee (Eds.), *Handbook of educational psychology* (pp. 85-113). New York: Macmillan.

Stipek, D, J., & Gralinski, H. (1991). Gender differences in children's achievement-related beliefs and emotional responses to success and failure in mathematics. *Journal of Educational Psychology, 83,* 361-371.

Stipek, D. J., & Gralinski, H. (1996). Children's beliefs about intelligence and school performance. *Journal of Educational Psychology, 88,* 397-407.

Stipek, D. J., & Hoffman, J. (1980). Development of children's performance-related judgments. *Child Development, 51,* 912-914.

Stipek, D. J., & Kowalski, P. S. (1989). Learned helplessness in task-orienting versus performance-orienting testing conditions. *Journal of Educational Psychology, 81,* 384-391.

Stipek, D. J., Recchia, S., & McClintic, S, (1992). Self-evaluation in young children. *Monographs of the Society for Research in Child Development, 57* (226).

Stone, J. (1998). *Theories of intelligence and the meaning of achievement goals.* Doctoral dissertation, New York University.

Suomi, S. J. (1977). Early determinants of behaviour: Evidence from primate studies. *British Medical Bulletin, 53,* 170-184.

Surber, C. (1984) Inferences of ability and effort: Evidence for two different processes. *Journal of Personality and Social Psychology, 46,* 249-268.

Tangney, J. P. (1995). Shame and guilt in interpersonal relationships. In J. P. Tangney & K, W. Fischer (Eds.), *Self-conscious emotions: The psychology of shame, guilt, embarrassment, and pride* (pp. 114-139). New York: Guilford.

Uleman, J. S., & Bargh, J. A. (1989). *Unintended thought.* New York: Guilford.

Wagner, R. K., & Sternberg, R. J. (1984). Alternative conceptions of intelligence and their implications for education. *Review of Educational Research, 54,* 179-223.

173 Wechsler, D. (1974). *Manual for the Wechsler Intelligence Scale for Children.* New York: Psychological Corporation.

Wegner, D. M., & Vallacher, R. R. (1977). *Implicit psychology: An introduction to social cognition.* New York: Oxford University Press.

Weiner, B. (1984). An attribution theory of achievement motivation and emotion. *Psychological Review, 92,* 548-573.

Weiner, B. (1990). Attribution theory in personality psychology. In L. Pervin (Ed.), *Handbook of personality: Theory and research* (pp. 465-485). New York: Guilford.

Weiner, B., Heckhausen, H., & Meyer, W. (1972). Causal ascriptions and achievement behavior: A conceptual analysis of effort and a reanalysis of locus of control. *Journal of Personality and Social Psychology, 21,* 239-248.

Weiner, B., & Kukla, A. (1970). An attributional analysis of achievement motivation. *Journal of Personality and Social Psychology, 15,* 1-20.

Weinstein, C. E., & Mayer, R. (1986). The teaching of learning strategies. In M. Wittrock (Ed.), *Handbook or research on teaching and learning* (pp. 315-327). New York: Macmillan.

Weisz, J. R., & Weiss, B. (1989). Cognitive mediators of the outcome of psychotherapy with children. In B. B. Lahey & A. E. Kazdin (Eds.), *Advances in clinical child psychology* (Vol. 12, pp. 227-51). New York: Plenum.

Wellman, H. M., & Gelman, S. A. (1992). Cognitive development: Foundational theories of core domains. *Annual Review of Psychology, 43,* 337-375.

Wentzel, K. (1996). Social goals and social relationships as motivators of school adjustment. In J. Juvonen & K. Wentzel (Eds.), *Social motivation* (pp. 226-247). New York: Cambridge University Press.

White, R. W. (1959). Motivation reconsidered: The concept of competence. *Psychological Review, 66,* 297-333.

Whitehead, A. N. (1929). *Process and reality.* New York: Free Press.

Whitehead, A. N. (1938). *Modes of thought.* New York: Free Press.

Whiting, B. B., & Whiting, J. M. (1975). *Children of six cultures: A psycho-cultural analysis*. Cambridge, MA: Harvard University Press.

Wood, R. E., & Bandura, A. (1989). Impact of conceptions of ability on self-regulatory mechanisms and complex decision-making. *Journal of Personality and Social Psychology, 56*, 407-415.

Yussen, S., & Kane, P. (1985). Children's conceptions of intelligence. In S. R. Yussen (Ed.), *The growth of reflection in children* (pp. 207-241). New York: Academic Press.

Zhao, W., Dweck, C. S., & Mueller, C. (1998). *Implicit theories and depression-like responses to failure*. Unpublished manuscript.

Zuckerman, M. Kieffer, S. C., & Knee, C. R. (1998). Consequences of self-handicapping effects on coping, academic performance, and adjustment. *Journal of Personality and Social Psychology, 74*, 1619-28.

附录： 175
内隐理论、信心与目标的测量

❖ 内隐理论的测量

在介绍内隐理论的测量方法之前，我还有几点需要强调。

自我理论与他人理论

在决定使用何种测量工具之前，需要区分针对“自我”的测量和针对“他人”的测量两种形式。其中针对“自我”的测量会要求人们报告对于自身智力或人格的内隐信念（如“你的智力水平是恒定的”），然后用于预测其自我目标、自我判断以及无助或掌握定向反应。而针对“他人”的测量则要求人们报告他们对于一般人的内隐信念（如“一个人的智力水平是恒定的”），然后用以预测其对他人的判断及对他人行为结果的反应。

特定领域的内隐理论与一般领域的内隐理论

内隐理论的测量有些针对特定领域，涉及某一特定属性，如智力、人格或道德品质；还有些针对一般领域，将个体作为一个整体进行考量。当研究关注某种特定属性时（如智力判断与行为、道德判断与行为），就应该使用特定领域的测量工具。

而当研究聚焦于横跨社会和智力领域的判断以及行为时（如某些刻板 176
印象），就应该使用一般领域的测量。不过这种测量方式仅适用于成人，因为儿童还很难理解“某类人”是什么意思。比如在我们自己关于儿童刻板印象的研究中（Levy，1998；Levy & Dweck，in press），就使用了人格内隐理论的测量而不是一般领域的测量（我们研究的儿童刻板印象多数与社会属性有关）。

实体论与增长论的题目

在早期研究中，我们使用的工具只包含测量实体论的题目，因为我们起初编制的增长论的题目社会赞许性太高，以至于几乎所有人都表示赞同。而最近我们重新编写了赞许性不那么高的增长论题目，就解决了这一问题，并且发现两种理论的题目得分存在与预期一致的高度负相关。

目前来看，两类量表（只包含实体论题目的和两类题目都有的）都是有效的。

在某些情况下，使用只包含实体论题目的量表更为适宜。第一，如果想做一个纵向研究，就会涉及对某个工具的重复施测，那么随着时间推移，被试可能会倾向于越来越认同增长论题目。因此，在进行纵向研究时最好使用只包含实体论题目的量表。第二，把实体论题目和增长论题目混在一起，有时候会让小学儿童（或阅读能力较低的儿童）产生困惑。为了解决这个问题，我们通常会在实体论题目全部呈现完之后，再把增长论题目放在单独的第二页上，或者只使用实体论的题目。

信效度参考

各种内隐理论测量工具的详细信效度数据可以在以下文章中找到：Dweck，Chiu，& Hong，1995；Levy，Stroessner，& Dweck，1998；Levy & Dweck，in press；另见 Erdley & Dweck，1993；Erdley et al.，1997。

一般来说，内隐理论量表与其他量表不存在相关关系（参见 Dweck，Chiu，& Hong，1995；Levy，Stroessner，& Dweck，1998）。比如，它们与自尊或自我展示关注不相关，与乐观不相关，与政治意识形态、宗教偏好或宗教性不相关，与认知风格和动机需要不相关，更重要的是，与认知能力也不相关。因此，内隐理论描绘的是一个包含认知、动机、情绪和行为结果的关于自我的假设，但它与其他认知及动机构念并不相同。

❖ 儿童智力理论量表——自我版 177

(适用于 10 岁及以上儿童)

阅读下面每句话，然后圈出**一个**数字，代表你对它的赞同程度。答案没有对错之分。

*1. 你的智力水平是恒定的，你没法改变它。

1 非常赞同　2 赞同　3 比较赞同　4 比较不赞同　5 不赞同　6 非常不赞同

*2. 智力是你身上没法改变太多的东西。

1 非常赞同　2 赞同　3 比较赞同　4 比较不赞同　5 不赞同　6 非常不赞同

*3. 你可以学到新东西，但无法真正改变你的基本智力。

1 非常赞同　2 赞同　3 比较赞同　4 比较不赞同　5 不赞同　6 非常不赞同

4. 不管你是谁，你都可以很大程度上改变你的智力。

1 非常赞同　2 赞同　3 比较赞同　4 比较不赞同　5 不赞同　6 非常不赞同

5. 你有多聪明这件事情总是在变化的。

1 非常赞同　2 赞同　3 比较赞同　4 比较不赞同　5 不赞同　6 非常不赞同

6. 不管你现在拥有怎样的智力水平，你总是可以改变它。

1 非常赞同　2 赞同　3 比较赞同　4 比较不赞同　5 不赞同　6 非常不赞同

标注 * 的三道实体论题目可以独立作为一个量表使用。

❖ 成人智力理论量表——自我版 178

该问卷旨在调查与智力有关的观念。答案没有对错之分，我们只对你的想法感兴趣。

请使用下面的量表，在每句话旁边的空白处写下与你观点相对应的数字，来表明你在多大程度上同意或不同意这句话。

1 非常赞同　2 赞同　3 比较赞同　4 比较不赞同　5 不赞同　6 非常不赞同

* ______ 1. 你的智力水平是恒定的，你没法改变它。

* ______ 2. 智力是你身上没法改变太多的东西。

______ 3. 无论你是谁，你都可以显著改变自己的智力水平。

* ______ 4. 说实话，你无法真正改变自己有多聪明。

______ 5. 你可以从根本上改变自己有多聪明。

* ______ 6. 你可以学到新东西，但无法真正改变自己的基本智力。

______ 7. 不管你现在拥有的智力水平如何，你总是可以改变它。

______ 8. 你可以在很大程度上改变自己的基本智力水平。

标注 * 的四道实体论题目可以独立作为一个量表使用。

注：如果你的研究关注人们的智力理论如何影响到他们判断和对待他人，你就需要使用智力理论量表的他人版。他人版即将上面题目中的"你"替换为"人们""一个人"或"每个人"（就像下面量表中的一样）。

❖ 人格内隐理论量表——他人版

（适用于 9 岁及以上儿童）

阅读下面每句话，然后圈出**一个**数字，代表你对它的赞同程度。答案没有对错之分。

*1. 人们无法真正改变自己的人格。有的人拥有好的人格，没有好人格的人就没办法了。

1 非常赞同　2 赞同　3 比较赞同　4 比较不赞同　5 不赞同　6 非常不赞同

179 *2. 人格是一个人的一部分，没法改变太多。

1 非常赞同　2 赞同　3 比较赞同　4 比较不赞同　5 不赞同　6 非常不赞同

*3. 一个人可以做些事情来让别人喜欢他，但是他没法改变自己真实的人格。

1 非常赞同　2 赞同　3 比较赞同　4 比较不赞同　5 不赞同　6 非常不赞同

4. 无论一个人是谁或做过什么，他随时都可以改变。

1 非常赞同　2 赞同　3 比较赞同　4 比较不赞同　5 不赞同　6 非常不赞同

5. 任何人都可以改变他们的人格。

1 非常赞同　2 赞同　3 比较赞同　4 比较不赞同　5 不赞同　6 非常不赞同

6. 人们总是可以改变自己的人格。

1 非常赞同　2 赞同　3 比较赞同　4 比较不赞同　5 不赞同　6 非常不赞同

注：如果你的研究关注儿童的人格内隐理论如何影响他们在社会情境中的判断和反应，应使用本量表的自我版。自我版即将每道题中的“人们”“任何人”“一个人”“他”或“他们”替换成“你”。

❖ 成人一般内隐理论量表——他人版

请使用下面的量表，在每句话旁边的空白处写下与你观点相对应的数字，来表明你在多大程度上同意或不同意这句话。

1 非常赞同　2 赞同　3 比较赞同　4 比较不赞同　5 不赞同　6 非常不赞同

* ______ 1. 一个人是什么样的人是他身上最基本的东西，没法改变。 180

* ______ 2. 人们可以做不同的事情，但他们身上重要的部分是不会变的。

______ 3. 不管一个人是谁，都可以显著地改变自己的基本特征。

* ______ 4. 虽然不想承认，但你确实没法教老狗新把戏。人们无法真正改变他们最深层的属性。

______ 5. 人们总是能够从本质上改变自己。

* ______ 6. 每个人都是特定的一种人，没什么能真正改变这一点。

______ 7. 不管一个人是什么样的人，他们总是可以改变很多。

______ 8. 任何人都可以改变自己身上哪怕是最基本的品质。

标注 * 的四道实体论题目可以独立作为一个量表使用。

注：自我版则将每道题中的“人们”“任何人”“一个人”“他”或“他们”替换为“你”，就像上面的智力理论量表一样。

❖ 关于他人的道德内隐理论量表（成人用）

1. 一个人的道德品质是他们最基本的东西，不能改变太多。

1 非常赞同　2 赞同　3 比较赞同　4 比较不赞同　5 不赞同　6 非常不赞同

2. 一个人是不是负责任以及是不是真诚，深深根植于他们的人格之中，很难被改变。

1 非常赞同　2 赞同　3 比较赞同　4 比较不赞同　5 不赞同　6 非常不赞同

3. 没有什么可以改变一个人的道德品质（如责任心、正直和诚实）。

1 非常赞同　2 赞同　3 比较赞同　4 比较不赞同　5 不赞同　6 非常不赞同

注：自我版请将题中的“一个人”和“他们”替换为“你”。

181 ## 关于世界的内隐理论（成人用）

注：虽然没有在书中讨论，但我们在一些研究中考察了人们关于世界的内隐理论，即认为生活的世界是固定的还是可以改变的（世界是既定的还是可以被人们塑造的）（例如，参见Chiu，Dweck，Tong，& Fu，1997）。这些信念可以预测人们对于正义的看法，也显示出有趣的跨文化差异（Chiu et al.，1997）。

1. 虽然我们可以改变一些现象，但不太可能改变世界的核心特征。

1 非常赞同　2 赞同　3 比较赞同　4 比较不赞同　5 不赞同　6 非常不赞同

2. 我们的世界有着基本的根深蒂固的特征，我们无法从根本上改变它们。

1 非常赞同　2 赞同　3 比较赞同　4 比较不赞同　5 不赞同　6 非常不赞同

3. 有的社会趋势可能在一段时间内成为主导，但是整个世界的核心本质是无法改变的。

1 非常赞同　2 赞同　3 比较赞同　4 比较不赞同　5 不赞同　6 非常不赞同

信心的测量

我们还在研究中使用了信心的测量工具，和内隐理论一并施测。例如，对智力的信心和智力内隐理论（自我版）一起测量，对人格的信心和人格内隐理论（自我版）一起测量，对人们道德的信心和道德内隐理论（他人版）一起测量。

它们常被用于证明，实体论者和增长论者在对自己或他人属性的信心程度上没有区别（在遇到挫折之前或在观察他人行为之前）。我们还用这些测量来检验信心相对于内隐理论发挥了多大作用。我们经常发现，在面对挫折或消极事件时，内隐理论比进入该情境时的信心更能预测人们的反应和行动（例如，参见Henderson & Dweck，1990；Hong，Chiu，Dweck，& Linn，1998；另见Hong，Chiu，& Dweck，1995）。

❈ 对自身智力的信心测量 182

1. 请选择一个更符合你真实情况的句子。

______我经常觉得自己很聪明。

______我不知道自己聪不聪明。

现在，请指出你选择的句子在多大程度上符合你的真实情况。

非常符合　　　　符合　　　　有点符合

2. 请选择一个更符合你真实情况的句子。

______每当开始学习一门新课程，我总是很确信自己可以学好它。

______每当开始学习一门新课程，我总是觉得自己可能没办法学好它。

现在，请指出你选择的句子在多大程度上符合你的真实情况。

非常符合　　　　符合　　　　有点符合

3. 请选择一个更符合你真实情况的句子。

______我对我的智力能力不是很有信心。

______我对我的智力能力非常有信心。

现在，请指出你选择的句子在多大程度上符合你的真实情况。

非常符合　　　　符合　　　　有点符合

计分方式：这是一个 6 点计分的量表，从低信心选项“非常符合”到高信心选项“有点符合”。

❈ 对自身人格的信心测量

注：本量表的计分方式参见上文“对自身智力的信心测量”。

1. 请选择一个更符合你真实情况的句子。

______当新认识一个人，我总是不太确定他们会不会喜欢我。

______当新认识一个人，我总是很确定他们会喜欢我。

183 现在，请指出你选择的句子在多大程度上符合你的真实情况。

非常符合　　符合　　有点符合

2. 请选择一个更符合你真实情况的句子。

______如果站在别人的角度，我不确定会不会选我自己做朋友。

______如果站在别人的角度，我很确定会选我自己做朋友。

现在，请指出你选择的句子在多大程度上符合你的真实情况。

非常符合　　符合　　有点符合

3. 请选择一个更符合你真实情况的句子。

______我非常确定人们喜欢我的个性。

______我不确定人们是否喜欢我的个性。

现在，请指出你选择的句子在多大程度上符合你的真实情况。

非常符合　　符合　　有点符合

❖ 对他人道德的信心测量

1. 请选择一个更符合你真实情况的句子。

______一般而言，我认为身边的人都是真诚而有责任心的。

______我经常怀疑身边的人是否像他们表现的那样真诚而有责任心。

现在，请指出你选择的句子在多大程度上符合你的真实情况。

非常符合　　符合　　有点符合

2. 请选择一个更符合你真实情况的句子。

______我相信大多数人是值得信赖的。

______我相信如果可能，大多数人会利用他人。

184 现在，请指出你选择的句子在多大程度上符合你的真实情况。

非常符合　　符合　　有点符合

3. 请选择一个更符合你真实情况的句子。

______我认为大多数人是自私的。

______我认为大多数人愿意牺牲自己的利益去帮助他人。

现在，请指出你选择的句子在多大程度上符合你的真实情况。

非常符合　　符合　　有点符合

❈ 目标的测量

有很多可以用于测量学习目标和表现目标的量表，它们多数把两种目标分开测量，学生们分别报告他们对学习目标和表现目标的重视程度。我们在研究中也用过其中一些，但是经常发现实体论者和增长论者的结果没有区别。也就是说，当学习目标和表现目标被分开测量时，实体论者和增长论者均表示自己对这两类目标都很重视，他们说自己有志于证明自己的能力或完成好工作，同时也说自己对学习新事物感兴趣。

因此我们换了一种方式，我们将学习目标和表现目标**对立**起来测量，即询问学生们哪类目标对于他们来说更重要（看起来聪明还是尝试挑战性学习任务），然后就发现结果与学生的智力理论存在明显的关联（Dweck & Leggett，1988；Stone，1998；另见 Mueller & Dweck，1998；参照 Elliott & Dweck，1988）。实体论者更喜欢那些能够让他们展示高能力（或避免暴露低能力）的任务，而增长论者更偏好那些可以让他们遇到挑战和学习新事物的任务，即使这要冒着犯错和暴露无知的风险。

以下两种目标问卷就呈现了学习目标和表现目标之间的对应。比如第一种，学生们要在体现不同目标的任务中选择一个。其中选项 1 和 3 是可以让他们避免看起来愚蠢的任务（一个没有挑战的表现目标或一个回避表现的目标），选项 4 是一个可以让他们看起来很聪明的任务（一个具有挑战的表现目标），选项 2 则是一个可以让他们学习到重要新事物的任务，但它存在让人看起来愚蠢的风险（一个学习目标）。

请注意，学习目标要求学生为了学习放弃对表现的关切。因此，要让 *185*
学生相信，只要他们选择了一个具有挑战的学习任务，待会他们就真的会做这个任务，这一点非常重要。这可以防止他们可能因为这是一个社会赞许的选项而选择。另外，我们提供了 3 个表现目标选项和 1 个学习目标选项，以进一步抵消学习目标选项中潜在的社会赞许性影响。

第二种有所不同，它包含一系列问题。学生们需要回答在课程学习过程中他们更看重表现还是挑战。

◈ 任务选择式的目标测量

（适用于10岁及以上人群）

（指导语样例：一会儿我们可能还有时间。如果有的话，你最喜欢做以下哪一个任务？只能选一个。）

（其他可选指导语：我们这儿有不同种类的任务供你选择。回答没有对错之分，不同的学生很自然会做出不同的选择。只要在你的选择前面做上标记就可以了。）

我想做：

______不是太难的任务，这样不会错很多。

______我可以从中学到很多东西的任务，即便它可能让我看起来不够聪明。

______非常简单的任务，这样我可以完成得很出色。

______我很擅长的任务，这样我可以表现得很聪明。

◈ 题目选择式的目标测量

（适用于12岁及以上人群）

1. 如果知道我没办法完成一个任务，我就不会去做它，即使能从中学到很多东西。

1 非常赞同　2 赞同　3 比较赞同　4 比较不赞同　5 不赞同　6 非常不赞同

2. 虽然不想承认，但我有时的确更想在课堂上表现出色而不是学到很多东西。

1 非常赞同　2 赞同　3 比较赞同　4 比较不赞同　5 不赞同　6 非常不赞同

186 3. 对于我而言，在课程中学到新东西远比得到好分数重要。

1 非常赞同　2 赞同　3 比较赞同　4 比较不赞同　5 不赞同　6 非常不赞同

4. 如果在课程中我**必须**要在获得一个好分数和受到挑战之间选一个，我会选择……（圈出一个）

"好的分数"　　"受到挑战"

索　引

（说明：索引中的页码为英文原书页码，见于正文边栏处）

当代西方社会心理学名著译丛

《欲望的演化：人类的择偶策略》（最新修订版）

- **著名心理学家戴维·巴斯富有开创性和争议性的经典力作**
- **用进化心理学揭开人类择偶和爱情的神秘面纱**
- **用真实数据赋予读者塑造亲密关系的强大力量**

基本信息

《欲望的演化：人类的择偶策略》（最新修订版）

【美】戴维·巴斯 著

王叶 谭黎 译

ISBN：978-7-300-28329-6

出版时间：2020 年 8 月

定价：79. 80 元

《归因动机论》

- **著名社会心理学家、归因理论集大成者伯纳德·韦纳收山之作**
- **深入探究社会动机，独到剖析社会正义，透彻解读道德情感**

基本信息

《归因动机论》

伯纳德·韦纳 著

周玉婷 译

ISBN：978-7-300-28542-9

出版时间：2020 年 9 月

定价：59. 80 元

《偏见》（第 2 版）

- **著名社会心理学家鲁珀特·布朗关于偏见研究的全新作品。**
- **正确理解偏见、积极消除偏见、客观认识世界的不二之选。**

基本信息

《偏见》（第 2 版）

【英】鲁珀特·布朗 著

张彦彦 译

ISBN：978-7-300-28793-5

出版时间：2021 年 1 月

定价：98.00 元

Self-Theories：Their Role in Motivation，Personality，and Development by Carol S. Dweck
ISBN：9781841690247

北京市版权局著作权合同登记号：01－2018－5532

图书在版编目（CIP）数据

努力的意义：积极的自我理论 /（美）卡罗尔·德韦克（Carol S. Dweck）著；王芳等译. --北京：中国人民大学出版社，2021.3

（当代西方社会心理学名著译丛 / 方文主编）

书名原文：Self-Theories：their role in motivation，personality，and development

ISBN 978-7-300-28458-3

Ⅰ.①努… Ⅱ.①卡… ②王… Ⅲ.①自我-哲学理论 Ⅳ.①B017.9

中国版本图书馆 CIP 数据核字（2021）第 024654 号

当代西方社会心理学名著译丛

方文 主编

努力的意义：积极的自我理论

［美］卡罗尔·德韦克 著

王 芳 左世江 等 译

Nuli de Yiyi：Jiji de Ziwo Lilun

出版发行	中国人民大学出版社		
社　　址	北京中关村大街 31 号	**邮政编码**	100080
电　　话	010－62511242（总编室）		010－62511770（质管部）
	010－82501766（邮购部）		010－62514148（门市部）
	010－62515195（发行公司）		010－62515275（盗版举报）
网　　址	http://www.crup.com.cn		
经　　销	新华书店		
印　　刷	北京昌联印刷有限公司		
规　　格	170 mm×240 mm　16 开本	**版　　次**	2021 年 3 月第 1 版
印　　张	17 插页 2	**印　　次**	2024 年 4 月第 5 次印刷
字　　数	242 000	**定　　价**	59.90 元